中国农业经营组织结构变迁与创新路径

万俊毅 等 著

中国农业出版社
北 京

图书在版编目（CIP）数据

中国农业经营组织结构变迁与创新路径 / 万俊毅等著. —北京：中国农业出版社，2022.2
（乡村振兴战略研究丛书）
ISBN 978-7-109-29137-9

Ⅰ.①中…　Ⅱ.①万…　Ⅲ.①农业经营—组织结构—研究—中国　Ⅳ.①F324

中国版本图书馆 CIP 数据核字（2022）第 030213 号

中国农业出版社出版
地址：北京市朝阳区麦子店街 18 号楼
邮编：100125
责任编辑：赵　刚
版式设计：王　晨　　责任校对：沙凯霖
印刷：北京中兴印刷有限公司
版次：2022 年 2 月第 1 版
印次：2022 年 2 月北京第 1 次印刷
发行：新华书店北京发行所
开本：720mm×960mm　1/16
印张：14
字数：210 千字
定价：88.00 元

摘要

ABSTRACT

有效率的经济组织是经济增长和社会进步的关键。高效运作的农业经营组织能够高效带动小农户与现代农业发展有机联结，促进农业现代化和全面乡村振兴。目前，随着工业化、城镇化的深入发展和农村劳动力的快速转移，中国农村空心化、劳动力弱质化、农民兼业化、农业副业化等现象日趋严峻，加上资源环境的硬约束以及农产品价格“天花板”与成本“地板”的双重挤压，“谁来种地，怎么种地”问题日渐突出。如何优化制度安排，引导优质要素流入农业，促使农业经营组织实现向更有效率的方向变迁，成为亟待破解的重大问题。

关于农业经营组织的研究，现有文献的焦点集中在如何加强发展市场导向的生产者组织和创新市场性组织与农户的争端解决机制上，较少系统分析农业经营组织的结构变迁和创新路径。鉴于此，本研究构建分析农业经营组织的“社会嵌入—组织结构—交易行为—合作绩效”（简称“ESCP”）的理论框架，将其运用于探究中国农业经营组织结构的变迁过程与创新路径，利用宏微观数据和数理模型从多维度检验农业经营组织结构、交易行为和合作绩效之间的关系，以期为我国培育现代农业经营主体、构建现代农业经营体系和发展现代农业提供决策依据和实践指导。本研究的主要结论如下：

（1）自古以来，农业生产活动建立在土地要素与劳动力结合的基础上。伴随地权更迭，农业生产主体相应发生变化，土地所有权和使用权之间的关系经历了从牢牢束缚到分离的过程，农民土地收益权均等性总体呈现增强趋势，土地经营形式愈发灵活，但人口增长、收益分配不均等导致的人地矛盾始终存在，只是矛盾时而缓解时而加剧而已。土地所有权集中度影响使用权灵活性，租税制度不仅是调节土地所有者与使用者之间剩余分配的杠杆，亦对经营绩效产生重要影响。

（2）新中国成立以来，农业经营组织相继经历了五个发展阶段，即改革开放前的农业经营组织变化、农业产业化经营组织兴起、农业经营组织数量快速增加、新型农业经营体系构建、现代农业经营体系构建与完善。各类农业经营组织在此变迁过程中兴替，共生共荣。多样类型的农业经营组织特性不同、运作模式有异，各有与其适应的经营情境。农业经营组织结构优化迈向质量取向阶段。

（3）社会嵌入贯穿在每个交易环节。农业经营组织结构是社会嵌入中的农业经营主体在质和量上的规定性，农业经营主体的交易行为多重嵌入社会之中，交易绩效以及合作剩余分配受到社会嵌入的影响。根据“ESCP”理论，中国农业经营组织结构完善的方向是，立足“大国小农”的国情农情，立足经济行为的社会嵌入，促进农业经营主体融合发展、农村要素融合配置、乡村产业融合发展，实现农业发展的多维融合目标。

（4）使用宏观省际数据的实证检验发现，市场导向型农业经营主体结构及其交易行为的紧密性对农业产业化经营绩效具有正向作用。基于合作社的实地调研数据，探寻农业经营主体联盟类型、治理机制与经营绩效的关系，实证结果表明：联盟类型对合作社的合约治理具有显著影响，合约治理和关系治理机制对经营绩效均具有显著的促进作用，而且合约治理的作用效果更强。利用对“公司＋农户”模式中的农户调查问卷，把联盟关系治理分为认知型关系治理与协调型关系治理进行的实证结果显示：农户在合作交易中的专用性投资行为会显著提升自身合作风险，认知型关系治理对农户专用性投资具有显著的促进作用，协调型关系治理会加剧农户物质专用性投资引致的合作风险。

（5）构建博弈模型分析主体合作的研究发现，农业经营主体的合作博弈具有内在行为偏差，但在不同经营组织和产品收购价格定价机制中的表现有所差异，防范合作风险的关键在于引导主体自我纠正行为偏差，并强化政府规制和扶持政策。目前我国有将近1亿小农户尚未与组织化主体联结，这些小农户可能获取农业产业化经营的溢出效应，也有可能面临挤出效应问题。实现小农户与现代农业发展有机衔接任重道远。

（6）伴随中国社会经济发展和消费需求升级，农业经营组织从注重数量发展转向重视质量发展阶段，可能呈现如下发展趋势：农业经营组织适度嵌入社会，并根据嵌入环境的动态变化理性选择脱嵌和嵌入，组织形式与运作模式日趋多样；农业经营主体融合发展，组织结构不断优化，从单类型主体合作形成融合型主体、再聚集形成产业化联合体、农业产业园等融合型平台；农业经营组织紧密联结合作，产业链条不断横向拓展和纵向延伸，产业价值不断提升。政府应当强化能够让所有农户受益的普惠制农业政策，优化项目制的农业扶持资金使用，大力发展市场化和公益性农业经营组织，不断完善农业社会化服务体系，以此推动小农户有效嵌入现代农业发展过程。与此同时，完善主体嵌入的社会环境，提升经营主体合作素养，推进农业经营组织健康发展。

本研究各章内容从逻辑上看相互联系、于整体研究不可或缺，而从内涵上看又各自相对独立、各有研究结论。研究成果对促进小农户与现代农业经营体系实现有效率的衔接、完善农业经营组织的利益联结机制、加快中国农业经营组织发展、推动乡村振兴具有政策启示和决策参考价值。

Abstract

An efficient economic organization is key to economic growth and social progress. Efficiently operating agricultural management organizations can effectively promote the organic linkage between small farmers and modern agricultural development, and advance agricultural modernization and comprehensive rural revitalization. At present, with the in - depth development of industrialization and urbanization and the rapid transfer of rural labor, China's rural hollowing, the weakening of labor, the peasant's concurrent employment, and the sideline of agricultural are becoming more and more serious; coupled with hard constraints of resources and environment and the double extrusion of agricultural product price ceilings and cost floors, the problem of "who will farm, how to farm" has become increasingly prominent. How to optimize institutional arrangements, guide the flow of high - quality elements into agriculture, and promote the transformation of agricultural management organizations into a more efficient direction has become a major problem that needs to be solved.

With regard to research on agricultural management organizations, the focus of the existing literature is on how to strengthen the development of market - oriented producer organizations and innovative market - based organizations and farmers' dispute resolution mechanisms, and less systematically analyze the structural changes and innovation paths of agricultural management organizations. In view of this, this study constructs a theoretical framework for analyzing the "social embedding—organizational structure—conduct transaction—cooperation performance" (referred to "ESCP") of agricultural operation organizations, and applies it to explore the evolution process and innovation path of China's agricultural management organizational structure. On this basis, the macro data, micro - data and mathematical models are used to examine the relationship between agricultural management organizational structure, conduct transaction and cooperative performance from multiple dimensions. In this way, this study aims to provide a decision - making basis and practical guidance for cultivating modern agricultural management entities, constructing modern agricultural management systems and developing modern agriculture. The main conclusions of this study are as follows:

(1) Since ancient times, agricultural production activities have been based on the combination of land elements and labor. With the change of land rights, agricultural production subjects changed accordingly. The relationship between land ownership and use rights has gone through a process from strong bondage to separation, the equalization of farmers' land income rights generally showed an increasing trend, and the land management form became more flexible. However, the contradiction between people and land caused by population growth and uneven income distribution has always existed, but the contradiction has sometimes been alleviated. The concentration of land ownership affects the flexibility of the right to use, and the taxation system not only moderates the residual distribution between landowners and land users, but also has an important impact on the operating performance.

(2) Since the founding of New China, agricultural management organizations have experienced five stages of development, namely, the changes in agricultural management organizations before the reform and

opening up, the rise of agricultural industrialization organizations, the rapid increase in the number of agricultural management organizations, the construction of new agricultural management systems, the construction and improvement of modern agricultural management system. In the process of this change, all kinds of agricultural management organizations have risen and fall, they have been in coexistence and co - prosperity. Diverse types of agricultural management organizations have different organizational characteristics and operating modes, each have their own suitable operating situation. The optimization of agricultural management organization structure is moving towards the stage of quality orientation.

(3) Social embedding runs through every transaction. Agricultural management organization structure is the stipulation of quality and quantity of agricultural management subjects embedded in society. The trading behavior of agricultural management subjects is embedded in society in multiple ways; their transaction performance and cooperative surplus distribution are affected by social embedding. According to the "ESCP" theory, the direction of improving China's agricultural management organization structure is to promote the convergence development of agricultural management subjects, the convergence allocation of rural elements and the convergence development of rural industries based on the national conditions of "big country, small farmers" and the social embedding of economic behaviors, so as to realize the multi - dimensional convergence goals of agricultural development.

(4) The empirical test of macro - provincial data shows that the structure of market - oriented agricultural management subjects and the tightness of their trading behaviors have a positive effect on the performance of agricultural industrialization. Based on the cooperative field survey data, this study explores the relationship between the alliance type of agricultural management subjects, governance mechanism, and

operating performance; the empirical results show that the alliance type has a significant influence on the cooperatives' contractual governance, both contractual and relational governance have a significant effect on operating performance, and the effect of contractual governance is stronger. Based on the questionnaire survey of farmers in the "company+farmer" mode, this study divides alliances' relational governance into cognitive and coordinated relational governance for empirical research. The empirical results indicate that farmers' specific investment in cooperative transactions significantly enhances their own cooperation risks; cognitive relational governance can significantly promote farmers' specific investment; coordinated relational governance can aggravate the cooperation risks caused by the material - specific investment of farmers.

(5) By constructing a game model to analyze the cooperation of subjects, the research results show that the cooperative game of agricultural management subjects has inherent behavioral deviations, but its performance is different in different management organizations and the product purchase price pricing mechanisms; the key to prevent cooperation risks is to guide subjects to correct behavioral deviations by themselves and strengthen government regulation and supportive policies. At present, nearly 100million small - scale farmers in China have not yet been linked to the organizational entities. These small - scale farmers may obtain the spillover effect of agricultural industrialization management, and may also face the problem of crowding out. There is a long way to go to realize the organic link between small farmers and modern agricultural development.

(6) Along with China's social - economic development and the upgrading of consumer demand, agricultural management organizations have shifted from focusing on quantity development to paying attention to quality development, which may present the following development trend: Agricultural management organizations are appropriately embedded in the

society and rationally choose to de - embed and embed according to the dynamic change of the embedding environment, and their organizational forms and operation modes become increasingly diverse; agricultural management subjects develop toward convergence, organizations structure is constantly optimized, from the cooperation of single - type management subjects to form convergence subjects, and then gather to form an industrialization union, agricultural industrial park and other convergence platforms; the agricultural management organizations are closely linked and cooperated, the industrial chain is continuously extended horizontally and vertically, and the industrial value is constantly improved. The government should strengthen the GSP agricultural policy that can benefit all farmers, optimize the use of agricultural support funds, vigorously develop market - oriented and public welfare agricultural management organizations, and constantly improve the agricultural social service system, so as to promote small farmers to embed the process of modern agricultural development. At the same time, the government should improve the embedded social environment of subjects, enhance the cooperation quality of management subjects, and promote the healthy development of the agricultural management organizations.

The contents of each chapter of this study are logicallyinterrelated and indispensable to the overall research. From the connotation point of view, they are relatively independent and have their own research conclusions. The research results have policy implications and decision - making reference value for promoting the efficient connection between small farmers and modern agricultural management systems, improving the interest linkage mechanism of agricultural management organizations, accelerating the development of China's agricultural management organizations, and promoting rural revitalization.

目　　录

CONTENTS

1　导论：农业经营组织因何重要

诺斯和托马斯（1976）在《西方世界的兴起》一书中开宗明义地指出，有效率的经济组织是经济增长的关键。新制度经济学的这个重要观点得到社会各界广泛的认同。因此可以推断，高效运作的农业经营组织是乡村产业兴旺、乡村全面振兴的关键。

1.1　问题的提出

千百年来，人类的生产活动和繁衍生息在地球这片广袤的大地上开展。由于农业生产活动是经济再生产和动植物生命活动结合的过程，动植物的生命过程需要劳动力看管与照料，更需要土地的承载，劳动力与土地因而成为农业生产经营活动的必备要素。随着生产力水平提高和社会发展，金融、技术、企业家才能等要素不断投入到农业生产活动中，不同投入要素之间在生产过程中存在一定的可替代性，但土地与劳动力仍是生产过程中不可或缺的重要投入。土地在地球上沿表层展开分布，内生人类劳作的分散性特征。土地的产权属性，影响着人地结合的方式，进而影响农业生产方式。地权更迭引致的农业生产方式变化是否存在规律性特征？租税制度在其中起着什么样的作用？中国自 2006 年 1 月 1 日起全面取消了农业税，替代税收杠杆作用的是什么机制？

从历史视角审视特定事物的纵向变迁，目的是更好地把握事物现在的发展态势。改革开放 40 多年来，中国农业经营组织从以家庭经营的农户为主的格局已经发展到家庭农场、农民合作社、农业企业等多种类型农业经营主体共生共荣局面。目前，全国有已登记家庭农场 300 多万家、农民合作社 225 万家、县级以上龙头企业 9 万家、农业产业化联合体7 000多个[①]。新型农业经营主体在带领小农户参与国内外市场竞争、促进小农户和现代农业发展有机衔接、实施乡村振兴战略中发挥着重要作用[②]。农业经营组织之间在农业产业链上开展广泛的横向或纵向的合作，形成了经营模式多样的多类融合性主体。以实力较强的农民合作社示范社为例，2021年披露的相关数据显示，国家级示范社近7 300家，县级以上各级示范社15.7万家[③]。农业经营的各种单类型主体和融合型主体在政策的引导下，聚集而成田园综合体、农业产业园、产业化联合体等融合型平台。在政策的引导下，农业经营组织呈现融合发展趋势。

不同农业经营组织的要素配置方式存在差别，其交易行为与经营模式也千差万别，经营绩效分化明显。不仅如此，组织带动农户的能力与绩效差异甚大。在中国农业经营组织发展到现代农业体系的当下，仍有将近1亿小农户被排斥在经营体系之外，以至于中央明确要求，实现小农户和现代农业发展有机衔接。如何引导农业经营组织的行为，让组织把更多的小农户联结进入现代农业经营体系，这是一个需要迫切解决的问题。

农业经营组织不断横向拓展农业功能，纵向延伸农业链条，朝着产业融合的方向发展。①在农产品加工业方面，2018年，规模以上农产品加工企业7.9万家、营业收入14.9万亿元，农产品加工业和农业总产值比达到2.3∶1[④]。相关数据显示，在5.8万家市级以上重点龙头企业中，以加工为主业的企业占比近40%[⑤]。②在农旅融合方面，2018年休闲农业和乡村旅游接待游客30亿人次、营业收入超过8 000亿元[⑥]。③在农业生

① 资料来源：农业农村部《对十三届全国人大四次会议第2097号建议的答复》，2021年6月28日。

② 十三届全国人大二次会议第3466号建议答复摘要（农办议［2019］320号），2019年9月22日。另有数据显示：新型经营主体总量达到850万家，土地适度规模经营比重超过40%，适度规模经营格局初步形成。——农业农村部网站，“新时期推进质量兴农的行动指南——农业农村部部长韩长赋解读《国家质量兴农战略规划（2018—2022年）》”，2019年10月16日。

③ 资料来源：农业农村部《对十三届全国人大四次会议第4954号建议的答复》，2021年6月22日。

④⑥ 资料来源：农业农村部《对十三届全国人大二次会议第7307号建议的答复》，2019年9月20日。

⑤ 资料来源：农业农村部《对十三届全国人大四次会议第7112号建议的答复》，2021年7月16日。

产性服务业方面，农业经营组织广泛开展农资供应、代耕代种、统防统治、烘干收储等生产性服务，2018 年农村生产性服务业营业收入超过 2 000 亿元[①]。2020 年底全国各类农业服务组织数量超过 90 万个，服务小农户 7 000 万户[②]。农业组织主体和农业产业发展融合趋势日益显现，小农户在这个过程中是分享到溢出效应？还是感受到挤出效应？

全球农业市场日益开放，大数据、区块链、人工智能等新技术在农业领域应用越来越广泛，经济社会加速向前发展。在复杂性日益增加的环境中，中国农业经营组织应该向什么样的方向演进，如何优化农业经营组织结构，以增强中国农业竞争力，推进农民增富、农村增美，最终实现乡村全面振兴。这已成为理论界亟须探索和实践中急需解决的重大问题。

1.2 文献述评与研究意义

1.2.1 研究文献述评

中国各地的农业产业化经营程度和经营绩效差异较大，其诱因可能有区域市场规模、市场化程度、财政支农水平、交通设施条件、社会资本和农业资源禀赋等（杨明洪、孙继琼，2008；万俊毅、敖嘉焯，2013；万俊毅等，2017）。然而，在中国部分相邻市县，上述因素相似，农业产业化水平差异仍然较大，这表明还有解释变量未被揭示。据调查发现，农业经营组织的主体结构以及主体融合发展带来的交易机制变化等因素在新型农业经营主体培育和现代农业经营体系构建中发挥重要作用，但迄今未受到研究者的应有关注。

（1）农业经营组织至关重要。农业的组织化发展已经成为世界各国共同的政策选择（Johnson1 et al.，2003）。中国农业的出路在相当程度上依赖于农业组织化形式的创新（罗必良，2012）。然而，中国农业现阶段最

① 资料来源：农业农村部《对十三届全国人大二次会议第 7307 号建议的答复》，2019 年 9 月 20 日。

② 资料来源：农业农村部《对十三届全国人大四次会议第 2783 号建议的答复》，2021 年 7 月 6 日。

为薄弱的环节是农业生产的组织化、社会化程度低（陈锡文，2013）。伴随市场自由化，农业价值链日益为买方驱动和纵向一体化（Prowse，2007），中国农业面临的“谁来种地”和“如何种地”等约束问题突出。显然，只有成功改革关键领域的“约束条件”，才能促进经济增长（林毅夫，2010）。目前，农业经营组织在攻克这些“约束条件”方面已初显成效。以农民合作社为例，研究表明，合作社能够显著提升农户技术采纳（Wossen et al.，2017）和要素使用效率（Ma et al.，2018），改善市场垄断（Cook and Iliopoulos，2016），带动农民增收脱贫（Mojo et al.，2017；曾丽军、万俊毅，2019）和促进农村发展和粮食安全（Chagwiza et al.，2016）。可见，发展有效率的农业经营组织至关重要。

（2）农业经营组织的多样性共存。培育新型农业经营主体是构建新型农业经营体系的关键（张红宇等，2013）。中国的农业经营主体已由改革初期相对同质性的家庭经营农户占主导的格局向现阶段的多类型经营主体并存的格局转变（黄祖辉、俞宁，2010）。新型农业经营主体主要包括专业大户、家庭农场、农民合作社、农业企业等（孙中华，2013）。不同的农业经营主体在农业产业链上的各自优势与功能不同（Bijman，2008；MacDonald and Korb，2011；钱克明、彭廷军，2013）。家庭适于农业经营，但决不能孤立地从事这种经营（周其仁，1985）。农民合作社能在一定程度上帮助生产者分享来自加工和销售环节的利润，因而具有广泛的生存空间和发展潜力（黄宗智，2010）。农业企业主要是进入农户和合作社干不了的产业关键环节和现存薄弱环节经营（张晓山，2013；陈锡文，2013）。

（3）农业经营组织的主体融合。斯普尔伯（2002）认为：中间层组织通过公布出价和要价可以消除交易的不确定性，比分散的配对市场有优势。目前以家庭经营为基础，混合型的多种农业经营主体正在形成（蒋永穆、高杰，2013），且新的产业组织形态不断涌现（韩长赋，2013），例如，专业大户牵头组建的合作社在一些地区已成为合作社的主要形式（张晓山，2009）。这是因为农民只有组建合作经济组织，才能在与各类市场主体交易时获取平等地位（陈锡文，2013）。农业产业化经营组织的主导模式应由“公司＋农户”向“公司＋合作社＋农户”转变，并再进一步向“合作社＋公司＋社员”模式变迁（黄祖辉，2014）。

（4）农业经营组织的交易机制。农业经营活动嵌入在特定的社会中运行（Granovetter，1985），使得组织之间的交易既具有经济方面的特征，也具有行为和关系方面的特征（Macneil，1980）。一般来说，农业经营组织主体间典型交易机制有市场交易和管理交易两类，且两者可能存在互补关系（周立群、曹利群，2002）。现实中主体间发生的交易是由市场交易与管理交易两者组合成的连续“光谱”（Williamson，1985）。农业经营主体交易机制选择的影响因素主要包括：农户个人特征（周曙东、戴迎春，2005）、主体的专用性资产投入以及对农产品的质量要求（Boger，2001）、市场环境和企业特征（丰志培、常向阳，2010）。受交易特性、产品类型、签约主体身份和目标市场多样性的影响，不同交易方式对合作农户与签约组织带来不同的风险与收益（Bijman，2008；MacDonald and Korb，2011）。

（5）简要的评论。关于农业经营组织，国内外研究的焦点集中在如何加强发展市场导向的生产者组织及创新市场性组织与农户的争端解决机制上。中共十八届三中全会指出，市场在资源配置中起决定性作用。今后中国农业经营组织的交易环境将更加动态化和复杂化，主体融合发展必将带来交易方式发生转变，而农地规模流转使得农户（广义农户概念，包括家庭农场、专业大户、一般农户等）的生产规模扩大并日益受到其市场交易能力的制约。在新形势下，如何突破约束条件，以促进农业经营组织融合发展和完善主体的交易机制，推进中国农业经营组织健康发展，进而加快构建现代农业经营体系，成为亟待破解的重大问题。

1.2.2 研究意义

（1）理论意义。本研究综合运用新经济社会学理论、制度变迁理论和产业组织理论，构建研究农业经营组织的“社会嵌入（Social Embedding）—组织结构（Organizational Structure）—交易行为（Conduct Transaction）—合作绩效（Cooperative Performance）”的理论框架（简称“ESCP”），探寻农业经营组织发展的规律性认识，并将其应用到中国农业经营实践，这可为培育现代农业经营主体、构建现代农业经营体系、实现有效率的农业经营组织结构变迁提供理论支撑。

本研究综合运用历史实证、统计分析、制度分析、博弈分析、计量模型、案例研究、问卷调查等方法，对农业经营组织的结构变量、交易机制、经营绩效及其相互关系进行系统的理论研究和实证检验。这些研究拓展了相关学科研究的领域，丰富了农业产业组织学的相关研究成果。

（2）实践意义。中国为什么既存在大量的分散农户，又缺乏合作农户支持的具有国际竞争力的规模性农业经营组织？显然，农业经营组织的结构优化已经成为问题的关键。本研究致力于寻求农业经营组织的创新路径，可为中国的农业现代化实践提供有一定价值的政策建议。研究结论可以为现代农业经营体系构建与完善、小农户与现代农业经营体系实现有效率的衔接、中国农业经营组织加快健康发展提供理论支撑，并为有针对性地出台政策措施提供智力支持。

1.3 研究方法与数据来源

1.3.1 研究方法

本研究借助新经济社会学、制度变迁理论和产业组织理论的相关知识，运用历史文献、深度访谈、专家座谈、逻辑演绎和归纳推理等方法展开研究，特别注重使用以下研究方法：

（1）制度分析。从制度演进的视角分析农业经营组织的制度起源，立足社会嵌入，阐释农业经营组织结构变迁的演化历程，分析农业经营组织的结构变量与农业经营绩效的关联性，探讨培育农业经营主体和构建新型农业经营体系的适宜制度环境。

（2）理论建构。运用新经济社会学和产业组织学的相关理论，构建研究农业经营组织的“社会嵌入—组织结构—交易行为—合作绩效”的理论框架，并将其应用到中国农业经营组织发展实践。

（3）统计分析。运用历史资料，分析地权变动引起的人地组合关系变化，以及相应的农业经营方式及其绩效；运用多渠道数据，把握新型农业经营主体发展状态，推演小农户与现代农业经营体系的联结状况，展现中国农业经营组织发展的时代图景。

（4）问卷分析。以农户为中心设计问卷，实证分析“公司＋农户”模式中农户专用性投资水平可能导致的风险，以及治理机制在其中所发挥的作用；以合作社为中心设计问卷，比较各类主要的农业经营组织及其使用常见交易方式引起的绩效变化。

（5）博弈分析。围绕农业经营组织及其主要利益相关者各自的目标追求，寻找主要类型的农业经营组织的博弈均衡状态、均衡条件与路径，以及关联博弈对交易绩效的影响，探寻在随行就市价、保底收购价、固定合同价和“市场价＋附加价”这四种收购价格定价机制中，龙头组织和农户表现出迥异的行为偏差，寻求行为偏差的多维度纠正措施。

1.3.2 数据来源

（1）项目组获取了《全国农村社会经济典型调查数据汇编》（1986—1999年）、全国农村固定观察点调查数据汇编（2000—2009年）、全国农村固定观察点调查数据汇编（2010—2015年）、《中国农村经营管理统计年报》（2015—2018年）、《中国农村合作经济统计年报》（2019年）等资料，掌握了改革开放以来农业经营组织的主要指标数据。所在学校华南农业大学购买了中国知网的年鉴数据库，所在单位资料室购买各类统计年鉴。同时，整理了5家企业的详细案例材料和300多家合作社的调研记录。

（2）在江西省赣州市、广西壮族自治区百色市、贵州省黔南州、广东省广州市、广东省梅州市、广东省清远市4省区6地市对284位农民专业合作社理事长、农业龙头企业负责人开展深度访谈与问卷调查。借助调研期间学院承办多个合作社青年骨干培训班和新型职业农民培训班的机会，课题组分别随机抽取了15家企业和10家合作社样本，使得贵州调研区域亦包含毕节市，广东省调研区域扩展到惠州市、茂名市、中山市、韶关市和汕头市这5个地级市。共计获得309份合作社问卷，剔除虚假合作社以及关键变量信息缺失或逻辑有误的问卷，最终得到来自4省12地级市的238家合作社的有效样本。

（3）在上一项国家社科基金项目研究过程中，从2013年8月到2014年5月，对江西省和广东省等省份采取“公司+农户”经营模式的合作农户发放了问卷269份，收回问卷256份，删除无效问卷24份，最终得到有效问卷232份，涉及的行业包括奶牛业、养猪业、家禽业、种茶业及水产养殖业和昆虫养殖业。收集数据的方式包括：①直接走访当地与农业企业有合作的农户；②通过农业局系统和驻村干部发放问卷。该数据用于撰写第8章第3节（嵌入产业化经营的小农户进行专用性投资吗）。

1.4 研究内容与特色

1.4.1 主要研究内容

除第1章导论和第9章研究结论与展望之外，本研究共有7章的主体内容。

第2章从历史考察的视角探寻地权变动、要素组合与农业经营组织的相互关系。该章从地权更迭出发，研究随地权变动的人地组合关系变迁，以及既定人地组合关系下的地权相关权益主体的利益联结机制，并解析了租税制度在其中的调节作用。从技术进步、市场发育、租税制度视角，研究这些因素对农业经营组织发展的影响。

第3章基于历史演进视角揭示了新中国成立以来农业经营组织的缘起与变迁、组织结构变化特征和发展成效，分析了农业经营组织发展经历的五个发展阶段，同时运用案例研究方法明晰了各类经营组织特性、运作模式及其差异，并指出经营组织发展质量取向的重要性，重在勾勒中国农业经营组织发展的时代图景。

第4章基于社会嵌入理论，分析了农业经营组织的社会嵌入及其结构调适、农业经营组织的社会脱嵌与结构惰性、农业经营组织的社会再嵌入与结构重塑，构建了农业经营组织“社会嵌入—组织结构—交易行为—合作绩效”的理论框架，并将该理论应用于构建和完善中国现代农业经营体系的实践，推断农业经营组织发展的可能方向是促进农业经营主体融合发展、农村要素融合配置、乡村产业融合发展，实现农业发展的多维融合目标。

第 5 章基于宏观省际数据实证检验发现，探寻中国各省区农业经营组织发展水平、农业产业化发展程度和经营绩效差异明显的原因，发现各地区的农业企业数量对农业产业化经营绩效的影响不显著，但农业企业带动农户的能力对农业总产值有显著的正向影响。总体而言，市场导向型农业经营主体结构及其交易行为紧密性对农业产业化经营绩效具有正向作用。

第 6 章基于中国 4 省 12 市 238 家农民合作社的访谈问卷数据，探究以合作社为纽带的产业化联盟的类型、治理与绩效之间的关系。实证结果表明：联盟类型对合作社的合约治理具有显著影响，合约治理和关系治理机制对经营绩效均具有显著的促进作用，而且合约治理的作用效果更好。

第 7 章不仅在一定的假设条件下构建并分析龙头组织与农户的一般博弈模型，还在此基础上进一步建立龙头组织和农户在“合作社＋农户”“公司＋农户”“公司＋合作社＋农户”这三种经营组织中的博弈模型，揭示龙头组织和农户在这三类经营组织中的博弈均衡解和行为偏差的共性和差异，由此提出相应的风险防范措施。

第 8 章专题针对经营组织引领小农户与现代农业衔接的重任，考察农户分化与农户嵌入现代农业经营体系的状况，探讨弱小农户能否从农业产业化经营中获益，使用调研数据实证检验农户专用性投资、联盟的关系治理与农户合作风险之间的关系，展望小农户与现代农业发展有机衔接的前景。

第 9 章基于前述各章的研究结论和其他国家经验，探寻中国农业经营组织未来演进方向和创新发展建议。

1.4.2 特色与创新之处

本研究的主要特色与创新之处体现在以下几个方面：

（1）基于新经济社会学、制度变迁理论、产业组织理论等，构建分析农业经营组织的“社会嵌入—组织结构—交易行为—合作绩效”的理论框架（“ESCP”）。该理论认为：社会嵌入贯穿在每个交易环节，农业经营组织结构是社会嵌入中的农业经营主体在质和量上的规定性，农业经营组织的交易行为多重嵌入社会之中，交易绩效以及合作剩余分配受到多重社会嵌入的影响。根据 ESCP 理论，中国农业经营组织结构完善的方向是，立足“大国小农”的国情农情，立足经济行为的社会嵌入，促进农业经营主体融合发展、农村要素融合配置、乡村产业融合发展，实现农业发展的多维融合目标。

（2）基于制度变迁理论，使用史料实证分析方法，从地权变动出发，研究了随地权变动的人地组合关系变迁，以及既定人地组合关系下不同农业经营模式的绩效及其剩余分配，并解析了租税制度在“人地关系—要素组合—经营模式—经营绩效—合作剩余分配”链条中的调节作用。该研究发现：伴随地权与生产主体的变化，土地所有权和使用权之间的关系经历了从牢牢束缚到分离的过程，农民土地收益权均等性增强，土地经营形式愈发灵活，但同时也加剧了人地矛盾；土地所有权集中程度影响使用权灵活性，租税制度不仅是调节土地所有者与使用者间剩余索取权的重要杠杆，对经营绩效亦会产生重要影响。

（3）从宏观和微观两个层面实证研究农业经营组织结构与经营绩效的关系，多角度考察农业经营组织结构变迁及其内在运行机制。基于宏观省际数据，实证检验省际区域的农业经营组织主体结构与经营绩效的关系。基于微观实地调研数据，实证检验农业经营主体联盟类型、治理机制与经营绩效的关系，检验“公司＋农户”模式下农户专用性投资与合作风险的关系。使用制度分析方法考察了新中国成立以来农业经营组织发展轨迹及当代图景，使用博弈分析方法探讨农业经营主体的合作博弈、行为偏差与风险防范，使用多方面的数据检视小农户与现代农业体系衔接状况。对这些内容的分析得出了不少颇有价值的研究结论，这些结论在不同程度上均具有观点上的创新性。

2 地权变动、要素组合与经营组织变迁[①]

知古鉴今。中国有着悠久的历史。从公元前221年秦朝建立，到1911年清朝结束，中国在此2132年间共存在过62个正式王朝，王朝更替周期明显（谭浩，2019）。王朝不同，历史时期不同，农耕形式、经营组织内涵和社会贡献都发生着变化。历史上出现过多次民丰国富的盛世现象。不同盛世，理顺农民、地主和国家之间关系的具体措施相异，异曲同工的治理经验中有无趋势性变化规律？历史上曾经有过多次王朝更迭，王朝更迭背后的经济社会原因是什么？这其中是否存在普遍性的规律？中国历史上由乱到治、由盛而衰是否存在固有的周期性？朝代兴替周而复始的经济基础是什么？

本章立足地权，从其变动视角审视，讨论地权与劳动力结合方式变化及其主要影响因素，探索要素主体之间占主导的利益联结方式，期望从历史纵贯视角探析农业经营组织的变迁规律，进而揭示支撑历史周期律的经济基础演进趋势。

2.1 历史周期律由小农经济推动吗

关于历史周期律的探讨，始于黄炎培之问。

2.1.1 黄炎培关于历史周期律之问

1945年7月，黄炎培在延安的窑洞前，就政权兴亡历史周期与毛泽东

---

① 笔者于2014年曾在广东海洋大学和江西农业大学交流，在随后的7年中，相继在四川农业大学、华南师范大学、仲恺农业工程学院、东北农业大学、中国人民大学、湖南农业大学、河北农业大学等做大会交流或者专题报告。每次交流时笔者都会进一步查阅文献和深入思考其中的问题。

主席有一段对话，希望中国共产党能够找出一条新路，跳出历史上“其兴也勃焉，其亡也忽焉”的周期律。毛泽东主席满怀信心地回答，中国共产党人已经找到这条新路，那就是民主——要让人民监督政府，要让人人负起责来，才能避免政府松懈、人亡政息。

“民主”属于上层建筑范畴破解历史周期律的方略。在经济基础和上层建筑的矛盾运动中，经济基础决定上层建筑的性质。那么，历史周期变化的经济基础是什么？

更早的传统社会自不必说，从秦汉到明清两千多年间，传统农业一直是社会经济结构中最重要的产业部门（卢锋，1989）。历史周期律发挥作用的经济基础只有从农业经营领域寻找答案。已有文献曾对历史周期律的经济基础进行归因。例如，因不稳定且容易分化的小农经济广泛存在，中国陷于治乱兴衰的轮回之中（刘昶，1981）。小农经济真能起到这样的作用吗？

2.1.2 历史周期律中的农业经营组织变化

中国历史上王朝初期自耕农较多，王朝后期佃农较多（叶茂等，1993）。与王朝更替伴生的自耕农和佃农各自占经营主体总量的比例呈现出周期性变化特征，这难道就是一些人所说的中国两千年封建史的“魔咒”？自耕农是在自己拥有土地所有权的地块上耕作，以家庭为经营单位，维持家庭简单再生产并期望扩大再生产的农户。佃农通常是在他人拥有所有权的地块上租种土地的农户。自耕农和佃农的身份转化实际上由土地所有权的归属所决定，涉及土地的买卖与兼并、分散与集中。

王朝初期，通常有平均地权的导向，努力实现耕者有其田，是以自耕农较多。王朝建立者大多熟谙政事，治理能力较强，且能励精图治。封建世袭制以及围绕皇权的明争暗斗使得王朝的继位者们治理能力不一定高。排除罕见的明君之外，继位者们容易留给世人一代不如一代之感。这种现象并不难以理解。王朝初期解放和发展生产力的制度创新频繁，但新制度的弊端也开始产生，并且代际积累，另受王朝初期的“祖训”制度限制而不易革新。是以纵使王朝的继承者们治理能力不下降，王朝运行积累的矛盾也越来越不易解决。况且王朝的继承并非按照治理能力择优遴选，在王朝运行成本日益高涨的情形下，既要避免重蹈历史覆辙，又要维持王朝运行，于是各种苛捐杂税就会花样翻新推出。自耕农负担加重，在不得已的情况下只能售出土地，但生活还得继续，不得不沦为佃农维生。自耕农向佃农转变源自土地所有权的逐渐失去。哪些因素影响到自耕农出售土地？如何才能终止王朝地权变化的周期性？

地权变化最强有力的手段是强制性制度变迁。王朝更替就是强制性制度变迁的极端方式。王朝更替的原因很多，但农民起义在历史上发挥着重要作用。甚至有观点认为，周期性爆发的大规模农民起义和战争彰显了小农对中国历史发展进程的巨大作用（刘昶，1984）。事实上中国封建王朝在每个历史转折点上推出的重大政治经济改革，几乎都是以大规模的农民起义为契机的（刘修明，1981）。历史上绝大多数农民起义的直接原因是灾荒或者疫病（刘正山，2007）。中国从公元前 108 年到公元 1911 年，所知的饥荒就有 1 828 次（转引自仲农平，2021）。灾荒或疫病使小农的社会再生产难以为继甚至中断，民不聊生。一旦发生灾荒或者疫病，如果王朝的治荒治疫能力跟不上，小农参加起义的门槛就会大为降低，灾荒或者疫病就容易演变成王朝更替的导火索。

自耕农、佃农等农业经营主体维持简单再生产的条件是什么？农业经营主体的简单再生产具有多大的韧性？王朝应围绕小农韧性不受破坏而治理施策。

2.1.3 强权赋能终结历史周期律吗

在中国共产党建党 100 周年之际，署名仲农平（2021）的文章指出，土地问题从来都不是历史上治理者的盲区，从“一条鞭法”“摊丁入亩”“两税法”“天朝田亩制度”“平均地权”到……，种种努力表明王朝统治者非不识也，乃不为也，实不能也！

民生是民主的基础，民主是民生的保障。建党 100 年以来，中国共产党领导人民从耕者有其田，到耕者有其权，再到耕者有其富的伟大探索与实践不断向前发展，强权赋能正在改变着历史周期律中的经济基础。

强权赋能可以终结历史周期律吗？这个问题不在本章的探讨内容之列，但属于本书探究的问题领域。本章提出这个问题，是希望在探讨小农经济变化规律的基础上，对新时代实现小农户与现代农业发展有机衔接提供历史参照。兴农富农强农的体制机制完善了上层建筑终结历史周期律的方略，正在日益夯实历史周期律终结的经济基础。

2.1.4 历史纵贯视角考察方法说明

从历史纵贯视角研究农业经营组织的变迁十分困难，这是因为：①不同历史时段的经济社会发展水平存在差异，农业经营组织面临的约束因素差异较大，通常难以进行针对性强的纵向比较。②就史料而言，既浩如烟海，又残缺不全（周继旨，1983）。关于农业经营组织，没有前人专门收集的史料，散见于各个历史时期历史、文学、奏章、县志等资料中。即使穷尽毕生精力，也未必能够收集如愿的资料。③前人难以避免选择性使用佐证素材（刘正山，2007），而个别案例不能代表普遍现象。古代没有全国性的精确统计资料（谭浩，2019），因人因事因时选择性使用各地资料合情合理，导致史料中难免出现以小见大、以偏概全的现象，缺乏有公信力的考证资料。基于史料的研究，容易陷入众说纷纭的学术之争，就是例证。④文学作品记载的内容通常不能作为佐证素材，但限于没有其他更有说服力的史料，聊胜于无，很多时候被后来者引为佐证。但是，人的理性有限，古人崇尚著书立说以传世，语不惊人死不休，是以古代文人撰文多有夸张失实之处（刘正山，2007）。⑤即使是呈送给最高统治者的奏章也难以核实（刘正山，2007），因为政治领域必定频现政治行为，传统官僚的拿手好戏就不乏为打击对手而进行栽赃陷害的无中生有。

即便如此，纵贯比较仍可能是摆脱断代研究认识局限的研究方法（龙登高等，2016）。本章的核心主旨不在考证史料，而在寻觅农业经营组织的历史变迁规律；不拘泥于史料细节，而在捕捉刻画农业经营组织的动态变化轨迹。因此，从考证视角审视，本章内容难免漏洞多多，这并非完全因史料的选择性所致。倘若从理论抽象需要出发，笔者愿意抛砖引玉。

2.2 地权变动、要素组合与小农经济

对于中国传统社会的农民来说，土地不仅是最基本的生产要素，也是维系家庭生存的物质基础。人地关系在很多时候成为决定土地制度变迁的约束条件（孔径源，1992）。

2.2.1 地权分割与地权利益相关者诉求

土地权利是一组权利束。秦朝推行郡县体制，使土地领土权和土地经济权相分离（徐勇，2007）。从国家与居民的关系看，国家拥有土地的领土权，或者说拥有领土所有权，而居民拥有领土权之外的经济权利。国家的领土所有权实质是针对土地的政治权利而言，国家对其领土范围内的一切土地和资源享有占有、使用和支配的权力。当然，这必须要以尊重居民人身权和财产权为前提。就土地的政治权利而言，国家拥有排他性权利。封建时期不少战争以割让城池达成停战协议，实际上就是交易土地领土权，只不过通过战争暴力手段实现。土地领土权承载着土地的其他权限，一旦领土权转让交割，土地的其他权利也一并转让交割。

人们通常讨论的地权只是针对土地的经济权利展开。从理论逻辑和历史实践看，国家可以拥有土地的经济权利，只不过由于经济层面的所有权要通过使用权等其他权限才能实现价值，而大范围的农业劳动监督成本很高，由国家行使土地经济所有权并不划算。国家可以凭借领土所有权对土地和劳动力征税，不必借助土地经济所有权征集维持国家运行的财力资源，完全可以退出经济层面的所有权领域。因此，人类社会发展到一定阶段后，经济层面的土地所有权由农民、地主或者其他经济主体享有。

即使是土地的经济权利，也是由多种权利组成，包括法律所有权、剩余索取权、使用权、处置权以及这些权利的可靠性等（姚洋，2000）。不同历史时期，土地经济权利束中的这些权利集聚与分离的程度不同，其称

谓也有所不同。

氏族社会土地公有公营，主要是由当时生产力水平所决定。人类社会繁衍生息，必须从自然界中获得物质和能源，能力弱小的先人只有通力合作才能生存。部落出现，乃至国家产生，土地的领土权功能日益凸显。工具逐渐进化以及分工现象出现，土地的经济权利开始分离，最早是土地所有权和土地经营权分开[①]。随着人口增多，土地权利进一步分化，土地租赁、抵押、典当等他项权利不断出现。地权的分离及其各自独立进入市场，使得进入地权市场的门槛降低，更多的农户才有可能分享地权，进行地权交易（龙登高，2009）。或许，土地权利不断分离，与人地矛盾日趋紧张分不开，也与土地功能从提供食物、地租、赋税衍生到融资、维稳等领域相关。

地权分割是复杂的经济社会现象。同一地块分离出的地权存在相关性，但当生产力发展到一定水平时，同一地块被分割地权之间的交易具有一定的独立性。这里以明清时期同一地块析出的田面权与田底权为例进行解析（龙登高，2020）。明清时期的田底权实际上就是土地的所有权，拥有田底权的主体进行招佃竞争。田底权所有者获得地租，地租实质上是土地的资产性收益。田面权由佃权演变而来。田面权获得者拥有土地的经营权，但不一定由自身实际使用。田面权可以交易，在田面权主体依照契约获得经营的期限内，田底权所有者不能随意改变田面权属。田面权类似于经营性地权，田面权拥有者可以通过转让使用权获得收益。实际上，田面权已经发生分离，一部分具有经营权能，另一部分具有使用权能。总之，田底权和田面权的交易可以各不相干，即便田底权交易时，田面权也可以维持不变，田面权主体不受田底权所有者变更的影响。

在厘清地权分割特性的基础上，再来考察地权经济权利相关者的利益诉求。在中国传统农耕社会，地主、自耕农和佃农是三类主要的地权利益相关者。

① 除非特殊说明，本研究讨论的土地权利仅限于经济层面。

1. 地主的地权权益

地主指家庭成员通常不参加农事劳作的土地所有者，主要靠出租土地获取地租而维持家庭成员较高生活消费水平。地主拥有的土地面积有限时，依赖奴婢经营或者雇工耕种。当地主拥有的土地面积超过一定量时，奴婢可能从农事经营中分离出来而专门从事家庭经营性和生活性服务工作。当地主拥有的土地面积更大时，出租土地给他人经营就成为主要经营方式。

因此，地主经营土地有着多种具体方式，依据拥有的土地面积、奴婢数量和雇工成本而定。地主在从事农业经营的过程中，必须承担农业经营的自然风险。如果地主财力上升，则可能购置更多的土地，从小地主演变成大地主。如果地主财力下降，当维持家庭再生产困难时，则可能出售土地，从大地主沦落为小地主，更有甚者不得不从事农耕活动，更困难者可能成为佃农或者被人雇工。

地主财力变化受到多种因素影响，存在多个风险来源。这既有农业靠天吃饭的自然风险，又有与地权经营能力相关的经营风险，还有因赌博等生活恶习导致的败家风险等。地主可能沦落为小农，小农也有可能上升为地主，小农与地主的身份存在转化空间。

史籍中地主家庭成员好吃懒做的记录不少，但作为土地所有权拥有者，勤勉持家的地主必定不在少数，只不过带有剥削属性的地主经营土地目标不止于维持家庭简单再生产，而是追求扩大再生产，甚至偏好扩大再生产规模与速度。

2. 自耕农的地权权益

自耕农是指在自己拥有所有权的土地上依靠家庭成员进行耕作的小农。如果自耕农经营自有地块能够维持家庭简单再生产，或者在不雇佣、不出租土地的前提下能够推进家庭扩大再生产，则属于纯粹的自耕农。假如自耕农经营自有地块不能维持家庭简单再生产，还需要租种部分土地，则属于半自耕农。由于小农分化的客观存在，总有一部分自耕农实力上升，添置田产，最终演变为地主；也总有一部分自耕农实力下降，不惜出售土地而沦为佃农。

自耕农拥有耕作地块的土地所有权，但须向领土所有权主体国家交纳赋税[①]。正是因为国家向编户农民征收与地租合一的赋税（庞卓恒，1983），引发后来者关于自耕农性质的广泛争论。有的认为，自耕农实质上是国家佃农，只拥有世袭的土地使用权（郭庠林，1981）；有的认为，自耕农土地所有制既是生产者占有小块土地的私有制，又是封建国家占有剩余劳动的土地国有制，因而兼有国有和私有特征的变态封建所有制（郭成望，1983）。

与佃农相比，自耕农拥有土地私有产权，承担国家的赋税，不必交纳地租。假使在经营相同面积土地的条件下，自耕农会比佃农多占有一个净地租量，即享有土地经营的更多剩余收益权，不但可以改善简单再生产的条件和生活质量，而且可以利用剩余收益进行扩大再生产。当然，这必须建立在自耕农具备维持简单再生产的经营能力基础上。

其实，较之佃农经济，自耕农经济往往更具不稳定性，尤其是王朝处于非善治时期，因为国家赋税的增减幅度可能远远超过私租的增减幅度（叶茂等，1993）。

3. 佃农的地权权益

佃农与自耕农都属于传统意义的小农范围，只不过佃农不拥有土地所有权，要以交纳地租方式从地主或者国家等处获取土地经营权。佃农如果经济实力上升，就可以购买土地，演变为半自耕农，进而蜕变为自耕农。假如惧怕承担土地使用风险，佃农可以选择不租种土地，而靠出卖劳动力赚取雇工收入以维持生计。

早期佃农向地主交纳实物地租，后为货币地租。汉唐期间封建租佃关系的主流是隶属性严格的租佃制，也存在人身依附关系比较松弛的佃农，但这只是反映了佃农中人身不自由程度的等差（叶茂等，1993）。唐宋以后契约型租佃关系占据主导地位，但主佃关系仍不平等。主佃之间存在的人身依附关系，既可以在契约中明确规定，也可以依靠传统来

① 早期的封建王朝以实物征税征物资、以劳动力征兵役力役，直到货币出现并能在市场购买国家所需物资时，各种丁、调、庸、租、徭、役等（包括其他苛捐杂税）就可以货币形式缴纳。除特殊说明外，本章不再区分国家征收的税、庸、役等，统称赋税。

进行维持。

由于土地领土权和土地所有权的分离，不断分离的土地经济权利可以自由买卖，地权经常发生转移，在大多数情况下佃农对地主并未形成固定的、世袭的人身依附关系，且主佃间的依附关系在封建社会后期愈趋松弛。佃农对地主的人身依附，似乎有一个先是逐步强化，而后又逐步削弱的过程（叶茂等，1993）。明清时期佃农人身依附关系全面松解。

人们不必担心地租率过高，因为招佃竞争能够导致地租率下降（叶茂等，1993）。地租率的确定受到多种因素影响，但以不破坏佃农的家庭简单再生产为上限，否则租佃关系难以持续。佃农的地租在本质上包含着地主交给国家的赋税，扣除赋税后的地租就是土地的净租金。

小农租佃土地经营，较好地配置了农业生产要素，不仅缓解了人地矛盾，使无地农户实现了维持简单再生产的家庭经营，而且还为农民发展兼业劳动和多元化经营提供了一定的空间与灵活性（温锐，2002）。何况佃农与自耕农的身份可以转化，佃农通过努力经营，能够获取用于扩大再生产的使用土地带来的剩余收益。

综上，不难看出，历史上农户经营形式都并不是静态的存在，而是处于动态重构之中（赵志龙，2006）。

2.2.2 地权变动与农业经营主体更迭

王朝更新和重大政治经济改革举措出台，都会带来地权平均导向的地权分散，小农拥有土地所有权的机会增多，因此自耕农占比较大。除此之外，中国古代农村地权变动主要是通过土地买卖、典当和分家析产等途径实现（史志宏，2002）。在土地私有制下，土地买卖自由，总有经济上升者买地，经济下降乃至破产者卖地（李金铮，2012）。伴随地权变动，佃农、自耕农和地主之间的身份存在转变空间。

1. 地权集中驱动力

无论土地与劳动力等其他要素结合方式怎样，拥有土地不同权限的主体都有扩大再生产的内在激励。从土地使用权、到土地经营权、再到土地所有权，土地权限拥有主体处置的自由度增大。农业经营主体处置土地权利的灵活性越大，越能处于社会再生产的有利环节。耕者有其田，不只是封建王朝维护统治的需要，更是土地权益主体的生活向往。由于生产资料初始占有不均衡、家庭劳动力表征的人力资本不平衡、讨价还价能力不平等诸因素的作用，土地所有权存在向大地主集中的趋势。

在地权既定的前提下，所得地权来源于所失地权，只是地权在不同经营主体之间交易罢了。假定其他情形不变，通过代际传递，王朝后期佃农占比较多，这是地权集中的必然结果。

2. 地权分散推动力

封建王朝地权虽有集中趋势，但地权集中进程缓慢，原因在于存在系列推动地权分散的力量。

首先，考察视角扩大到家庭的代际传承，中国古代实行的分家析产制度是诸子均分制。不管是地主，还是自耕农，土地所有权向下一代传承时，家庭下一代男丁越多，土地就会分成更多继承等份。因此，即便是拥有土地再多的地主，除非多代单传，否则在“三妻四妾”成风的古代，其土地在分家析产时遭遇平均分配，而且这种均分并不止于土地面积的平均，还在耕地肥瘦、远近、灌溉方便等土地质量方面要求相对平均。

其次，不管出于何种理由，土地卖出方总是惜卖土地。土地是家庭再生产的命根子，不到万不得已，土地所有者不会出售土地。乡村社会亲戚邻里之间相互救助，存在借贷、典当等延期、回赎交易机制。惜卖土地延缓了地权集中趋势。

再次，传统乡村社会还存在族田、寺庙田、学田、各种会田、社田等法人产权土地，例如，广东福建的这类公田占比曾高达30%左右（龙登高，2020）。法人占有土地，降低了私人占有土地的不平均程度，还会利用土地收益救济处于困境的小农（姚洋，2000）。这在一定程度上也抑制了土地的集中与兼并。

另外，封建时期除农业经营外，家庭往往开展手工业经营等兼业活动。兼业收入可以缓解农业经营风险带来的损失，改善家庭再生产的投入。

最后，依靠农业经营积累财富的速度较慢，加上商业处于社会地位末端，封建时期的土地购买力整体不大。

2.2.3　小农韧性与农业经营制度环境

中国传统社会的经济特征是小农经济。但小农经济发轫于何时，学术界还存在争论。有观点认为，中国小农经济的历史应从黄帝尧舜时代算起，抹杀奴隶社会存在小农经济的观点站不住脚（李根蟠，1998）。原始社会末期已经出现个体家庭的分散劳动和独立经济，周代耦耕是农村公社中拥有独立经济的个体农户之间的劳动协作，春秋战国铁器的推广进一步加强了小农经济的独立性（叶茂等，1993）。春秋以前的封建领主制实行劳役地租制，而井田制就是变了质的农村公社（李根蟠，1988）。商鞅变法废除井田制和世卿世禄制，承认土地私有。商鞅变法时下令："民有二男以上不分异者，倍其赋。"因此，中国古代分户析产制度至迟在商鞅变法时期已经形成（刘正山，2007）。秦朝统一六国之后，把商鞅变法以来秦国的封建土地制度和作为赋役依据的户籍制度推广到全国（崔春华和廖德清，1985；晋文，2020）。至此，小农经济的基本制度已经形成。

值得关注的是，唐王朝建立后，重建帝制统治网络和政治体系，推行北魏周隋以来的均田制（刘玉峰，2008）。唐高祖武德七年（624 年），正式颁布均田令，推行等级授田和土地调控的均田制，建立公田和私田管理制度。封建王朝在任何时候都是一个庞大的经济实体（周继旨，1983）。不同王朝官田名目和由来有异，但总体趋势是国家拥有土地经济所有权（官田）日益不占重要地位（徐新吾，1986），以土地私有制为基础的小农经济成为封建王朝的经济基础。

另外，从战国秦汉以来地权交易形式日渐增多，土地产权形态日渐丰富。以典权为例，从唐宋典权，经宋元永佃制，到明清出现田面权、押租、活卖，反映了地权交易规则在不断完善和规范（龙登高，2020）。地权交易方式、租税赋役制度、农耕技术进步等因素，影响着小农经济的演化，使得小农经济在盈缩之中呈现经济韧性。

1. 小农经济韧性空间

小农经济孕育了中国历史长河中的农耕文明。无论从个体或者群体视角审视，小农经济都表现出强大的韧性。有学者提出“韧性小农”之说（陈军亚，2019）。在陈军亚看来，中国小农虽然脆弱，但在与外部环境的交互中，特别是在各种压力下表现出“脆而不折、弱而不怠”特性，生命力旺盛。笔者认同这一主张，因为它特别契合纵贯视角把握小农经济核心特质的要义。

从小农个体视角看，基于土地私有产权与市场交易的个体农户经营，具有低门槛、可分割性、可复制性、易恢复性（龙登高，2020），因而表现出强大的生命力。就小农个体而言，维持家庭简单再生产，即从农业经营活动中获得维持家庭成员最低必要的食物，也就是任何时候要让家庭成员食能果腹活下去，这是个体小农经济韧性的下限。否则，家庭不复存在，无法传承延续。

当小农经济实力上升，维持家庭简单再生产不再困难，并在扩大再生产基础上开始雇工甚至出租土地，使家庭成员不再从农事活动时，小农就已经蜕变成地主了。这是个体小农经济韧性的上限。

在个体小农经济韧性的上下限之间，小农将家庭劳动力尽可能多地投入耕种的地块，尽管劳动力投入的边际收益越来越小，但只要边际收益为正，栉风沐雨、胼手胝足的内卷式劳动投入就不会停止（周继旨，1983）。显然，此处的边际收益为正，并不考虑闲暇对劳动的替代，也不考虑闲暇时间可作他用的机会成本。这是因为，当维持生计都极为困难时期，古代个体农户没有商业化利用闲暇时间的机会，即使闲暇也实属无奈。

考察小农群体，有学者认为，小农经济造就了农业时代庞大的农民中产阶级，形成经济与社会的相对稳定（龙登高，2020）。在两千多年中国农业发展史上，家庭经营是传统中国农业经济反复历练的内生优选经营模式（温锐和闵桂林，2018）。小农群体经济韧性由既定社会中个体小农经济韧性聚合而成。如果个体小农经济韧性受到破坏并达到一定程度时，农民起义或者其他缘由引起的改朝换代就难以避免。因此，王朝治理者必须以维持小农韧性空间为考量，组合实施各项措施，力求实现国富民丰的目标。

2. 小农经济韧性由来

小农经济韧性强，在于家庭经营的固有优势、乡村社会的互助机制、统治者的救灾救荒治理等因素。

首先，家庭经营内生小农经济韧性。农业劳动监督难，又是动植物生命周期和农户家庭再生产过程的结合，加之小农家庭成员分工较难专业分化和转化为社会分工（赵冈，1994），以利他为主要导向的家庭经营优势明显。小农家庭成员是生产共同体、生活共同体、命运共同体和政治共同体，成员责任对等、责任分担、责任内化和责任连带（陈军亚，2019）。这种利益共享责任共担机制使得栉风沐雨、胼手胝足的劳动投入成为家庭成员的自愿自觉行为，因而内生小农经济韧性。

其次，乡村互助强化小农经济韧性。传统乡村社会血缘、亲缘、族缘、乡缘等各种社会关系交错，另有远亲不如近邻之说，邻里之间、亲朋好友之间在农忙之际相互帮工，在青黄不接之际相互接济，在家庭遭遇变故之时相互帮衬等，这些不附加其他目的的互助机制，连同宗族等团体的扶弱救灾机制，使得小农经济韧性得以强化。

最后，王朝治理挽救小农经济韧性。灾荒发生时，往往使得小农经济韧性下限受到破坏。历史上，发生过闯关东、走西口、下南洋等大规模农民迁徙活动，这实际上是农户寻求异地生存机会的努力。当个体农户韧性下限无法维持时，就会出现饥民乞讨、灾民逃荒现象。灾荒破坏小农经济韧性，不能将其归咎于小农经济组织方式。在灾荒发生时，封建王朝视情况发钱赈灾、发粮赈灾、选派医生、鼓励开荒、帮助恢复生产等。即使是非灾荒期间，封建王朝也会贵籴贱粜，希望小农能够安居乐业。因此，封建王朝的治理措施也在不断维护和挽救小农经济韧性。

2.3 租税赋役制度与农业经营主体的利益联结

地权权益主体之间存在利益联结，使得不同权益主体能够形成利益共同体，达成小农丰衣足食、地主人丁兴旺、王朝安稳传承等多维目标。从利益联结的主导机制看，联结土地领土所有权和土地经济权利的机制是赋税，联结土地经济所有权和土地经营权能的机制是租役①。

2.3.1 封建王朝对地丁征收赋税

封建王朝要维持国家的运行，需要守土卫疆的兵力、政府运行的人力、公职人员的衣食、治理国家的财力等。王朝运行的人财物来源于国家对土地和劳动力征收的赋税等，而赋税的征收在于王朝享有土地的领土所有权。实际上，国家的赋税制度往往是不可分的。例如，唐朝租庸调制规定，丁租征收粮食，丁调征收丝麻产品，庸则是交纳绢帛作为代役金。本节只是为了行文方便，把具体的赋税分类解析②。

（1）税。此处的税是指土地经济权所有者支付给土地领土权所有者的田税，是封建王朝获取的主要赋税。田税，从周代什一之税演化而来，直到战国初年李悝为魏文侯尽地力之教时，其征收标准仍是征什一税。唐朝德宗建中元年（780年）改行两税法后，以田亩征税。田税有多种存在形式，不细表。

（2）赋。赋是指人头税，即古代的口、算赋。秦代有按户缴纳的户赋等。汉代继承秦制，汉高祖四年（前203年）颁布了“初为算赋”的法令。汉代的人口税，除成年人的算赋外，还有未成年人的人口税，叫“口钱”或“头钱”。

（3）役。早期助耕公田要提供劳役，夏商小农占有和使用土地要以到贵族公田从事无偿劳役为条件（李根蟠，1998）。征收赋税之后，国家公共事务摊派劳动力的手段是徭役。徭役大体分为更役和兵役。徭役制和府兵制要求小农无偿或近乎无偿地为王朝提供劳动力和劳动时间。战国时期，农民一般是在十七岁时开始服役，称“始传”或“传”。秦汉时期，成年人还要负担更卒、更赋，即每个成年人每年要去政府服役一天甚至更

① 此处的赋税、租役表征不同类型权益主体的利益联结方式，涵盖不同王朝不同称谓的具体利益联结方式。本章只是为简洁表达所需，并未一一列举，而是抽象化处理。随着生产力的发展，赋税逐渐统一为“税”，租役逐渐合并成“租”。因此，租税能够笼统代表土地权益主体的利益联结方式。

② 本章关于赋税的分析，依据叶茂等（1993；1993）、洪燈（1994）、于干千（2007）、刘玉峰（2008）、晋文（2020）、仲农平（2021）等整理而成，笔者未作考证。

长时间，称为更卒，不去服役者出钱，叫更赋。秦汉健康成年男子通常服两年兵役。

（4）庸。唐朝期间，倘若政府不需丁男服丁役，则按照“日绢三尺”标准交纳六丈绢帛以代替，是为庸（刘玉峰，2008）。庸的实质是代役金。唐朝甚至规定，课户还要缴纳租庸调的运输费和包装费。

通常，贵族、官僚和许多地主享有减免税赋优待（晋文，2020），赋税重担主要落在小农头上。叶茂等（1993）研究表明，汉代赋役合计占农户总产的35%上下，唐代租庸调开征之际也高达农户总产的30%以上。无论赋税形态怎样变化，封建王朝正常时期的实际赋税率维持在30%以上，而在王朝中后期将上升并有逼近地租率的趋势。也有王朝尝试实行低赋税率（谭浩，2019），但也只是名义赋税率低，而实际赋税率难以下降。不过，对个体农户威胁更大的是，王朝后期往往抛开法定赋税率，听任苛捐杂税疯长，尤以任意增派劳役为甚。

从赋税演变趋势看，封建时期由重役轻赋、到赋役并重，再到重赋轻役，最后徭役基本上归并到田税中。这不仅仅是赋税征收的化繁为简，而且反映了小农对王朝依附关系的削弱。

2.3.2 佃农经营需支付租役

无地农户必须以支付地租的方式获取土地经营权。地租收取方可以是国家、寺庙等社团、地主等。地租经历了劳役（或者力役）地租、实物地租到货币地租的演变。中国民间传说“天仙配”就有董永受尽劳役苦的说法。从劳役地租到实物地租，从地租中榨取的剥削量有了上升空间（周继旨，1983），因为地租已经摆脱了单个小农提供的力役限制，演变成了小农家庭成员的共同负担。从实物地租到货币地租的变化，使得地租剥削摆脱了农业实际收成的限制，地租剥削率更加隐蔽并且有进一步上升的可能。对地租率的估算，总体上认为可达到以货币计量的农业经营收成的50%。

在考察地租率时，大多估计偏高（李金铮和邹晓昇，2003），其原因在于估算者往往只计算地租在一季主要作物产量中的比重，而后的估算就容易产生锚定效应，这就使得地租率被较高估计。实际上，农作物有可能是一年两熟或者两年三熟，中国南方地区就有一年“稻再熟”“蚕五收”的景象。这即是说，实际地租率并没有史料中记录的高。

不仅如此，在特定地块产量既定时，土地所有权者获得的地租水平要以不破坏佃农的简单再生产为前提，不少文学作品描绘地主穷奢极欲便是落入了夸张俗套。地主是理性的，确定地租率时必定要给佃农以活路，何况招佃存在竞争。是以，应理性审视历史上的地租率。

封建王朝存在的多种农业经营组织形式并无高低之分，只是土地所有者依据自身资源选择自耕、雇佣或者租佃经营。这正如李金铮和邹晓昇（2003）所指出的，雇佣制未必进步，租佃制也未必落后。

2.3.3 租税联结不同权益主体

人地结合是农业生产的必备条件。随着生产力的发展，农业经营中逐渐卷入技术、机械、管理等要素。既定的要素组合产生农业经营绩效，而农业经营绩效要在各个要素主体之间进行分配，收益分配的结果影响到下一个生产周期的人地组合决策。租税影响到特定周期农业经营主体的利益联结。据此，可以构建一个租税调节土地权益主体利益分配的模型（图 2-1）。

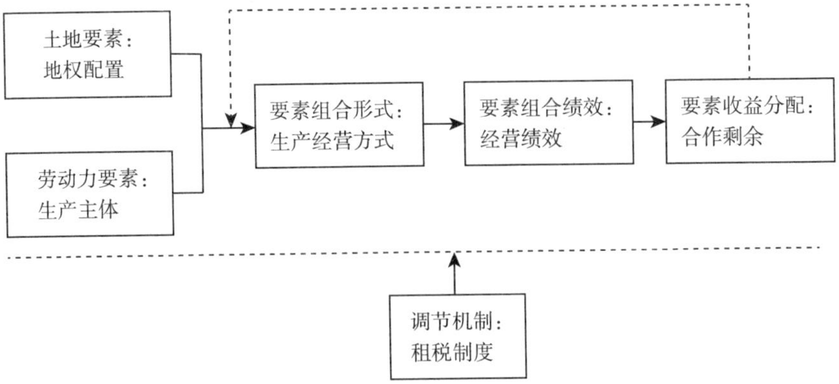

图 2-1　租税调节土地主体利益模型

叶茂等（1993）对获取赋税的王朝功能进行了归纳。封建王朝无不实行重农政策，除了抑制土地兼并、平均地权和努力减轻赋役负担以外，对农业生产采取的主要管理措施有：保障劳动力与土地等生产资料的结合，如安辑流亡、奖励垦荒等；激励和督促农民生产，推广先进农具和技术，修撰和颁行农书等；组织农田水利基本建设，如治河患、修水利、兴屯垦等；扶弱和救荒救灾，如减免赋税、赠予口粮、种牛乃至土地等；平抑物价，利用王朝掌握的粮食物资，贵籴贱粜，稳定市场。

2.4 技术、市场、制度与农业经营组织发展

从较长时间跨度考察，技术进步、市场发育和制度演进等对农业经营组织变迁产生着较大影响。

诚如前述，租税赋役是影响农业经营组织方式的重要制度。随着历史向前发展，历史事件、重大政治经济改革和治理经验积累使得制度处于不断完善之中。例如，“安史之乱”动摇了租庸调制和均田制；“两税法”征收钱币或以钱折物，表明王朝对土地从不同程度的占有控制变为少干预或不干预（魏明孔，1996）。本节重点讨论技术和市场对农业经营组织的影响。

2.4.1 农业耕种技术与农业经营组织形式变化

鉴于农业经营的低门槛，中国幅员辽阔而各地资源禀赋、发展水平差异明显，因此，中国传统农业在农业生产技术上呈现多样性，从原始刀耕火种的粗放农业到有很高劳动生产率的精耕细作农业，都可以长期共存、兼容并包（周继旨，1983）。传统农业中较为重要的农业技术包括耕作工具和种植技术。

1. 耕作工具对农业经营组织的影响

耕作工具进化，使得农业经营从多人到家庭成为可能。春秋以前盛行集体耕作的耦耕方式，春秋战国时期铁制农具的改进与推广使一家一户为单位的个体经营成为可能（叶茂等，1993）。战国时期出现生铁柔化技术，能够锻铸韧性铁农具，至秦汉大规模推广，农具形制大为增加（龙登高，

1992)。铁口犁被全铁犁代替，翻地、锄地、整地、收获等工具大量出现并逐步配套，适合小农家庭经营的生产工具逐渐完备（龙登高，1992）。

大型农具向轻巧便利转化。以牛耕为例，西汉赵过推广的二牛三人耦耕，到西汉末期二牛一人犁耕，再到东汉一牛一犁（龙登高，1992）。生产工具的进步使得小农家庭经营日益普遍。

小农家庭经营在某种程度上也会限制生产技术改造，以中国推广不了三锭棉纺车为例（徐新吾，1986），使用三锭棉纺车的劳动强度较高，通常只有青壮妇女才能胜任，但小农家庭内部分工是青壮妇女织布、老幼妇女纺纱。即使清代棉纺织手工业最为发达的江南松江地区，三锭纺车也只限于少数地方，广泛使用的还是单锭纺车。即便那些拥有三锭纺车的家庭，也往往备用单锭纺车。

2. 种植技术对农业经营组织的影响

种植技术进步既增强个体层面的小农经济韧性，又通过促使人口的快速增长而增强群体意义上的小农经济韧性。

农作物品种改良和新品种引入，复种等耕作技术使用，均使得单位土地面积的农作物产量增加，提升小农家庭的经济实力，进而增强小农经济韧性。

从群体层面考察，唯一能够较好地反映国家兴亡、社会荣衰的指标就是人口增减（谭浩，2019）。中国宋朝人口超1亿，清初到清末人口从2亿涨到4亿。中国传统单个家庭的人口数量规模稳定，人口增长反映了小农家庭数量的剧增，而这恰恰是小农群体经济韧性增强的写照。在人口增长的背后，是农业种植技术的突飞猛进。以宋朝为例，引入农作物新品种，特别是普遍推广耐旱、高产、早熟的占城稻，加上南宋小麦种植技术南移，稻麦复种出现（龙登高，1996），使得粮食产量大增，人口增长速度加快。清朝推广同一地块复种多熟制，小农经济实力增强，人口繁衍速度提高。

值得指出的是，中国没有自己发明的农业机械、化学肥料、农药、杂交育种等农业技术，这不能怪罪于小农经济组织（赵岗，1994）。因为即使是欧美农业大国，农户也发明不了这些农业技术。

2.4.2 市场交易范围扩大与农业经营组织变迁

小农经济自给自足特征鲜明，这并不意味着每个小农家庭要能够自给自足。小农在村庄、社区、当地集市覆盖的区域内实现基本自给自足（钟甫宁，2021），农村墟市、大市集可以看成交易范围扩大的自给自足区域。

传统社会的小农兼业现象较为普遍，农业生产通常与小手工业、商业相结合。商业、手工业和副业没有瓦解小农经济（隋福民，2018）。小农在市场互相交换农产品、手工产品和服务，满足家庭再生产所需。小农既要从市场交换部分生产资料和生活资料，又要出卖部分农副产品换取货币、交纳租税，其本质仍在于满足自给而非交换（魏金玉，1993）。许多小农为了缴纳赋税、偿还债务、购买其他必需品，而不得不在收获新粮后忍痛将其出卖，然后又于青黄不接时借钱到市场上高价购粮（李金铮，2012）。显然，这里的粮食买卖仍属于满足自给自足需要。可见，市场交易范围扩大，无疑增加了小农经济韧性。

市场交易范围不断扩大，粮食等物资运输渠道重要性显现，并经由陆路、南北纵向水路运输、东西横向水路运输、内陆河运到海运变迁，反映了小农经济支撑的国家商业中心和区域经济重要地位的移动。随着区域工商业发展，小农经济日渐式微。

2.5 历史变迁中农业经营主体结构的数据检视

由于数据有限，主要考察农业经营主体中的自耕农与佃农占比情况。汉初实施受田制后，明确了土地私权，拥有小块土地的自耕农占人口总数90%以上（黄今言，2008）。另有观点认为，中唐以前自耕农占主要地位，中唐以后地主土地私有制和租佃制进一步发展，佃农逐渐占据主要地位（叶茂等，1993）。

（1）宋代三等以下的主户，包括富裕农民、自耕农和半自耕农，最高时占户口总数的50%以上，租佃土地进行个体经营的农户占30%以上（漆侠，1982）。宋代自耕农、半自耕农和佃农约占宋代总户数的90%

（龙登高，1996）。另外，漆侠（2009）估计佃农在总户数中所占比例，北宋初为40%，以后逐年下降，最低是神宗熙宁年间的30%，转而回升，南宋初为36%。

（2）从康熙四十五年到乾隆元年的30年间，自耕农户数占比下降5个百分点，占总土地亩数比例下降了8个百分点；无地或者少地的贫困户，通常要租佃经营，这类农户户数占总户数的比例却上升了5个百分点，占总土地亩数比例下降了1个百分点（表2-1）。这反映了自耕农占比数量下降，佃农占比数量上升。

表2-1　1706—1736年直隶获鹿县二十五甲各类地权主体构成及其占地情况

单位：%

年份	康熙四十五年（1706年）		乾隆元年（1736年）	
经营主体类别	户数占总户数	占总土地亩数	户数占总户数	占总土地亩数
贫困户（无地至10亩[①]）	56	12	61	11
自耕农（10～80亩）	42	64	37	56
地主（80～200亩及以上）	1.7	15	2	—

资料来源：根据何兹全和葛金芳（2013）整理所得。

（3）比较明朝万历年间、清朝光绪年间和民国1929—1933年间三个时期官田与私田所占比例（表2-2），不难发现，私田所占比例上升，官田所占比例下降。

表2-2　明朝、清朝和民国时期地权私有与公有情况的比较

历史时期	官田所占（%）	私田所占（%）
明朝万历年间	50	50
清朝光绪年间	18.8	81.2
民国时期（1929—1933年）	6.7	93.3

资料来源：根据刘正山（2014）整理所得。

有限的数据已经佐证本章的重要观点：王朝初期自耕农占比数量较

① 亩为非法定计量单位，1亩≈667平方米，下同。

多，王朝后期佃农占比数量较多；历史向前发展，王朝对土地从不同程度的占有控制变为少干预或不干预；小农经济呈现较大的韧性。

2.6　进一步的讨论

自古以来，农业生产活动建立在人地结合基础上。伴随地权更迭，农业生产主体相应发生变化，土地所有权和使用权之间的关系经历了从牢牢束缚到分离的过程，农民土地收益权均等性总体呈现增强趋势，土地经营形式愈发灵活，但人口增长、收益分配不均等导致的人地矛盾始终存在，只是矛盾时而缓解时而加剧而已。土地所有权集中度影响使用权灵活性，租税制度不仅调节土地所有者与使用者之间剩余分配，也对经营绩效产生重要影响。

中国传统农业呈现多种经营形式的必然性，多种主体的合理性和多层次生产力的适应性。历代王朝以重农导向治理国家，但汉代盐铁政策，不让民间过富，而唐代均田制和租庸调制，不让农民过穷（仲农平，2021）。在长达两千年的封建社会中，中国农民始终处在被奴役的位置，苛政无法根治，历史周期律无法打破（仲农平，2021）。

中国自 2006 年起全面取消延续了 2 600 多年的农业税，强权赋能系列措施出台，强农富农体制机制日益完善，历史周期律得以终结。亿万农民已经站起来，正在富起来迈向强起来的征途上，全面推进乡村振兴。

3 中国农业经营组织发展的时代图景

土地与劳动力是农业生产最基本的要素。随着人类社会的政权更迭、技术进步、制度演化、社会发展，农业生产经营中投入的要素类型增多，农业经营组织结构不断变化。

3.1 新中国成立以来各类产业经营组织的缘起与变迁

1949 年新中国成立以来，中国农业经营组织发展经历了五个阶段的演进：改革开放前的农业经营组织变化、农业产业化经营组织兴起、农业经营组织数量快速增加、新型农业经营体系构建、现代农业经营体系构建与完善。

3.1.1 改革开放前的农业经营组织变化

1. 农民土地私有制的小农分户经营（1949—1952 年）

经历连年战争的破坏与掠夺，新中国成立初期千疮百孔，民无储蓄，加上频繁的自然灾害侵袭，农民普遍缺乏生产要素从而导致农业生产停滞，陷入难以生存的绝对贫困。以重要的农地要素为例，90%以上农村人口占农地面积比例仅为 20%～30%，而数量不及农村人口 10%的地主和富农却占据了 70%～80%的农地（李彬和范云峰，2011）。为稳定政权和促进农业生产，中国政府于 1949 年开启土地改革以废除地主阶级封建剥削的土地所有制，实行“耕者有其田”的农民土地所有制，赋予了广大农民土地、农具等生产资料。1950 年 6 月颁布《中华人民共和国土地改革法》，明确规定要废除地主阶级封建剥削的土地所有制，没收地主的土地和多余生产资料，合理分配给无地少地及缺乏其他生产资料的贫苦农民所有，并强调土地改革完成后，一切土地所有者拥有自由经营、买卖以及出租其土地的权利。由此，中国逐渐形成了农民土地私有制的小农户家庭经营格局，农业经营主体主要是分散经营的个体农民。这不仅极大地解放农民生产力，也大大缓解了农村贫困（胡鞍钢，2012）。据统计，1949—1952年的土地革命期间，中国工农业总产值大约由456亿元跃升到810亿元，增长了77.6%（宋连生，2002）；农民人均可支配收入由14.9元提高到26.8元，增长了79.9%（董志凯、陈廷煊，2011）。

土地改革虽然赋予了农民一定的土地和生产资料，但受农民长期积贫积弱的影响，农户个体经营仍然面临资金、牲畜、大农具、劳动力等生产资料不足、配置欠缺和利用效率低下等困境，难以扩大再生产。据统计，一般贫农平均每户只有0.41张犁和0.47头耕畜，如果不变工、合犋就无法有效耕种生产（陈大斌，2011）。实质上，一些老解放区在新中国成立之前就完成了土地改革，个体经营农户主要通过自发组建生产互助组进行互助合作借以克服生产资料匮乏的问题。鉴于此，中国政府顺应农户的制度需求，于1951年出台《关于农业生产互助合作的决议（草案）》，强调按照自愿和互利的原则，发展农民劳动互助的积极性，既不能通过强迫命令方式发展农业互助合作，又不能放任自流，应当注重群众意见，采取典型示范方式逐步推广，引导农业生产互助组合理发展。但是，这一期间，农业经营组织还是以个体农户为主，“土地农民所有、劳动生产互助”的互助组还是较少。

2. 农民土地个体所有的合作化经营组织（1953—1957年）

伴随土地改革的不断推进，农户生产积极性空前高涨，与此同时面临的资金、劳动力和械具等生产要素的约束更为趋紧，加上自然灾害影响，无法扩大生产以满足中国工业发展的市场需求，而以“农民土地私有、劳动生产互助”为主要特征的互助组又难以有效解决生产要素缺乏问题，农民渴望更进一步的互助合作。鉴于此，自土地改革完成后，中国政府于1953年开始大力推进农业社会主义改造，开展农业合作化运动，鼓励农户加入初级农业生产合作社，以土地作价入股方式进行集体统一经营与统一分配，农户可选择保留部分土地（自留地）单独经营。由于老解放区的土地改革完成和互助组发展比较早，使得其农业合作化运动发展迅速，但解放较晚的部分省区的合作化运动则相对缓慢。因此，中国政府于 1955 年颁布《关于农业合作化问题的决议》，强调依据各阶层农民觉悟程度和自愿原则合理组建合作社或扩组扩社，不能过度追求数量而忽视合作社质量，不急于实现社员的生产资料公有化，进一步引导农业合作化运动前进。

随着农业合作化运动的深入推进，初级农业生产合作社逐步拔高提升为高级农业合作社。1956 年，中国政府颁发《高级农业生产合作社示范章程》，将高级农业生产合作社界定为在自愿和互利的基础上组织起来的社会主义集体经济组织，社员需要按照社会主义的原则将私有的主要生产资料转为合作社集体所有，参与集体劳动，实行“各尽所能，按劳取酬，同工同酬”，并强调农户具有自由入社和退社的权利。相较而言，生产互助组、初级农业生产合作社和高级农业生产合作社的合作程度和社会主义性质依序增强，三者主要特征分别为：“土地农民所有、生产劳动互助”“土地农民所有、入股统一经营、按股分红”“生产资料集体所有、集体统一经营，按劳分配”，但三者均遵循自愿加入和退出的原则。因此，这一阶段逐渐形成了以互助组、初级合作社和高级合作社为载体的合作经营体系，农业经营组织由此从以个体农户为主转变为以农业生产合作社为主，只有少部分自留地是农户个体单独经营。1956 年底，全国 91.9%的农户加入农业生产合作社，其中参与高级农业生产合作社的农户比例高达 87.8%，农业社会主义改造基本完成（李彬、范云峰，2011）。得益于农业合作化发展，农业生产要素利用率和基础设施条件得以改善，极大地促进了农业生产和农民生活水平提高。1957 年，农林牧渔总产值达到 537 亿元，比 1949 年增长了 64.72%；农村居民人均消费水平达到 82 元，比 1952 年增长了 26.15%（国家统计局国民经济综合统计司，2010）。

3. 集体所有和统一经营的人民公社组织（1958—1977 年）

自土地改革之后，农业合作化运动虽然有助于缓解农户生产要素缺乏问题，提高农业生产力，但农村逐渐出现农民阶级分化现象。有些贫困农民受家底薄弱、劳动力不足、自然灾害侵袭等因素影响，难以维持生存而不得不出卖农地，沦为赤贫状态；而部分农民逐步发展进入中农甚至富农行列，不愿意加入农业生产互助组和合作社。在华北、东北以及河南、渝北地区，出现不少农户退组退社的现象（夏振坤，1992）。为了避免更多的农民陷入贫困，建立经济相对平等的社会体系，进一步推动农业发展和支撑国家重工业优先发展战略的需求，而且受马克思主义“小农必然衰亡论”思想的影响（叶敬忠等，2018），中国政府在高级农业生产合作社的基础上强制实施人民公社制度（周彬彬，1992）。1958 年 8 月，中央政府出台《中共中央关于在农村建立人民公社问题的决议》，论述人民公社制度的重要性和推行措施，强调通过并大社和转公社方式推行，但不能勉强和性急，各县都应先试点再逐步推行，并指出自留地可能在并社中变为集体经营。然而，受“大跃进”浪潮影响，人民公社组织如雨后春笋般增长，短短的 4 个月内，人民公社组织数量发展到 216 万个，超过 99%的农户被吸纳为社员（胡鞍钢，2007）。

实际上，人民公社是农业生产合作社的高级形式，同样实行统一经营和统一分配收益，只是人民公社是强制性实施的政社合一组织，推行“人民公社、生产大队、生产队三级所有、生产队为基础”的农村生产资料所有制，公有制程度更高，具有“一大二公三平”特征。由此，自负盈亏的农村生产队逐渐成为中国基本的农业经营组织。然而，人民公社化主导下强调公平的生产关系难以与当时生产力水平相适应，大大压制了农民生产的积极性（赵军洁，2019），加之受自然灾害影响，致使这一阶段的农业发展停滞不前甚或倒退。在 1958—1961 年，中国农业的环比增长率分别下降了 5%、9%、2%和 51%，导致了很多人饥荒（周其仁，1995）。

纵观新中国建立到改革开放前这一时期，农业经营组织主要经历三大变化：从土地改革期间的个体农户为主转变为农业合作化期间的以农业生产合作社为主，再变化为人民公社时期的以生产队为主。总体而言，前两次经营组织转变伴生的生产关系相对适应中国当时生产力水平，较好地促进了农业生产，但最后一次转变为缺乏内在激励机制的人民公社组织的效果不甚理想。1950—1978 年，有 5 年的农业总产值的年增长率在 10%以上，也有 5 年存在负增长，还有 3 年基本处于停滞状态（李德彬等，

1989)。据估计，中国农业总产值由1949年的279.99亿元逐年增长至1958年的467.90亿元，但自此后开始波动变化，1960年跌至387.08亿元，但1978年已上升至1 117.50亿元（黄少安等，2005）。这一期间，农民人均纯收入只由1957年的72.95元增加到1978年的133.75元，仍有一亿多的农村人口处于贫困状态（卢文，1992）。

3.1.2 农业产业化经营组织的兴起（1978—2006年）

为突破人民公社制度下集体统一经营和统一分配方式对农民生产力的束缚，许多地方自发出现“包产到户”“包产到组”等现象，安徽凤阳县小岗村农民自发实施的“包干到户”尤为典型，引起社会各界关注，农村经营方式改革呼之欲出。为此，中国政府自1978年开始大力推行家庭联产承包责任制，逐渐废除人民公社制度，确立了以家庭为主要经营单位的生产方式。在这一制度下，农村土地和资源等仍然为集体所有，但农户可以通过家庭承包形式享受自主经营权而非统一经营。农户只需要完成国家的生产任务，并缴纳集体部分产品，剩下盈余全部归农户所有。

家庭联产承包责任制极大地释放农户生产的内在积极性，提高了农业生产效率，使得农产品供给逐渐由以往的短缺转向供求基本平衡甚至丰年有余，但与此同时也导致了农业小规模分散经营的格局。为提高市场配置效率，促进社会主义市场经济发展，中国政府自1985年开启农产品流通体制改革，逐渐废除农产品统购统销制度，以此推进农产品和农业生产要素市场化进程。随着家庭联产承包责任制和市场经济改革的深入推进，农业分工和专业生产得以不断深化，农业产业链的许多环节独立出来，形成诸如农业企业、农业技术协会和中介组织等经营主体，使得农业规模化和集约化经营成为可能，促进农业龙头组织的出现（万俊毅，2009）。然而，流通体制改革带来的农产品交易市场化加剧了农产品市场风险，势单力薄的小农户仅凭自身力量难以扩大农产品销售半径，遭遇日渐丰裕的农产品难以销往目标市场的问题，小农户与大市场之间的矛盾日益凸显，农产品买难和卖难现象时有发生。在此情境下，农户与农业企业、农业技术经济协会等经营主体谋求的农业产业化合作经营于20世纪80年代末应运而生，并逐渐引起政府和社会各界的重视。

1996年，中国政府成立了“农业产业化办公室”，并相继推出系列促进农业产业化经营发展的政策文件。相较于其他经营主体，农业企业在生产与加工技术、经营管理和市场开拓等方面优势明显，自农业产业化经营发端以来就被各界寄予厚望，备受政府的关注和扶持，成为政府推动农业产业化经营的重要载体。2000年国家八部委出台的《关于扶持农业产业化经营重点龙头企业的意见》明确提出，“扶持龙头企业就是扶持农业、扶持农民”，并对重点龙头企业界定入选标准并予以扶持。此外，2004—2006年连续3年的中央1号文件均强调要加快发展农业产业化经营，并继续明确要求将龙头企业作为农业产业化经营的重要载体给予大力扶持。

政府的引导和大力支持使得各类农业产业化组织竞相发展，“公司+农户”产业化组织呈现一枝独秀的发展趋势。1996—2005年，农业产业化经营组织数量由11 824家跃升至135 725家，增长了近12.10倍，带动农户数量及其占全国农户总数的比例分别由1 995.1万户、9%提升到8 726万户、35.2%，带动农户平均增收由150元上升到1 336元；2006年年底，农业产业化经营组织数量高达154 842家，比上年增长了14.1%，龙头企业数量高达71 691个，占产业化组织总数的46.3%，比2005年增长17%，农民专业合作经济组织达到54 332个，占产业化组织总数的35.09%（中国农业年鉴，1997、2006、2007）。然而，受双方力量的非对等性和农户分散化等影响，“公司+农户”产业化组织在实践中却面临合作关系不稳定（赵慧娥、孙林，2004）、联盟绩效不高、农户利益难保护（孙耀吾、刘朝，2004；万俊毅、欧晓明，2010）等困境。据统计，中国“公司+农户”模式的违约率曾经高达80%左右（刘凤芹，2003）。公司与农户双方地位的非对等性使得合作剩余的分配更多地偏向公司、合作损失更容易转嫁给农户（孙耀吾、刘朝，2004；万俊毅、欧晓明，2011），难以真正实现扶持龙头企业就是扶持农业和农民的政策目标。

3.1.3 农业经营组织数量快速增加（2007—2011年）

诚如前述，20世纪80年代逐渐兴起“公司+农户”“中介组织+农户”等产业化经营组织，借以克服“小农户与大市场”的矛盾，但囿于政府扶持资源限制，加上“公司＋农户”产业化组织备受关注得以有效发展，而由农户组建的农民专业合作组织相对受忽视，尤其是农民专业合作社。早期，中国农民专业合作组织主要包括农村专业技术协会和农民专业合作社，前者是非经营性的社会团体，能够适用《社团登记管理条例》，而后者则是经营性的经济实体，缺乏与之配套的法规政策，使得农民专业合作社一直难以快速发展。据统计，截至1999年末，全国农村有各类专业合作组织140余万个，初步形成规模、运行基本规范的约10万个（李惠安，2000），但是，农民专业合作经济组织主要以农村专业经济协会为主，农民专业合作社仅约占15%（陈晓华，2003）。

随着“公司＋农户”产业化组织的不断发展，该模式的弊端日趋暴露，引导农民进行经营上的横向联合，鼓励农民抱团走向市场，提高农民自身的组织化程度，力求有效保障农民的农业经营利益，这一立足农民自组织视角解决小农户闯市场的策略逐渐受到政府高度重视。2003年，中央开始研究制定农民合作组织的相关法律，并于2006年出台《中华人民共和国农民专业合作社法》。该法于2007年7月1日正式生效施行，通过赋予合作社法律地位、明确合作社的组织结构和扶持政策等方式，推动合作社快速发展。2007年的中央1号文件首次明确提出大力发展农民专业合作社，要求各部门认真贯彻农民专业合作社法，抓紧出台具体登记办法和配套支持措施，加大农民专业合作社建设示范项目资金规模等，由此拉开中国农民合作社和农业经营组织数量迅猛增长的序幕。此后，政府支持政策不断优化，2008—2010年连续3年的中央1号文件均着重强调扶持农民专业合作社发展。

在政府政策的强有力支持下，农民专业合作社如雨后春笋般增长，农业经营组织的数量随之激增。国家工商行政总局的数据显示，2007年年底，全国登记的农民专业合作社仅有2.6万家，2008年年底则迅速增长到11.09万家、增长率高达326.54%，2012年进一步跃升至52.17万家、大约是2007年的20.07倍（中国农业年鉴，2008、2019、2012）。同时，农业产业化经营组织数量由2006年的15.48万个骤升至2011年的28.42

万个，增加了 0.84 倍（中国农业年鉴，2007、2012）。中央财政等政策大多遵循“存量稳定、增量倾斜”的原则加以落实（钟真，2018），虽然这一阶段政府着重推动农民专业合作社发展，但既有关于农业龙头企业等产业化经营组织的扶持政策依然实行，农业龙头企业的数量同样呈现增长态势。统计结果显示，2008—2011 年这四年间，农业龙头企业数量由 81 500 个增加到 111 300 个，增长了 0.37 倍，而 2001—2006 这六年间，龙头企业数量从 27 000 个剧增到 71 691 个，将近增长了 1.66 倍（中国农业年鉴，2002—2012）。

然而，尽管农民专业合作社和农业产业化组织的数量增长形势喜人，但发展质量却难如人愿。农民合作社中的相当一部分是政府政策催生的套牌合作社，真正有效开展经营活动并带动农户的合作社不多（潘劲，2011）。即使一些合作社正常开展活动，但大多面临内部人控制（郝小宝、陈合营，2007；崔宝玉等，2008）、机会主义行为（王军，2011）、服务能力和竞争力较弱（常青、张建华，2011）等发展困境，难以有效发挥联农带农功效。

3.1.4 新型农业经营体系的构建（2012—2015 年）

针对农户经营实力弱、农业企业和合作社联结带动农户不甚理想的问题，中国政府沿着农业经营体系内含的经营主体以及各主体关系两个方面加以解决。一方面，政府在强化农业企业和合作社发展质量的同时，开始高度重视发展家庭农场，借以扶持与壮大农户经济；另一方面，政府着重优化农业企业、合作社与农户之间的利益联结机制，以此带动农户增收致富，促进农业产业链升级优化。为此，2012 年党的十八大报告中首次提出“新型农业经营体系”的概念，明确指出要“培育新型经营主体，发展多种形式规模经营，构建集约化、专业化、组织化、社会化相结合的新型农业经营体系。”不过，目前学界关于“新型”的内涵尚未达成一致共识。有学者认为“新型”不仅具有相对较大的经营规模，也具有相对传统农业能够更好地适应现代农业和市场经济的能力（郭庆海，2013）；有学者则认为“新型”更多可能体现在经营主体的融合性，是各类农业经营主体在合作过程中融合形成的融合性经营主体（万俊毅，2014）；还有学者认为“新型”是相对“传统”而言，新型农业经营体系是集约化、专业化、组织化和社会化四个方面有机结合的产物（姜长云，2014）。但本质上，“新型”主要指向于农业经营主体结构以及主体联结机制的优化。

为快速推动家庭农场发展，2013 年颁布的中央 1 号文件明确将家庭农场作为新型农业经营主体的重要类型加以扶持发展，强调“要将新增农业补贴资金向专业大户、家庭农场、农民合作社等新型生产经营主体倾斜。”2014 年政府出台《关于促进家庭农场发展的指导意见》，明确指出家庭农场发展意义和内涵特征，并提出专门的扶持政策与发展措施等。此外，2014 年的中央 1 号文件继续要求按照自愿原则开展家庭农场登记，扶持新型农业经营主体发展。2015 年的中央 1 号文件进一步强调发展规模适度的家庭农场，加快构建新型农业经营体系。在各级政府的大力支持下，家庭农场呈现蓬勃发展趋势。据农业部统计，2012—2015 年，家庭农场数量由 87.8 万户增加到 93.5 万户，增长了 6.49%（蒋例利，2017）。不过，家庭农场的本质还是专业大户（孔祥智、毛飞，2013）。在农业自然风险和市场风险的双重约束下，家庭农场还是难以持续向好地独自走向市场，仍然需要与农业企业或者农民合作社开展经营合作。

除了引导和支持家庭农场、农民合作社、农业企业等新型农业经营主体的发展之外，中国政府还格外注重完善各类新型农业经营主体之间及其与农户之间的联结关系，以此构建和完善新型农业经营体系，进而充分发挥各类主体的资源禀赋优势，促进农民增收和产业链发展。2013 年中共十八届三中全会明确强调，加快构建新型农业经营体系，坚持家庭经营在农业中的基础性地位，推进家庭经营、集体经营、合作经营、企业经营等共同发展的农业经营方式创新，由此明确了新型农业经营体系中各类经营主体之间的关系构建原则。2013 年 12 月的中央农村工作会议进一步将新型农业经营体系描述为以农户家庭经营为基础、合作与联合为纽带、社会化服务为支撑的立体式复合型现代农业经营，由此指明了各类经营主体关系构建的方向。在此基础上，2014 年中央 1 号文件指出优化各类主体合作关系的方式，强调要发展多种形式规模经营，鼓励农民专业合作社之间横向合作，引导发展农民专业合作社联合社，并鼓励发展混合所有制农业产业化龙头企业，以此强化其与农户、合作社的利益联结关系，进而促进新型农业经营体系构建。2015 年中央 1 号文件进一步强调坚持农民家庭经营主体地位，创新土地流转和规模经营方式，积极发展多种形式适度规模经营，引导农民以土地经营权入股合作社和龙头企业，以此加快构建新型农业经营体系。经过多年的发展，公司与合作社融合逐渐明显，“公司＋合作社＋农户”产业化联盟不断增多，各类新型农业经营主体之间及其与农户之间的利益联结关系不断完善。2015 年，各类农业产业化组织中采取订单方式带动农户的比例高达 45%，通过利润返还、二次分红等方式向农户分配加工流通环节利润的产业化组织数量增长了 12.9%，而且不少农户以土地经营权、劳动力等要素与农业企业开展股份合作，构建“利益共享、风险共担”的紧密联结关系，还有很多龙头企业通过服务方式联结农户，带动农户提升自我发展能力和经营收入（中国农业年鉴，2016）。

3.1.5 现代农业经营体系的构建与完善（2016 年至今）

近些年来，在政府的有效引导下，各类新型农业经营主体不断涌现，农业经营方式和服务模式不断创新，农业经营体系得以优化。但是，农业分散化、小规模的农户经营格局仍未有效改变，中国仍处于传统农业向现代农业转型阶段，新型农业经营主体质量不高、产业化合作不稳定、社会化服务支撑不足等问题依然突出。

新时代，中国农业发展的问题与挑战日益凸显。首先，资源环境紧约束与农产品需求刚性增长的矛盾日渐显现；其次，农产品价格“天花板”和成本“地板”的双重挤压越发明显；再次，农业供给和需求结构错配问题日益凸显；最后，国外大型农业企业对中国农业产业链的控制效应日趋强化。加快实现从传统农业到现代农业的转型升级显得尤为重要且紧迫。受农地制度与资源禀赋等中国国情影响，小农户在当前和未来很长时间都会是中国农业生产的基本主体。农业生产的组织化和社会化程度成为中国现代农业发展的最薄弱环节（陈锡文，2013），迫切需要完整的经营体系来支撑（张红宇，2018）。因此，如何有效完善农业经营体系，引导小农户与现代农业发展有机衔接，在小农户经营的基础上实现农业现代化成为亟待解决的重要问题。为此，中国政府进一步将新型农业经营体系拔高提升为适应中国新时代的现代农业经营体系。2016 年中央 1 号文件明确指出，大力推进农业现代化，必须着力构建现代农业产业体系、生产体系和经营体系。随后，习近平总书记在安徽小岗村农村改革座谈会上进一步强调，要以构建现代农业产业体系、生产体系和经营体系为加快推进农业现代化的抓手。2017 年的十九大报告指出，要构建现代农业产业体系、生产体系和经营体系，实现小农户和现代农业发展有机衔接，助力乡村振兴。2018 年中央 1 号文件再次强调现代农业经营体系的重要性，指出乡村振兴必须以产业兴旺为重点，加快构建现代农业产业体系、生产体系和经营体系，并要求采取针对性措施将小农生产引入现代农业发展轨道。

现代农业经营体系实际是新型农业经营体系的宏观表现（郭涛、赵德起，2018），同样强调新型农业经营主体以及主体之间的关系优化，但现代农业经营体系更加强调培育和发展融合各类主体优势的新型农业经营主体，以便更好联结和带动小农户与现代农业衔接。具体区别主要包括两个方面。

第一，新型农业经营体系注重发展家庭农场，促进家庭农场、农民合作社和农业企业等现有新型农业经营主体的发展壮大，而现代农业经营体系更侧重于通过强化各类新型农业经营主体和创新主体之间的联结方式，以创新培育和发展融合各类经营主体优势的“超级”新型农业经营主体。例如，家庭农场联盟、农民合作社联合社、农业产业化联合体和平台型田园综合体。2016 年中央颁布的《关于完善农村土地所有权承包权经营权分置办法的意见》提出，要“支持新型经营主体相互融合，鼓励家庭农场、农民专业合作社、农业产业化龙头企业等联合与合作，依法组建行业组织或联盟”。2017 年农业部等 6 部门联合印发《关于促进农业产业化联合体发展的指导意见》，引导龙头企业、农民合作社和家庭农场等新型农业经营主体组建以分工协作为前提，以规模经营为依托，以利益联结为纽带的一体化农业经营组织联盟，以此充分发挥各类主体的禀赋优势，推动小农户“牵手”现代农业，促进一二三产业融合和农业产业链升级优化。此外，2018 年和 2019 年的中央 1 号文件继续强调培育和发展农业产业化联合体。

第二，现代农业经营体系更加关注小农户与现代农业衔接问题，强调优化小农户之间、小农户与各类新型农业经营主体之间的联结关系。2017 年 5 月，中央颁布《关于加快构建政策体系培育新型农业经营主体的意见》，不仅明确要求引导新型农业经营主体多形式提高发展质量，还着重强调要“引导新型农业经营主体多模式完善利益分享机制，进一步完善订单带动、利润返还、股份合作等新型农业经营主体与农户的利益联结机制，让农民成为现代农业发展的参与者、受益者，防止被挤出、受损害”，并指出“允许将财政资金特别是扶贫资金量化到农村集体经济组织和农户后，以自愿入股方式投入新型农业经营主体，让农户共享发展收益”。2019 年，中央印发《关于促进小农户与现代农业发展有机衔接的意见》，不仅要求引导小农户开展合作与联合，鼓励小农户依法组建产业协会、联合会共同对接市场，还要求创新合作社组织小农户机制，引导小农户运用土地经营权和实物等作价入股或将量化到农户的补助资金入股合作社，并强调发挥龙头企业对小农户的带动作用，鼓励通过“公司＋农户”“公司＋合作社＋农户”等模式将小农户纳入现代农业产业体系，支持发展农业产业化联合体，与小农户形成稳定利益共同体。

3.2 农业经营组织特性与运作模式：比较案例研究

受中国农村土地“三权分置”的制度约束，加上经营主体异质性与要素禀赋差异，由不同类型主体组建而成的各类农业经营组织在组织特性和运作模式方面存在明显差异。

3.2.1 各类农业经营组织的运作模式

近几十年来，中国农业的经营主体发生了较大变化，已由改革开放初期相对同质性的承包农户占主导的格局转变为多种形式经营主体并存的格局（黄祖辉、俞宁，2010）。现阶段，中国农业经营主体主要包括小农户、专业大户、家庭农场、农民合作社以及农业企业（张晓山，2015）。伴随着农业经营主体的多元化发展和农业产业化的深入推进，加上政府对各类主体合作的引导，农业经营组织形式日渐丰富多样，出现"公司＋家庭农场""合作社＋家庭农场""公司＋合作社＋家庭农场""合作社联合社""产业化联合体"等产业化经营组织。实际上，专业大户和家庭农场本质上是经营规模较大的农户（孔祥智，2014），中国农业经营主体可以大致分为家庭经营的农户、合作经营的农民合作社和企业化经营的农业企业。为便于深入比较各类产业经营组织的运作模式和组织特性，本研究仅选择实践中最主要的"公司＋农户"、"合作社＋农户"、"公司＋合作社＋农户"、合作社联合社和产业化联合体为研究对象，并利用典型案例方法加以剖析。

1. "公司＋农户"经营组织运作模式

"公司＋农户"的运作方式通常是龙头企业与农户签订书面或口头合同，农户根据企业的要求生产农产品，企业按照一定的价格收购农产品。在这过程中，实力较强的公司为保证产品品质会为农户提供农用物资采购、农业技术服务等。依据公司与农户联系的紧密程度，可将"公司＋农户"运作模式分为松散型、半紧密型、紧密型。

松散型"公司＋农户"经营组织的运作模式大多类似贵州省某娃娃鱼面条公司与农户的合作。某娃娃鱼面条公司处于初创期，以娃娃鱼面条为主营产品的销量暂时不大，董事长自己养殖的娃娃鱼基本能满足加工需求。不过，由于娃娃鱼养殖农户相对较少，为了防止产量规模扩大难以寻求稳定货源，该公司开始与偏远地区的农户开展合作。公司向合作农户派送鱼苗和提供简单的技术培训与指导，农户负责养殖。双方不提前约定产品收购数量、质量和价格，公司只需要根据企业生产需求按照外观质量评级收购，不关心和监督农户养殖娃娃鱼的过程。

温氏企业与养鸡农户的合作则属于典型的紧密型"公司＋农户"。合作农户只需缴纳少量保证金和负责肉鸡饲养工作，公司会供应种苗、饲料和药物等投入品，提供鸡舍建筑、肉鸡饲养管理和疫病诊治等全方位指导服务，并按照约定质量要求、产品数量和价格收购农户肉鸡，运用公司内部调拨的流程价格与农户结算公司垫付的投入品金额，双方对半分享合作剩余（万俊毅，2008）。

半紧密型“公司+农户”的合作程度则介于松散型和紧密型之间，其运作模式如贵州省某刺梨果汁公司与农户的合作。该公司早期主要流转农地种植刺梨销售，随后延长产业链进入经营利润较高的深加工、研发和销售等环节。为了保证加工原料的货源稳定和品质，公司与农户开展购销合作：公司向合作农户说明产品收购标准，并规定产品的质量检测不达标予以拒收，公司按照随行就市价格收购合作农户产品。

由此可见，在松散型和半紧密型“公司+农户”模式中，双方之间实质上只发生市场交易关系，只不过有些会提前约定交易数量和价格。在紧密型“公司+农户”模式下，公司与农户仍然是各自独立经营的主体，但农户的生产完全纳入到公司的生产计划中，公司对农户实行准车间化的管理，并在产前、产中、产后环节为农户提供各种技术和管理服务，农户能够分享公司在整个产业链经营中的利润（万俊毅，2009）。

2.“合作社+农户”经营组织运作模式

农民合作社是农户自愿联合组建的“对内服务，对外营利”的互助性经济组织，其最基本的功能是为社员提供生产要素采购、技术指导与培训、田间作业、农产品流通与加工等社会化服务，以此发挥规模效应，带领农户衔接市场，提高农户的议价能力，促进农民增收。不过，目前我国农民合作社尚处于初级发展阶段，总体经营实力不强，为社员提供服务数量和质量参差不齐，受领办主体的参与动机和经营能力的影响较大。依据合作社与社员合作程度，“合作社+农户”的运作模式同样可以分为松散型、半紧密型和紧密型。

赣州市某脐橙合作社就是明显的松散型“合作社+农户”模式，该合作社最初是由6个脐橙种植农户于2006年组建成立。2019年成员已达到30名，种植规模达到1 500亩。合作社主要为社员提供技术指导、农资采购和销售商介绍服务，社员只需缴纳10元入社费即可入社。合作社技术指导主要由一名技术员的农民社员免费提供。为减少社员农资购买成本和保障农资质量，合作社寻求农资店开展合作，社员在合作农资店购买化肥和农药可享受内部优惠价，但不强制要求社员必须在合作农资店购买。由于合作社成员都是经营能力较弱的农户，难以寻求公司进行销售合作，合作社只是力所能及地为社员介绍收购商。合作社没有盈余空间和专属办公室，平时社员外出参观考察、学习交流和内部聚餐都是采取费用分摊方式，内部讨论交流大多在理事长或其他社员家里，合作社内部没有股份和盈余分配。

紧密型“合作社＋农户”的运作模式大多类似雷州市某蔬菜农民合作社。该合作社是由 9 个种植大户以资金入股方式于 2010 年组建而成。随后，合作社继续吸纳了 44 名资金入股成员和 100 多名普通种植社员。合作社为社员供应价格优惠的种子、化肥和农药等农资产品，提供技术培训和田间指导，并通过生产过程监督、质量抽检和违规惩罚方式管控社员产品质量，而且按照保底价或“固定价＋浮动价”方式收购社员产品。社员参与合作社不仅可以获得优惠农资、技术指导和产品收购等服务，还可以获得合作社的盈余分配。每一年合作社会提取 65％的利润按照交易量分红方式发给交售产品的社员，还会根据社员股份进行投资分红。合作社与社员农户形成了利益联系紧密的共同体。

半紧密型“合作社＋农户”的合作关系介于松散型和紧密型之间，双方合作程度相对一般。以黔南州某葡萄专业合作社为例，合作社最初是由该村 38 个相对年轻的种植户各自出资 3 万元入股成立。而后，合作社不断吸纳周边种植户，社员规模已达到 1 960 户，但新增社员不能入股合作社。社员农户按照合作社要求种植和管理葡萄，合作社为社员提供肥料和套袋等农资采购服务、技术培训与指导、销售渠道。社员加入合作社不仅可以享受价格优惠的农资和免费的技术培训指导，更重要的是获得稳定的销售渠道和价格。合作社盈余主要包括：一是为社员介绍销售渠道而获得商家 0.1 元/斤[①]的代理费；二是合作社统一采购化肥而获得商家给予的 1 元/吨的代理费；三是向社员销售自产套袋获得 0.05 元/个的利润。年

① 斤为非法定计量单位，1 斤＝500 克，下同。

末，合作社会提取10%的利润留存为滚动资金，并将60%利润用于38个原始股东社员的分红，运用20%的利润奖励带动作用强的社员，其余10%的利润作为社员交易量返还金额。

3. “公司+合作社+农户”经营组织运作模式

“公司+合作社+农户”经营组织是由纯农户组建的原生型“合作社+农户”演变而来的次生型合作社经营组织。这类经营组织总体运作方式是：在产前阶段，公司提供优质的生产资料；在产中环节，农户负责农产品的生产，合作社和公司提供技术指导，并进行质量控制等工作；在产后阶段，合作社负责验收、收购农产品以及粗加工，公司则负责产品的加工、包装和销售等环节。依据该经营组织的主导主体性质，可以分为公司主导型“公司+合作社+农户”和公司从属型“公司+合作社+农户”。其中，前者是较为常见的经营组织，这是因为公司实力往往强于合作社，大多占据该经营组织的主导地位；后者主要由“合作社+农户”演变而来，是合作社发展到一定程度后，通过自办农业企业方式提升价值链，借以获取更大的合作剩余。

梅州某农业公司主导的产业化合作就是一个公司主导型“公司+合作社+农户”模式。该公司早期是通过流转村民农地种植油茶果进行销售。为了扩大公司业务规模，公司与农户签订合约。公司为合作农户提供油茶果苗、技术培训和服务，并按照保底价格收购油茶果。为进一步扩大业务规模和范围，公司董事长独资100万元注册成立合作社，从事油茶果种植、养鸡等业务。由此，该公司参与的产业化组织由“公司+农户”转变为“公司+合作社+农户”。合作社和公司共用一套人马，公司董事长即为合作社理事长，社员入社不需要缴纳任何费用，无法通过入股获得合作社的所有权、控制权和参与分红权，只能获得合作社提供的服务和个人产品销售收入。目前合作社处于起步阶段，主要以油茶果为主业，其他种养殖业务尚在培育阶段。合作社免费派送树苗给社员农户，提供技术培训与指导，要求社员按照合作社要求进行种植，并承诺保底收购社员产品。合作社按照收购价将社员农产品直接转售给公司加工和销售，并无盈余收入，平时花费开支则由公司负责。可以说，合作社是公司旗下的一个部门，公司主导了整个“公司＋合作社＋农户”经营组织的运作。

公司从属型“公司＋合作社＋农户”的运作模式，以黔南州某茶叶合作社参与的产业合作联盟为例。该合作社是理事长于2011年牵头4名茶叶种植农户合资成立。自成立后，合作社积极吸纳新社员以扩大合作社种植面积和产量，但新增社员不能入股，合作社盈余由原始5个社员股东分配。项目组调研时，合作社社员数量已达到105个。社员根据合作社的要求种植和采收茶青，合作社保证按照不低于市场价的价格收购，但产品不达标不予以收购，社员可以自由对外销售茶青。在这过程中，随着合作社种植规模扩大，销售问题逐渐棘手。合作社对外推销产品过程中，很多商家根据合作社大多不规范、规模小且档次低的刻板印象而拒绝合作，但实质上该合作社种植规模比一般公司还大。为解决销路问题，合作社和理事长合资成立公司负责茶青加工和销售，两者分别占股30%和70%。在该模式下，公司类似合作社的加工和销售部门，合作社与社员合作种植和收购茶青后，送往公司加工和销售。整个产业组织都是合作社主导运营，公司成立只是为了对外销售和获取资源。

4. 合作社联合社运作模式

合作社联合社有两种联合方式：一是相对普遍的开放式，由合作社与其他从事相同或相关业务的企业、个体户等联合；二是封闭式，即联合社成员仅局限于合作社（苑鹏，2008）。

黔南州某苹果种植联合社即是典型的开放式联合社。该联合社是由42家新型农业经营主体（包括企业、合作社和家庭农场）、62个种植大户和1个农户组建而成。该联合社基本上吸纳了其所在镇的所有种植苹果较好的经营主体为成员。农户只需要具有管理较好的果园和愿意每年缴纳200元运行资金即可入社。联合社为成员提供农资联合采购、技术培训和指导、田间作业服务和市场销售服务，其收入主要来源为政府补助资金和销售服务提取的0.4元/千克的提成。联合社并无资金入股的股东成员，其盈余主要按照交易量分红。具体而言，联合社分别提留25%和8.33%的利润作为合作社发展积累基金和成员受灾补助资金，剩余66.67%的利润将全部按照成员交易量进行返还。实质上，联合社是合作社的升级版，其经营实力相对较强，业务规模和范围较大，产业链价值较高，能够帮助成员获取更多的产业链经营利润。

5. 农业产业化联合体运作模式

农业产业化联合体是由农业企业、农民合作社和家庭农场等新型农业经营主体以分工协作为前提，以规模经营为依托，以利益联结为纽带的一体化农业经营组织联盟①。与合作社联合社不同，产业化联合体不是独立法人，主要由牵头龙头企业和多个新型农业经营主体组成。在产业化联合体中，各类成员主体独立经营，各方按照自愿平等和互惠互利的原则开展紧密合作，实行一体化发展。

黔南州某茶叶公司牵头组建的产业化经营组织是典型的产业化联合体。早期，该公司只从事茶叶种植和销售，通过合作社的引荐直接对接社员农户收购农户茶青以获取稳定的货源，其参与产业化联盟是相对松散的“公司＋合作社＋农户”模式。随着公司的不断发展壮大，公司开始通过资金入股等方式与四家合作社开展紧密合作，并引导这四家合作社联合组建成一家联合社，由此形成了“公司＋联合社＋合作社＋农户”的产业化联合体，并通过充分发挥各类主体的资源禀赋优势进入“茶旅融合”的乡村旅游观光产业。公司提供农资供应、技术指导与培训、农业机械等服务，由联合社组织其四个合作社带领社员农户按照质量要求种植茶叶，公司保证按照市场价收购社员农户产品、进行加工销售，并将该产品所得利润的10％返还给合作社用于社员内部分红。另外，公司通过整合社员农户茶园开展旅游业务的利润也会给农户分红。公司会提取门票收入的15％以及旅游经营收入的5％用于合作农户分红。

3.2.2 各类农业产业经营组织的特性及其比较

受农业生产经营特性、土地制度、消费者需求、全球化市场竞争等因素的影响，不同性质的农业经营主体构成的产业化经营组织具有迥异的运

① 摘录自农业部、国家发展改革委、财政部、国土资源部、人民银行和税务总局于2017年联合颁发的《关于促进农业产业化联合体发展的指导意见》（农经发［2017］9号）。

作模式，呈现出明显的组织特性。

1. “公司＋农户”经营组织特性

在“公司＋农户”中，合作双方具有互补的要素禀赋优势。一方面，农户具有农业生产不可或缺的农地承包权，而且能够适应农业生产忙闲交替的特征，而农业企业如要集中土地进行规模化经营，既要面对与众多农户谈判交易农地的交易成本，又面临雇工劳动力生产监督难、容易闲置的困境；另一方面，单个农户承包的土地规模往往很小，加上资金、技术与经营能力等方面制约，使得分散经营的农户只能锁定在农业产业链价值较低的生产环节，并且无法有效规避自然风险和适应市场供求变化以获得合意的经营收入，而农业企业的经营实力总体较强，在产前生产资料与资源的配置、产中技术服务的提供、产品质量的控制以及产后产品加工和销售等环节上具有明显优势。可见，双方的相对劣势正好在对方那里具有比较优势。公司与农户的有效联结能够产生任何一方单独经营所不能获得的合作剩余（万俊毅、欧晓明，2010）。

公司与农户的经营实力和目标悬殊，双方合作构成的“公司＋农户”是典型的非对称性联盟组织，具有强势公司与弱势农户的合作特征。由于农业具有较高的自然和市场风险，加上契约不完全性、农户分散性以及双方地位非对等性，这既使得农户容易遭受农业企业利益盘剥，又使得农业企业在与农户直接谈判缔约、执行合约等方面的交易费用不菲，进而导致该产业化经营组织具有内在的不稳定性，面临违约率较高的困境。

2. “合作社＋农户”经营组织特性

我国农民专业合作社普遍为“一村一社”及“一村多社”，其成员大多来自同一村庄（赵晓峰、王艺璇，2014）。“合作社＋农户”主要由相似性较高的农户组建而成。受乡村相对封闭的熟人社会网络影响，社员之间彼此熟悉了解，具有良好的私人关系，社员农户与合作社具有相对平等的合作地位和较低的信息不对称性，加上乡村社会规范对“搭便车”等机会主义行为具有一定的约束作用，双方合作风险较低。但是，由于我国农民的综合素质总体较低，缺乏技术、资金和市场开拓等资源和能力，整合外部资源的能力较弱，使得这类经营组织的形式相对松散，大多只能为社员农户提供较低层次的生产服务，带动社员发展的能力较弱。一般而言，合作社与社员之间很少签订合约，大多采取口头协议。农户加入合作社往往只能享受相对低水平的农资采购、技术指导与培训、销售渠道介绍等服务，难以借助合作社这一载体获取较多来自农业产业链其他环节的经营利润，其农业经营收入主要来源于个人农产品的销售。

3. “公司＋合作社＋农户”经营组织特性

“公司＋合作社＋农户”主要由“公司＋农户”和“合作社＋农户”演化而来，既有农户家庭经营，又有合作社合作经营，还有农业企业公司经营的制度优势。公司或合作社的加入既可以克服“公司＋农户”模式交易成本大、交易地位不平等和违约率高的弊端，又能够弥补“合作社＋农户”模式经营实力弱、服务层次低、产业链短的缺陷，进而使得“公司＋农户”和“合作社＋农户”模式能够进一步实现帕累托改进。不过，由于我国合作社尚处于初级发展阶段，公司的经营实力总体会强于合作社，因而绝大多数公司在“公司＋合作社＋农户”中占据主导地位，合作社更多扮演公司代理人而非公司与农户的共同代理人角色，甚至会为公司剥削农民开绿灯（任大鹏、郭海霞，2009）。因此，这类经营组织还是无法彻底改变公司与农户之间的买卖关系，难以摆脱违约率高、绩效难如人愿的困境（蔡荣、王学渊，2013；邓军蓉、祁春节，2011）。实践中也有一些合作社主导型“公司＋合作社＋农户”的经营组织，但数量相对较少（苑鹏，2013），而且经营实力相对不高，主要局限于农业生产、农产品简易粗加工与简单流通环节。总体而言，“公司＋合作社＋农户”具有合作相对稳定、带动农户的能力较强的特性。

4. 合作社联合社特性

合作社联合社是为了克服单个合作社规模小和能力弱，适应社会经济环境变化而建立的。本质上，合作社联合社是合作社为减少经营规模扩大引致的交易成本的产物（孔祥智等，2018），是农民合作社发展的必然趋势，具有开放式的组织形式（苑鹏，2008）。不过，合作社联合社本质上仍属于合作社（张琛、孔祥智，2018），兼有对内服务和对外营利的属性

（张娟，2012），并具有社团和企业性质。联合社既能保留单一合作社的优势，能够有效联结农户，又能弥补单一合作社实力薄弱的不足，减少合作社对农业企业的依附性，促进农户、合作社与农业企业形成稳定有效的利益联结机制，还可以通过吸收基层合作社方式增加合作农户数量，扩大经营规模和业务范围，增强规模经济和范围经济，进而有助于延伸产业链，提升产业链价值，促进现代农业的发展。总体而言，相较于单一的农民合作社，合作社联合社更能有效增进规模经济、范围经济和网络效应，促进农业产业链的横向一体化和纵向一体化。

5. 农业产业化联合体特性

农业产业化联合体是农业产业化经营组织形式的一种重要创新，是农业现代化发展过程中的必然产物（孙正东，2015）。产业化联合体的基本特征主要包括：独立经营与联合发展、龙头带动与合理分工、要素融通与稳定合作、产业增值与农民受益[①]。通常而言，产业化联合体内部具有紧密的网状结构关系，具有紧密组织形态下要素共享、高度专业分工和产业链条多元交叉融合特性（王志刚、于滨铜，2019）。相较于“公司＋农户”“公司＋合作社＋农户”等产业化经营组织，产业化联合体具有进一步的创新和发展，具体表现在：①各类主体具有嵌入性组织关系，而不是单纯的契约交易关系；②要素一体化配置，不仅具有产品交易的联结关系，还实现了信息、技术和资金要素的融合渗透和有效联结；③内部分工更趋专业化，各类经营主体基于各自的禀赋优势开展紧密合作，各尽其能；④能够通过节本增效、品牌共享、风险共担等方式建立更加稳定的利益联结关系（蔡海龙、炎天尧，2019）。

6. 产业化经营组织的特性比较

由前述可知，各类产业化经营组织具有迥异的组织特性。本研究从自然风险规避能力、市场风险把控能力、利益联结机制、农户经营决策权、农户剩余收益权五个维度加以比较（表 3－1）。

---

① 资料来源：农业部、国家发展改革委、财政部、国土资源部、人民银行和税务总局于 2017 年联合颁发的《关于促进农业产业化联合体发展的指导意见》。

表 3-1　产业化经营组织的特性比较

组织特性		公司+农户	合作社+农户	公司+合作社+农户	合作社联合社	产业化联合体
综合实力		++	+	+++	+++	++++
自然风险规避能力		++	+	+++	+++	++++
市场风险把控能力		++	+	+++	+++	++++
利益联结机制	类型多样性	+	++	+++	+++	++++
	联结紧密性	+	++	+++	+++	++++
农户经营决策权		+++	++++	++	++	+
农户剩余收益权		+	++++	++	+++	++

注："+"数量表示相对强度或大小。

一般而言，合作社的综合实力会强于单个农户，但相对弱于农业企业。因此，由相对弱势农户构成的"合作社+农户"的经营实力往往低于"公司+农户"。"公司+合作社+农户"、合作社联合社和产业化联合体大多都包括公司、合作社和农户成员，能够发挥组成合作社的农户间横向合作优势、公司整合农业产业链上其他主体获取的价值链竞争优势和合作三方基于社会网络创造的合作剩余优势。不过，"公司+合作社+农户"大多是一个公司对接一个合作社的模式，合作社联合社一般都是开放形式，组织成员虽然以合作社为主，但也会有部分企业、家庭农场等参与，而产业化联合体主要由实力较强的龙头企业牵头，引领多个企业、合作社和农户成员开展紧密的合作。因此，合作社联合社的经营实力一般与"公司+合作社+农户"不相上下，但大多低于产业化联合体。

农业生产经营的自然风险与市场风险客观存在，产业化合作组织只是借助合作各方的互动，共同应对市场风险以分享合作剩余，但合作各方面临的自然风险与市场风险并不会消弭。自然风险与市场风险的抵御能力主要取决于经营组织综合实力。由于"合作社+农户"、"公司+农户"、"公司+合作社+农户"、合作社联合社、产业化联合体的总体经营实力依次增强，这使得它们的自然风险规避能力和市场把控能力依序提高。

在利益联结机制方面，"公司+农户"大多只存在产品交易关系，双方利益联结机制类型相对很少且紧密性较弱。在"合作社+农户"中，合作社与农户不仅存在产品惠顾关系，社员还能通过土地、资金和劳动力等要素投入方式成为合作社所有者，获取合作社盈余分配，使得其利益联结类型相对多于“公司+农户”模式。不过，受内生的弱质性影响，“合作社+农户”的经营层次较低，与社员的利益联结紧密性还较弱。“公司+合作社+农户”、合作社联合社和产业化联合体不仅涵括公司、合作社和农户三类主体，而且公司与合作社成员数量、业务范围和深度相对较高，因而三者的利益联结多样性和紧密性均高于“合作社+农户”，尤其是综合实力更强的产业化联合体会表现出更高的利益联结多样性和紧密性。

在农户经营决策权和剩余收益权方面，“合作社+农户”的组织形式相对松散且经营层次偏低，社员农户的独立性相对较高，具有很强的经营决策权，但剩余收益权则相对较弱。公司与农户合作主要基于稳定货源和保障产品品质的动机，一般会对合作农户生产产品的数量和质量有所要求。因此，农户在“公司+农户”模式中的经营决策权相对弱于“合作社+农户”。不过，受强势公司与弱势农户的特征影响，“公司+农户”模式中的农户剩余收益权也比较弱。“公司+合作社+农户”作为“公司+农户”和“合作社+农户”的升级模式，其农户经营决策权会有所弱化，但农户剩余收益权会有所提高，因为合作社在一定程度上增强农户与公司的谈判实力以获取更多剩余收益权。另外，合作社联合社作为“合作社+农户”的升级模式，社员农户与所在合作社一般具有更多以及更高层次的业务合作，因而农户的经营决策权可能减弱，但剩余收益权可能增加。相较于合作社联合社，产业化联合体的综合实力和主体间横纵向协作程度更高，但作为农户代表的合作社在主体间合作中的地位相对弱势，因而农户经营决策权和剩余收益权相对弱化。

3.3 农业经营组织发展的质量取向

党的十九大报告指出，中国特色社会主义进入新时代。新时代，人民在农业领域日益增长的美好生活需要主要包括：①消费者对多样化、个性化、高品质和便捷高端化农产品以及具有生产、休闲和文化等多功能农业的需求；②生产者对农业增收增效的期盼；③人民对优美、可持续生态环境的追求。显然，具有高消耗、高污染和低效益的传统农业难以为继，无法满足人民日益增长的美好生活需要，必须加快转变农业的发展方式，尽快实现从传统农业向现代农业的转型升级。这无疑需要良好的农业经营组织作为载体和现代农业经营体系作为支撑，推动农业经营组织的高质量发展。

3.3.1　农业经营组织发展的结构变化

伴随着农业分工和专业化程度的提高，农业市场竞争加剧，加上政府的有效引导和支持等，中国农业经济组织结构因应社会经济环境不断调整优化。

纵观各类农业经营组织发展可发现：农业经营组织形式不断创新涌现，出现合作社联合社、农业产业化联合体、平台型的田园综合体等新型经营主体；各类农业经营组织呈现蓬勃发展态势，不仅发展数量喜人，组织形式也日渐丰富多样化。农业产业化经营组织数量由 2001 年的 6.6 万个快速增长到 2016 年的 41.7 万个，短短的 16 年增加了 5.32 倍，年平均增长率高达 12.21%；其中，农业龙头企业数量从 2001 年的 2.7 万个增加到 2016 年的 13.03 万个，提高了 3.83 倍；农民合作社自 2007 年政府大力推进以来，数量更是急剧上升，2018 年的数量高达 217.3 万家，是 2007 年 2.6 万家的 83.58 倍，平年均增长率达到 44.60%（图 3-1）。与此同时，合作社类型日趋多样化，可依据领办主体、产品特性或利益联结机制等特征进行多样化划分。政府文件自 2013 年后开始运用更具有包容性的“农民合作社”一词替换以往“农民专业合作社”提法（黄祖辉、吴彬和徐旭初，2014）是体现合作社类型多样化发展的明证。

近些年，在合作社基础上创新发展的合作社联合社数量同样呈现明显上升态势。2018 年底，全国合作社联合社的数量已由 2013 年的 6 000[①] 多

① 2013 年联合社数量数据来自中国供销合作网 2018 年 1 月 10 日刊登的《农民专业合作社法修订》中的主要内容。

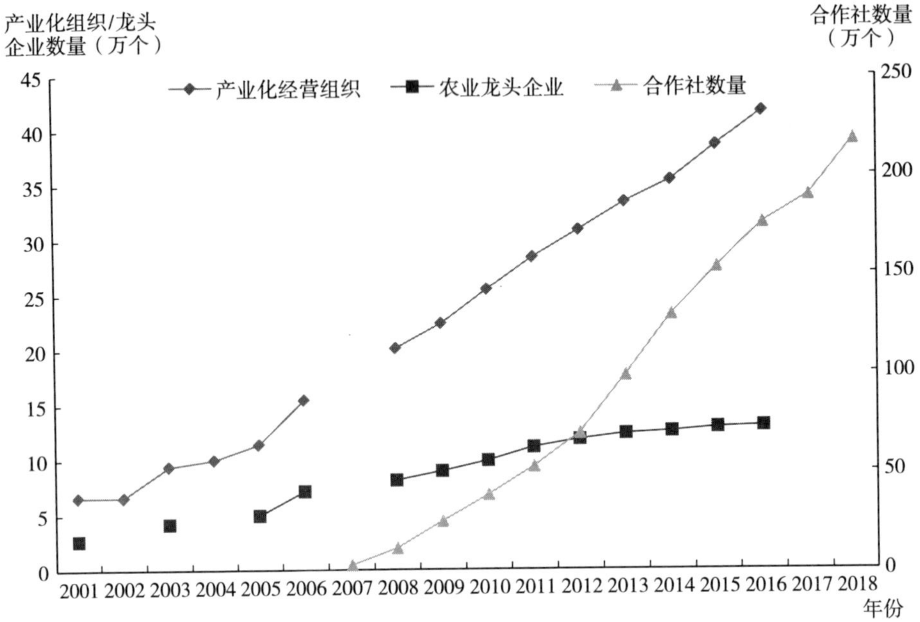

图 3－1　产业化经营组织、龙头企业和合作社数量变化

数据来源：主要来自历年《中国农业年鉴》，部分数据由历年《中国农村经营管理统计数据》、国家市场监督管理总局官网等补充。

家提高到 1 万多家，相较于 2017 年的 7 200 多家增长近 40%，远高于合作社 2018 年数量的同比增速（谭智心，2019）。截至 2017 年，山西省已成立 228 家合作社联合社，平均每个联合社有 6.6 家合作社，联结 240.7 个农户社员（胡健、乔栋，2017）。起步较晚的农业产业化联合体亦呈现良好的发展趋势。2017 年底，联合体发展规模位居全国前列的安徽省已大约成立了 1 500 家联合体，福建、河北等地的联合体数量也达到 1 000 家左右（王志刚、于滨铜，2019）。

进一步比较各类产业化经营组织的缘起和组织特性，可以发现中国农业经营组织结构呈现三大变化特征。

第一，产业化经营组织的主导类型开始由单一新型农业经营主体领办的经营组织向多种新型农业经营主体构成的经营组织转变。换而言之，农户逐渐从与单类型产业化龙头组织合作到与多类型主体合作。早期，农户主要参与由单一农业企业领办的“公司＋农户”和单一合作社牵头的“合作社＋农户”模式，随后逐渐参与单一企业和合作社组建的“公司＋合作社＋农户”模式，现又慢慢加入由多个企业和合作社等新型农业经营主体组建的合作社联合社和产业化联合体等。

第二，农业经营组织从注重简单的产加销合作到追求更为精细的产业链分工合作，再到追寻多个龙头组织在一二三产业融合发展方面的合作。较早出现的“公司＋农户”和“合作社＋农户”模式最初旨在解决初级农产品买难卖难问题，主要关注农业产业链的产加销问题。伴随社会经济的发展，农业分工和专业化程度不断加强，加上消费者对农产品需求的转换升级，农业经营组织逐渐重视延伸农业产业链和细化分工，充分发挥农户、合作社和企业等经营主体的资源禀赋优势，谋求更高的合作剩余。但是，由于农业产业链竞争日趋剧烈，加上居民对农业功能的需求逐步由生产功能拓展到生态、生活、文化传承等功能，传统的单一农业产业发展难以适应市场环境，因而各类龙头组织开始强强联合组建合作社联合社、产业化联合体等经营实力和制度优势明显的经营组织，以此整合各类资源要素，开拓基于第一产业基础上的农产品加工、农业休闲旅游等二三产业业务，力求实现一二三产业融合发展，获取更为可观的经营利润。

第三，农业经营组织与农户的合作从注重获取土地资源逐渐转到重视将农户嵌入现代农业发展过程中。受中国农地制度和农户弱质性影响，农户拥有生产不可或缺的农地承包权是其参与农业经营组织的重要合作资本。不过，随着国家工业化和城镇化的迅速发展，非农产业劳动力需求和工资快速提高，而农业劳动收入增长较为缓慢，人力资本相对较高的青壮年农村劳动力在比较利益驱使下向非农产业大举转移，留守农业的劳动力呈现明显“386199部队”现象①，加上农业休闲观光和乡村旅游等产业发展引致了更多的农村劳动力需求，导致高素质的农业劳动力越来越稀缺。

① 参见万俊毅和欧晓明发表在《中国农村经济》2010年第5期的文章《产业链整合、专用性投资与合作剩余分配：来自温氏模式的例证》。

此外，国家对农业农村和农民的扶持力度和政策精准度不断加大，农业经营组织带动农户发展可以获取一些扶持项目和补助等资源。与农户开展多要素的紧密合作既能减少经营组织前期的投入成本，又能获取政府相关资金补助和发展资源，进而有助于缓解资金压力和降低经营风险。因此，经营组织开始鼓励农户以土地、劳动力和量化的扶持资金等多种资源参与合作，由此构建关系紧密的合作共同体，进而使得农户逐渐嵌入现代农业发展过程中。

3.3.2 农业经营组织发展的绩效

农业经营组织作为推动农业农村发展和农民增收的重要载体，在带动农民增收致富和提升农业生产总值等方面取得较好的成效。

从宏观统计数据看，农业产业化经营组织辐射带动农户数量和增收效果呈现上升趋势。2001 年，全国 6.6 万个农业产业化经营组织辐射带动 5 900 万个农户，户均从事产业化经营增收 900 元（中国农业年鉴，2002）；2016 年全国 41.7 万个农业产业化经营组织辐射带动农户数量已高达 1.27 亿户，而且户均增收达到 3 493 元[①]。从各类主体的相关数据看，全国各类农业龙头企业 2015 年分别实现销售收入和净利润 9.2 万亿元和 5 500 亿元，同比增长 6.4%和 3.2%（中国农业年鉴，2016），省级以上重点农业龙头企业在 2015 年平均向每户农民返还或分配的利润达 300 多元（辛文，2016）；2018 年，全国各类农民合作社辐射带动 7 191.90 万社员和 7 012.34 万非社员农户发展，统一组织销售农产品总值达到 8 182.54 亿元，实现 5 998.75 亿元的经营收入和 1 159.44 亿元的盈余总额，并缴纳了 390 053.4 万元的税金[②]。

从文献佐证看，王爱群等（2008）从省际层面的实证研究表明，农业产业化龙头企业具有显著的辐射带动能力，一个地区的农业产业化龙头

① 数据来源于央视网站于 2017 年 11 月 6 日刊登的《发展农业产业化联合体促进乡村振兴：农业部部长叶贞琴就〈关于促进农业产业化联合体发展的指导意见〉答记者问》。

② 参见农业部农村经济体制与经营管理司 2019 年在中国农业出版社出版的《中国农村经营管理年报（2018）》。

企业数量越多、规模越大，农民人均纯收入就越高；Ma 和 Abdulai（2016）对 481 名苹果种植农户的研究发现，农户加入合作社可以有效增加其苹果产量、农业净收益和家庭收入，增加的比例分别为 5.36%、6.06%和 4.66%；姜松和王钊（2013）的研究表明，合作社联合经营能够获得显著的正向经济效益，有助于提升要素配置效率和降低交易成本，进而促进农业经济发展；安徽省宿州市农委的调查研究表明，发展农业产业化联合体是促进农民增收的重要途径，其规模化的生产资料采购、生产服务和供应服务使得农业生产成本普遍减少了 15%～30%（禤燕庆等，2017）。

农业产业化发展不仅促进农村经济增长，还会推动农村社会发展（Johnson et al.，2003）。农业经营组织作为农业产业化发展的载体，植根于农村社区（村庄）发展，更是兼有经济和社会效益，对乡村社会治理、生态环境等具有积极影响。研究表明，由农户自发组建的农民专业合作社具有联结分散农户、约束农户自律（Jia et al.，2012）、整合闲散资源等方面的天然优势，在减少农村贫困（邵科、于占海，2017；刘风，2018）、推动农业现代化（高静等，2018）、优化乡村社会治理（张益丰等，2016；王进、赵秋倩，2017）、促进农村发展和粮食安全（Chagwiza et al.，2016）等方面发挥了重要作用，已经成为带动农户进入市场的基本主体、发展农村集体经济的新型实体和创新农村社会治理的有效载体。

3.3.3 农业经营组织迈向高质量发展时代

现阶段，中国经济已由高速增长阶段转向高质量发展阶段。农业经营组织需要顺应社会经济环境，注重内涵式发展，从以往侧重数量增长阶段迈向重视质量提升时代。近几十年来，中国农业经营组织数量呈现快速增长态势，组织形式日趋创新，在促进农民增收、农业增效和农村繁荣方面取得较为明显的成效。另外，在市场环境驱动和政府政策引导下，少部分新型农业经营主体已开始迈向高质量发展时代。例如，农民合作社的功能逐渐由单一化转向多元化，合作方式慢慢由传统生产合作向新型合作演进，并逐渐从农户间互助合作向合作社间协作迈进，进而促使合作社联合社的产生与发展（刘同山等，2014）。但是，中国农业经营组织整体处于初级发展阶段，发展质量难如人意，存在诸多不足。研究表明，中国农业新型农业经营主体存在家庭农场过度规模化、合作社虚化和异化问题严峻、农业企业离农倾向明显等问题（钟真，2018）。另外，“公司＋农户”“合作社＋农户”“公司＋合作社＋农户”等产业化经营组织普遍面临治理不完善、成员“搭便车”、稳定性较弱和竞争力不足等问题。由此可见，推动各类农业经营主体的内涵式发展任重道远。

农业经营组织作为各类经营主体合作构建的联盟组织，其高质量发展不仅取决于各类经营主体的数量和发展质量，更决定于主体之间的合作质量。这是因为经营主体数量和质量只是拓展了各方合作利益的值域，其具体的取值依赖于各类农业主体能否有效联结、高效协作。自2013年以来，政府高度重视引导各类主体完善利益联结机制，形成“利益共享、风险共担”的紧密关系。2013—2019年中央1号文件中就有4年文件着重强调优化利益联结机制。其中，2016年中央1号文件还以“完善农业产业链与农民的利益联结机制”为标题突出强调利益联结机制完善的重要性和紧迫性。2011年，农业产业化组织采用合同、合作（按利润返还）和股份合作（按股份分红）这三种相对紧密的利益联结方式的比例高达98%，比2001年增加了22个百分点（中国农业年鉴，2002、2012）。2016年，高达44.08%的农业产业化组织采取按股分红和利润返还的联结机制，较2015年增加了1.25个百分点（中国农业年鉴，2017）。不过，受主体异质性、农户分化严重和相关制度不健全的影响，各类经营组织大多面临较为严重的成员异质性问题，呈现“核心—外围”成员特征，加上农户大多具有风险厌恶特性，这使得为数众多的外围成员难以与经营组织建立紧密的利益联结机制，一般只有核心成员方能通过（股份）合作方式获取盈余分配。显然，很有必要创新优化联结机制来增进各类经营主体合作的积极性，提升合作质量，由此推动农业经营组织高质量发展。

农业具有弱质性和多功能性特征，本质上具备公共品属性（万俊毅、曾丽军，2015)，加上中国农户与生俱来的弱势性，这使得农业经营组织高质量发展离不开政府有效政策的引导与支撑。近二十年来，国家不断加大力度发展农业经营组织，出台不少扶持制度政策，对农业经营组织高质量发展起到明显促进作用，但政策仍然存在不够完善、落实效率偏低等问题，不利于农业经营组织的进一步发展。农业建设用地政策就是一个典型例证。农业经营组织的高质量发展具有较高的农业建设用地需求以存放农机装备、建立农产品加工仓储基地和开发休闲农业等，因而政府出台多项政策予以支持，强调年度建设用地指标中要优先安排给新型农业经营主体①，但现实中，农业建设用地指标政策落地尤为困难，一地难求现象普遍。事实上，农业建设用地政策之所以落地难，除了相关政府部门执行效率不高以外，政策制定不完善也是重要的原因。不少政策制定缺乏改革的系统协调性以及部门之间的统筹协调性。例如，尽管中央农办等 11 部门出台意见，强调城乡建设用地增减挂钩节余的用地指标积极支持农民合作社开展生产经营②，但国土部门的相关法规条文尚未同步修订支持。政府需要不断提升政策支持力度和效度，为农业经营组织迈向高质量发展提供动力支撑。

① 参见 2017 年出台《关于加快构建政策体系培育新型农业经营主体的意见》。

② 参见 2019 年中央农办等 11 部门联合印发《关于开展农民合作社规范提升行动的若干意见》(中农发〔2019〕18 号)。

4 理论探索：中国农业经营组织“社会嵌入—组织结构—交易行为—合作绩效”分析框架

经济是社会的一部分，经济行为嵌入在社会行为之中（Polanyi，1944）。无论是工业社会还是前工业社会，嵌入性现象始终存在，但在各个社会中嵌入的水平不同（Granovetter，1985）。人类社会发展到今天，经济行为仍是嵌入在社会行为之中，只是不同国家、不同经济活动领域的嵌入水平存在差异。在中国农业经营领域，经济行为的社会嵌入程度更深，嵌入范围更广[①]。

4.1 社会变迁视域的农业经营组织：嵌入、脱嵌与再嵌入

马克思主义政治经济学认为，人们所达到的生产力总和决定着社会状况。作为生产关系范畴的农业经营组织是由特定时期生产力发展水平决定的，但在一定程度上又会影响人们改造和利用自然的农业生产能力[②]。

① 笔者较早关注到农业经营组织的社会嵌入性问题。万俊毅（2008）以农业产业化经营的温氏模式为例，分析了“公司＋农户”模式的关系治理机制，详见《管理世界》2018年第12期《准纵向一体化、关系治理与合约履行——以农业产业化经营的温氏模式为例》。万俊毅等（2011）从三个方面探讨了社会嵌入对“公司＋农户”模式的影响：经济交易的社会嵌入内生“公司＋农户”联盟的多样性，中国社会差序格局影响“公司＋农户”联盟的层次性，社会资本在一定程度上支撑着“公司＋农户”联盟的运行。详见刊于《中国农村经济》2011年第7期论文《社会嵌入、差序治理与合约稳定——基于东进模式的案例研究》。

② 关于生产力是由什么决定的问题，安启念刊于《马克思主义与现实》2015年第3期的《再读〈关于费尔巴哈的提纲〉前三条——论马克思的核心哲学思想及其方法论价值》有较好的探讨。

历史经验和现况检视均已表明，农业组织的经营活动是嵌入在特定时代的社会结构中，受国家农业农村制度、生产力发展水平、农村社会状况等影响[①]。从农业经营组织与社会嵌入的关系看，凡是嵌入得好的时期，农业经营组织绩效就高；但凡嵌入不好甚至脱嵌的时期，农业经营组织绩效就低。

4.1.1 农业经营组织的社会嵌入及其结构调适

在任何社会生产中，劳动者和生产资料总是农业经营的基本要素。对农业生产而言，土地是一切生产要素的自然载体，劳动是农业经营活动中必不可少的投入。正因为人地要素对农业经营不可或缺的重要作用，在人类历史的农业文明时代，国家、团体或个体围绕土地和劳动力资源的争夺活动司空见惯，掠夺人或地的战争亦绵延不绝。人类社会发展到一定阶段后，劳动分工不断深化，交易不断扩大，新的生产要素不断进入到农业经营活动中，资本、技术等要素在农业生产中的作用逐渐显现（隋广军、万俊毅，2002）。如今，农业生产经营的多要素投入时代已经来临。

1. 农业经营组织活动的要素观审视

从要素配置视角审视，人类的经济活动可以视为要素拥有者即要素主体作用于要素客体的关系总和。从主体看，经济活动是要素主体的生产、流通、交换和消费过程，生产对其他活动过程起着决定性作用。从客体看，生产是要素投入、要素组合、产品产出的要素配置链条，流通是生产要素或者产品发生的位移，交换是以一定方式让渡生产要素或者产品的产权，消费是产品满足人类各种需要并转化为社会再生产的过程（万俊毅、曾丽军，2019）[②]。因此，总体看，农业经营活动就是农业经营组织（主体）配置投入要素、产出和交易农产品的过程[③]。正如经济行为普遍嵌入

---

① 本书第2章讨论中国农业经营组织结构的历史变迁，第3章探讨中国农业经营组织发展的时代图景。

② 万俊毅和曾丽军刊于南方日报2019年3月18日的文章《优先满足要素配置，大力推进乡村振兴》。

③ 诺斯（1994）认为，“组织”是指在基础规则及制度约束下，为实现一定目标而创立的个人团体。从这个意义上看，农业经营组织与农业经营主体在本质上具有等同的含义。

在社会行为中，农业经营组织的生产、流通、交换和消费活动也是嵌入在社会运行过程之中。

2. 农业经营组织活动的多重社会嵌入

农业经营组织的结构变迁是在社会大变迁过程中实现的，任何忽略嵌入观的解析均显得空洞乏力[①]。农业经营组织的活动嵌入，不仅是地域上的空间嵌入，还是制度、经济、文化、习俗等方面的嵌入，一般包含空间上的地理嵌入、个体和组织间系列关系结构的网络嵌入、文化和政治等社会背景对主体行为影响的社会嵌入（Hess，2004；万俊毅、欧晓明，2011）。这即是说，农业经营组织多重嵌入于社会。

关于农业经营组织社会嵌入的多重性问题，现有文献已经关注，但以农民合作社为审视对象的观点较多。中国农民合作社显著特征之一是合作社对社会关系的结构性嵌入（崔宝玉、刘丽珍，2017），合作社发展处于结构嵌入、市场嵌入、制度嵌入、村社嵌入四重嵌入之中（徐旭初、吴彬，2017）。不同农业经营主体的交易行为亦是多重嵌入社会的过程，邓宏图等（2014）对农业合同的洞见暗含多重嵌入之意。在邓宏图等看来，由于历史和制度的作用，农业合同选择在许多情况下更是一个政治经济学的权利与权力的配置过程，而不单纯或不仅仅是新古典经济学所强调的资源配置过程。也有学者间接从社会嵌入视角阐释农业经营方式，甚至认为，农业经营方式可以看作是在外部因素冲击下农村社区内部各因素相互作用形成的经营制度（何军等，2017）。

本研究基于要素配置视角，借助制度变迁理论和新经济社会学理论，考察农业经营组织多重社会嵌入问题。①任何经济活动均建立在要素投入基础上，而要素投入的数量和质量受经济主体可获得的资源禀赋影响，要素组合的产出率在很大程度上受技术水平决定。要素的供给状态在一定程

① 张清津和王新志（2016）认为：农业经营组织体系是农业产业链资源配置和利益分配的特定组织结构，长期受到学者们的热心关注和青睐。学界聚焦探讨新型农业经营主体选择和农业产业化组织演进两方面问题，但迄今对农业经营组织体系演化机制缺乏普遍认同的理论分析框架，且往往割裂研究农业经营主体和农业经营形式，并强硬地把农业经营组织形式分解为横向创新和纵向创新，进而忽视农业经营主体的本性。

度上受到制度的制约，例如土地制度就决定了农业经营主体获取土地要素的可能性边界，城乡关系影响到农业生产要素在城乡之间的交易与流动。农业生产的技术水平变化较慢，尽管现代社会技术进步的速度加快，但对特定时点的农业经营主体而言，更多体现为既有技术的应用者。因此，资源禀赋和技术水平可以看作农业经营活动的必备条件，农业经营组织的经济活动嵌入在特定社会的资源禀赋结构和技术水平中。②制度变迁理论认为，诱致性制度变迁的因素在于社会经济主体期望改变带来的最大潜在利润，制度变迁通常是对构成制度框架的正式规则、非正式规则和实施机制三方面的组合所作的边际调整（North，1990；韦森，2009）。基于此，本研究把影响农业生产经营活动的由管理机构出台的制度视为正式规则部分的制度，把影响农业生产经营活动的包括价值信念、道德伦理、风俗习惯、文化传统、意识形态等视作非正式规则，把制度的实施机制界定为上述正式规则与非正式规则实施的程序和过程。综上，农业经营组织的社会嵌入是指其经济活动在资源禀赋、技术水平、正式规则、非正式规则、实施机制五个方面的五重社会嵌入，可以从嵌入的广度和深度解构。社会嵌入广度是指农业经营主体的经济活动涉及社会嵌入的维度以及特定维度的多个方面，社会嵌入深度则是指农业经营主体的经济活动在特定社会嵌入维度或特定社会嵌入方面的受影响程度。

当然，五重社会嵌入是从嵌入的内容角度考察。农业经营组织社会嵌入的外化形式表现多样，可以表现在政治、经济、社会、文化、生态等方面；也可以表现为新经济社会学者最初指向的广泛意义上的社会方面，广义的社会包含除特定经济活动外的各个领域。

3. 农业经营组织对社会嵌入的调适

农业经营组织行为多维度嵌入社会过程，使用现在的话语体系表达就是，农业经营组织活动嵌入在政治、经济、社会、文化、生态“五位一体”的农业农村现代化进程中。

历史经验表明，社会变迁比较显著的就是政权更迭或者制度变革，政权更迭或制度变革往往意味着执政者强制性地变革地权和人地关系等制度。强制性制度变迁必定引起农业经营组织结构的重塑。虽然强制性制度变迁未必每次都是有效率的变革，农业经营组织在既定的制度框架下选择要素组合方式。此外，基于合作能够增加产出效率，主体之间还会寻求有效率的合作方式。特定时点农业经营主体的分布及其合作状况就是农业经营组织结构。农业经营主体的经济活动除嵌入正式制度外，还要嵌入既定社会的资源禀赋、技术水平、非正式规则、实施机制等方面，表现为经济主体对特定生产情境的行为调适。单个农业经营主体的行为调适是社会嵌入中的理性选择，如集合起来看，就表征为农业经营组织结构对特定社会嵌入的调适。

强调强制性制度变迁对农业经营组织结构的重塑，并不是否认其他维度的社会嵌入对农业经营主体的影响。事实上，无论是哪方面的社会嵌入，对农业经营主体的经济活动都有着或大或小的影响。例如，尽管农业技术进步相对较慢，然而，技术进步可以实现农业生产各投入要素之间的相互替代，进而导致农业生产可能性产量边界增加（王铁、寇垠，2013），这将影响农业经营组织的生产方式和合作形式，最终在一定程度上表现为农业经营组织的结构调适。

因此，在人类社会历史上，同一国家的不同历史时期，不同国家的同一历史时期，农业经营组织结构呈现多种多样的状况。特定类型的农业经营组织结构都是特定社会嵌入中的农业经营主体调适行为的外在表现。

4.1.2 农业经营组织的社会脱嵌与结构惰性

特定的社会结构衍生不同主体的利益结构，或者说不同主体在特定社会嵌入状态下进行关联博弈形成均衡局面，这种利益结构或者均衡状态容易固化，进而在农业经营领域表现出组织结构惰性。是以诱致性制度变迁的农业经营组织形式探索，往往要寻求获得政府的认可与支持，借助强制性制度变迁的推动，才能最终形成新的农业经营组织结构。

诚然，有效率的农业经营组织在一定时期内固化并不是坏事，只是影响社会嵌入的诸多因素会随着时间变化而变化，原本社会嵌入较好的农业经营组织逐渐表现出有限的适应性。农业经营组织的经济活动一旦不能很好地嵌入特定社会结构，则经营效率日渐低下，直至难以为继。下文举例说明。

1. 人民公社时期的生产队经营

新中国成立初期的地权制度改革，形成了以土地私人所有的农民家庭经营方式，极大地解放了生产力，促进了生产关系与社会的相容嵌入。到1952年，主要农产品产量、农业生产总值均超过新中国成立前最高水平。然而，从农户个体看，由于部分农户拥有的牲畜、农具和劳动力等生产资料严重不足，加上疫病疫情和自然灾害影响，一些农户难以维持简单再生产，有的不得不出卖农地而沦为极度贫困状态。针对当时的情况，国家于1953年开始实行包括农业在内的三个行业的社会主义改造，对农业的改造沿着互助组、初级农业生产合作社、高级农业生产合作社到集体所有制的路径进行。对农业生产经营的社会主义改造最终演化为强制性的制度变革，从表象上看，集体所有集体经营属于先进的生产关系。从实质看，集体所有集体经营严重脱嵌于当时生产力的发展状况和乡村社会的实际情况，不能解决个体劳动的内在激励与集体劳动的监督困境问题，使得生产经营效率很低。在1957—1978年的20多年时间里，中国农业总产值、人均粮食产量的年均增长率分别只有3%、0.8%（赵德鑫、苏少之，1992）。

2. 家庭联产承包责任制的“重分轻统”阶段

1978年开始的家庭联产承包责任制逐渐瓦解农业集体经营形式，1982年第一个中央1号文件明确强调“包产到户、包干到户都是社会主义集体经济的生产责任制”，此后政府不断稳固和完善家庭联产承包责任制。正是这种以农民家庭为单位向村组等集体经济组织承包土地等生产资料和生产任务的农业生产经营形式，极大地解放和发展了农业生产力，迅速改变了中国农村贫穷落后的面貌，取得了中国以占世界7%的耕地养活世界22%人口的农业发展成就。现在，人们常常使用“交够国家的、留足集体的、剩下的都是自己的”这句话，形容家庭联产承包责任制的激励相容，但也无疑昭示出该时期农业经营形式“重分轻统”和逐渐脱嵌于农村社会、自然环境的特征。

“重分轻统”阶段家庭联产承包责任制的关键表征在于包产到户、包干到户。农业生产的“双包”经营形式呈现出双重脱嵌特征：一是过度强调农业的经济形态而脱嵌于农村社会，弱化了农业的社会功能；二是过度向土地索取而脱嵌于自然，弱化了农业的生态功能（周立、王彩虹，2019）。当只强调农业经济功能的时候，一旦从事农业经营的经济收益低于其他行业的平均水平，农业劳动力就有向农外转移出去的激励；如果减去迁徙成本，进城务工的净收益仍然大于农业经营收益，农村劳动力就会向城镇转移。当这样的情形越来越严重时，谁来耕地、谁来种田的困境就产生了。恩格斯在《自然辩证法》提到的“自然报复论”[①]，并无例外地得到了“双包”农业经营形式的实践验证。脱嵌的农业“双包”经营使得土壤肥力下降、农村生态环境退化。另外，“双包”经营形式的多重脱嵌还体现在乡村政治、文化等方面，其外化表现是村民对农村基础设施建设不重视，对乡村公共事务不热心，对乡村社会治理不积极，人们之间越来越重视经济利益的交往而忽视传统道德约束等。

家庭联产承包责任制要求统分结合，重分轻统的经营方式要改变。政策应强化“统”的层面，力求宜统则统、宜分则分、统分结合。

3. 农业产业化经营政策的扶持效果异化阶段

为解决家庭联产承包责任制下的小农户生产与大市场对接难题，在稳定以家庭承包经营为基础、统分结合的双层经营体制前提下，农业产业化经营应运而生（万俊毅，2009）。政府抱着扶持农业企业就是扶持农户的初衷，出台了扶持农业龙头企业的系列支持政策，然而获得政策资源的农业龙头企业发展了，带动的农户数量和农户增收情况却未能如愿。随后，政府鼓励组建农民合作社，在政策引导的激励下，农民合作社发展非常迅速，带动了不少农户增收，然而也出现了为数众多的空壳合作社，还有不少合作社被少数精英控制。即使是扶持农民合作社的资金，按照改善农户市场地位的政策目标，其扶持重点应是农户自办的合作社及合作社自办的加工企业（苑鹏，2013），但实际运作依然是越大的合作社越容易获得政

① 恩格斯告诫人们：我们不要过分陶醉于我们对自然界的胜利，对于每一次这样的胜利，自然界都报复了我们。

府扶持，公司领办的合作社和精英创办的合作社更容易获得政策青睐。2013年，政府开始扶持家庭农场，以期通过扩大单个农户的经营规模，解决农户种田的内在激励，现实中不少获得政府资源支持的家庭农场已经雇工经营，这与政府的愿望相去甚远。更为严重的是，在不少地方出现了农业企业、农民合作社、家庭农场“三块牌子、一套人马”的经营组织，显然这些牌子很多时候是冲着对应的政府扶持资源而设的，农业产业化经营的扶持效果异化现象不容忽视。

国家现有的农业产业化扶持政策多采用项目制形式运作。项目制仅仅是扶大扶强，对于小而弱的小农经营形式至少没有着意去弱化或减少它（程秋萍、熊万胜，2016）。扶持政策需要在道义与经济理性之间把握好平衡点（叶兴庆、翁凝，2018）。尽管政府的愿望美好，但在同一个容量有限的区域市场，规模化农业经营主体的兴起与繁盛势必带来弱小农户的退出，退出农业生产经营的弱小农户家庭的再生产不得不脱嵌于地方社会。

政策扶持效果的异化与政策的实施机制不到位、不精准有关。也就是说，一定阶段的农业产业化经营扶持政策可能存在多重社会脱嵌，以致有学者认为，农业经营组织政策失误降低农业资本效率，劳动资源配置缺陷降低农业劳动生产率（党国英，2016）。审视问题，是为了更好地解决问题。人们不能因此否认，早期扶持农业产业化经营的政策其实在很大程度上促进了中国农业经营集约化、专业化、组织化和社会化水平，为新时代构建现代农业体系奠定了前期基础。

4.1.3　农业经营组织的社会再嵌入与结构重塑

农业经营主体始终是推进农村社会发展的主力军，其经济活动只有有效嵌入社会演进过程，才能呈现高效的生产率和强大的生命力。脱嵌的经济行为，可以在社会运行法则和政府政策指引下，重新嵌入社会再生产过程。

实际上，中国农业产业化经营政策的一个重要目标就是想让小农户通过龙头组织的带动而卷入现代化发展过程中，因此政策不断寻找有效的带动载体。①政策扶持的农业经营主体类型不断增加，从起始时期的农业企业发展到随后的农民合作社、继而家庭农场、再到如今的多类主体以及多类主体融合发展的平台。2016年底，全国各类农业产业化经营组织达41.7万个，辐射带动农户1.27亿户，农户参与产业化经营户均增收达3 493元[①]。②政策对各类农业龙头组织的角色期待发生了变化，从早期单纯视作农业经营主体，鼓励追求市场绩效，到逐渐附加诸多非效率性的制度期待[②]，日益表现出从主体化到载体化转变的趋势（徐旭初、吴彬，2017）。例如，农业产业化联合体被看作构建现代农业经营体系、促进乡村产业兴旺的重要载体（叶贞琴，2017）。③政府对农业经营组织的称谓也在发生变化，从单个类型的主体到新型农业经营主体，从农业产业化经营，到新型农业经营体系[③]，再到现代农业经营体系[④]（这个概念自一开始就不是单独提出，而是在现代农业“三大体系”中并列提及）[⑤]。④政策鼓励农业经营主体积极参与农业农村发展和乡村振兴。例如，2019年1月，中共中央印发的《中国共产党农村基层组织工作条例》明确要求，“村党组织书记应当通过法定程序担任村民委员会主任和村级集体经济组织、合作经济组织负责人”；“村党组织书记应当注重从本村致富能手、外出务工经商返乡人员、本乡本土大学毕业生、退役军人中的党员培养选拔。”

从本质上看，这些变化和新近政策导向就是引导曾经有种种脱嵌倾向的农业经营主体重新嵌入社会，使农业经营组织能够带领亿万小农户，不仅促进农村产业兴旺，还要推动乡村生态宜居、乡风文明、治理有效、生

① 数据来源：叶贞琴发表在《农民日报》2017年11月6日第1版文章《发展农业产业化联合体促进乡村振兴》。

② 例如，农业经营主体之间土地流转带来的农地经营规模，不仅要考虑国家粮食安全，还要考虑多大规模的农地经营产生的收入才能确保有人种田，更要考虑城镇化发展所能吸纳的农业劳动力数量约束而要容纳一定数量的农内就业（林万龙，2017）。

③ 党的十八大报告提出要“构建集约化、专业化、组织化、社会化相结合的新型农业经营体系”。

④ 党的十九大报告明确提出实施乡村振兴战略，并把“构建现代农业产业体系、生产体系、经营体系”作为乡村振兴战略的主要措施之一，同时强调“发展多种形式适度规模经营，培育新型农业经营主体，健全农业社会化服务体系，实现小农户和现代农业发展有机衔接。”

⑤ 现代农业体系由现代农业产业体系、生产体系、经营体系“三大体系”组成，包含从农业的生产力层面到生产关系层面及其相互关系，从宏观产业表征到微观经营主体的生产合作，从区域空间产业布局到农户使用特定生产技术等多个维度。

活富裕的进程。

再嵌入社会的农业经营主体不仅被重新赋能，而且走上融合发展之路。一是主体融合发展。截至 2018 年底，各类新型农业经营主体超过 300 万家[①]，其中不少属于融合性主体。2019 年政府明确鼓励通过“农户＋合作社”“农户＋公司”“农户＋公司＋农民合作社”等主体融合方式，将小农户纳入现代农业经营体系[②]。二是要素融合配置。乡村产业发展不仅要依靠土地、劳动力、资金、技术、管理、企业家才能等多要素协同，而且要跨产业边界、跨区域边界、跨城乡边界融合配置要素。三是产业融合发展。例如，在 2017 年全国返乡下乡“双创”人员创办的项目中，82％以上是产业融合项目。据测算，农村产业融合使订单生产农户的比例达到 45％，经营收入增加了 67％[③]。通过再嵌入，农业经营组织结构不断重塑，现代农业经营体系不断完善，农业经营最终实现增产、增值、增效、增收的融合目标[④]。

4.2 农业经营组织的主体结构、交易行为与合作绩效

嵌入社会的农业经营组织依据分工优势，与其他主体在产业链上开展合作，寻求与交易情境匹配的交易行为，追求满意的合作绩效，期望获得预期收益。

4.2.1 分工深化、社会嵌入与农业经营组织结构

随着嵌入的深度和广度增加，农业经营组织之间分工深化，借助有效

① 农业农村部政策与改革司对十三届全国人大二次会议第 1609 号建议的答复（农办议［2019］181 号）。另据龙欣刊登在《粮油市场报》2019 年 7 月 6 日 B03 版的文章《农村产业融合引领乡村产业高质量发展》显示，截至 2018 年底，各类新型经营主体 350 万家，其中农业产业化龙头企业 8.7 万家。

② 中共中央办公厅、国务院办公厅：《关于促进小农户和现代农业发展有机衔接的意见》，2019。

③ 参见李慧刊登在《光明日报》2018 年 8 月 16 日的文章《农村一、二、三产业融合如何让“1＋1＋1＞3”》。

④ 2016 年 9 月 10 日，笔者受邀参加“首届阳江发展论坛”并作《推动“四个融合”，发展现代农业》的主题报告，报告核心观点是：推动现代农业融合发展，必须推动目标、要素、产业、主体四个融合。参见《阳江日报》2016 年 9 月 12 日 A2 版。

的合作方式，形成多种类型的融合型主体，进而聚集为各种融合型平台（图4-1）。

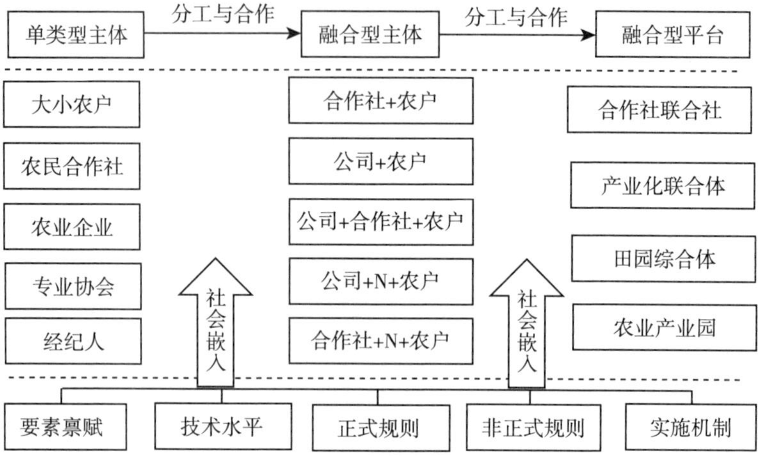

图4-1 农业经营组织的主体结构示意图

现行农地“三权分置”制度不仅赋予农户土地承包权，法律法规还赋予农户享有农地占有、使用、收益、流转及承包经营权抵押、担保权能。农户可以在承包地上从事农业经营活动，也可以把经营权转让出去而获取土地租金，或者以经营权入股获取收益分红。除农户外的农业经营组织，或者承租村集体留用地，或者承租农户承包地，也就是要与农户或者农户团体（村）开展合作才能拥有土地的经营权。转出土地经营权的农户，除获得租金外，还可以被农业经营组织雇用而获得就近务工机会①。当然，农户也可以在自己的承包地上，自产自销农产品，或者按照其他农业经营组织的生产标准从事农产品生产，再把产出的农产品交给与其合作的农业经营主体进行加工与销售。由于种养殖业既是经济再生产过程，又是动植物的自然再生产过程，动植物的生物节律决定农事活动具有忙闲交替特征，农户劳动力的机会成本相对较小，加上长期在农村生活形成的习惯，能够较好地匹配农业生产间歇性用工的需求，因而在动植物的生长照看阶

① 实践中有一些地方探索土地经营权入股，这样农户还可以获得分红。

段即农业生产环节具有优势。随着分工深化，家庭负责生产的作业过程也发生了分工变化，不少农作物的耕、种、收等环节已由社会化服务解决，只是日常田间管理仍主要由家庭成员负责（陈锡文，2013）。千百年来，多重社会嵌入使得农地家庭经营在绝大多数时候都占主导地位的经营方式，到今天仍是大体如此的情形。

农民合作社虽然发展时间不长，然而由于植根于农村，理事长和合作社骨干成员熟谙村民之间的处世交往之道，掌握村民之间、邻里之间嵌入的各种血缘、情缘、族缘或者业缘关系，在协调农户之间的利益冲突、集中农户的意见方面具有无可替代的优势。因此，在农业经营体系中，农民合作社组织农户按照统一标准、统一流程、统一作业进行生产具有优势。当然，农民合作社走向市场也比单个农户具有优势，但由于合作社民主议事规则往往协商时间较长，面对激烈变化的市场时往往贻误行情中的机会。除了政策诱致性因素外，不少合作社理事长为了规避合作社决策效率不理想，纷纷领办企业并由企业分工承担面向市场的业务，这实属理性选择之举。如此，“合作社＋农户”演变成“合作社＋农户＋公司”的经营模式。

农业企业组织结构设计严密，内部分工明确，专业人士较多，使用科层组织的权威机制配置资源，在农业产业链“微笑曲线”的两端开展业务具有比较优势，尤其是研发能力或者技术应用能力较强，在防范动植物的疫病疫情方面具有优势。农业企业的融资方式相对较多，融资渠道相对丰富，更有能力利用农业机械、农业设施，因而抵抗农业自然风险的能力较强。另外，农业企业有专门的营销队伍，产品销售半径大，能够在多个并不关联的市场销售产品，因而驾驭市场风险的能力较强。农业企业在种子研发、幼苗孵化、产品加工、品牌塑造、市场营销等经营环节具有优势。然而，企业难以在不闲置劳动力的情况下，匹配地域分散、忙闲交替的生产作业活动，往往寻求农户的合作，“公司＋农户”模式就出现了。由于农户分散，生产环节的劳动努力程度难以监督，特别是规范严格的流程作业是否到位，即劳动质量也难以监督，公司承担生产监督的成本较高，往往寻找或者领办合作社进行合作，把生产环节的组织、作业过程与监督活动转移给合作社承担，“公司＋农户”也就演变成“公司＋农户＋合作社”

的运营模式。

经纪人既掌握市场的产品需求信息，又熟悉产品的供给情况，借助市场信息和供给端的社会嵌入信息优势，能够把农业生产与消费市场连通起来，在部分地区发挥着很好的牵引小农户连接大市场的桥梁作用。特别是经济欠发达或者较为偏远的农村地区，经纪人在活跃农村市场、促进农业结构调整、带动农民增收等方面作用明显（陈冰淋、万俊毅，2013）[①]。经纪人也可以发展壮大，继而组建公司。现在很多流通型农业公司实质上扮演着农业经纪人的角色，但在具体运作上方式多样[②]。在高质量供求信息还不能被生产者和消费者低成本获得时，经纪人的角色至关重要。

总之，单类型的农业经营主体在农业产业链的不同环节各具优势，这些各具分工优势的主体寻求合作，就形成了各种类型的融合性主体。常见的融合性主体类型主要有："农户＋公司""农户＋合作社""农户＋合作社＋公司""农户＋N＋合作社""农户＋N＋公司"等。其中，N可以是经纪人、家庭农场、专业协会等。融合性主体在一定的区域聚集，依据聚集的机制不同，形成合作社联合社、产业化联合体、田园综合体、农业产业园等融合型平台。

4.2.2 联盟情境约束与农业经营组织的交易行为

农业经营主体的生产活动嵌入在社会再生产过程中。本研究不讨论农业经营主体与非农组织的交易行为，只讨论缔结联盟的农业经营主体之间的交易。农业经营主体之间的联盟形式可以是口头承诺，也可以是书面协议。无论是哪种形式的联盟，主体之间的交易在本质上可以概括为市场交易、混合交易和管理交易（Willimson，1985）。

松散式联盟往往采用市场交易方式合作，其特点是交易价格随行就市，特定主体并不绑定农产品的交易主体，既可以与联盟内的主体交易，

① 参见陈冰淋和万俊毅刊于《南方农村》2013年第9期的文章《经纪人带动型产业化经营组织的模式及其治理机制》。

② 其实，在本质上已经属于"公司＋农户"的模式，只是流通型公司在农产品供应端与包括企业在内的其他经营主体合作。笔者于2019年9月25日实地调研的广东海露实业股份有限公司就是其中一例。

也可以与联盟外的主体交易。这类合作适合对农产品质量没有特殊要求的买卖活动。随着生产力发展，居民可支配收入增加，对农产品消费开始转向质量方面的要求，松散式联盟的成长空间有限并可能萎缩。

紧密式联盟接近一体化组织并具有类似一体化组织的特征，以管理交易为主，不但对农产品生产过程中各环节规定严格的标准，而且事前约定各环节的要素投入价格和最终产品价格。约定的价格可以是某个具体的数值，也可以是一定的数值区间；可以在生产前明确，也可以在交易后依据事前约定而测定。紧密式联盟适合对产品质量要求较高、防疫要求较高或者满足特殊要求的交易。当然，紧密式联盟的紧密程度也有差异，大型种养业“公司＋农户”或者“公司＋合作社＋农户”多缔结成“准纵向一体化”的联盟（万俊毅，2008；万俊毅、欧晓明，2011，Wan et al，2019），不少联合社通过长期契约与公司缔结成“准纵向一体化”经营组织（刘畅、高杰，2016）。

在市场交易与管理交易之间，存在大量的由两者组合形成的混合交易形式。混合交易常常对应的是半紧密式联盟模式。在半紧密式联盟中，有的交易接近市场交易，有的交易接近管理交易；有的交易，市场交易的成分多一些，有的交易，管理交易的成分多一些，其实质是一个从市场交易到管理交易之间的无数个交易组合对应的联盟。不过，需要强调的是，松散式联盟与半紧密式联盟之间、半紧密式联盟与紧密式联盟之间并没有严格的界限，但可以依据具体的交易情境区分联盟类型。

在社会嵌入情境中，交易行为选择是农业经营主体在约束条件下进行关联博弈的均衡解。农业经营主体间交易的本质是在管理交易和市场交易之间进行权衡，寻求尽可能满意的合作绩效。

4.2.3 社会嵌入与农业经营组织合作绩效的分配

农业经营主体基于分工优势在农业产业链上谋求交易合作，无论采取哪种具体的交易方式，既定的合作行为可以取得合作绩效。农业经营主体的经济活动和交易行为不仅仅是获取经济上的收益，生产过程中是否使用环境友好型技术会影响到生态环境，经济再生产过程中是否增加相互了解、是否扶贫济困、是否参与乡村社会治理等影响到社会绩效。因为生态绩效、社会绩效并不容易客观衡量，加上两者并不直接显著影响交易双方的福利，讨论绩效的时候通常把它们以“暂不考虑”方式处理。本研究不对非经济绩效进行区分，并认可非经济绩效的异质性。因为农业经营主体的交易多重嵌入社会，主体合作绩效可以概括为经济绩效和非经济绩效。

尽管农业经营主体交易双方的力量常常不对等，现实中也出现了为数不少的经济利益侵占现象，但总体说来，双方获得的经济绩效要比不合作的时候好一些，否则被感知利益侵占的一方就会退出双方的合作联盟。现有文献关注到农户与其他主体交易时的利益侵占问题（万俊毅等，2014），有研究认为其他主体给农户发展带来了“发展权益相对剥夺”的后果（郑瑞强、翁贞林，2017）。关注农户利益侵占或者权益剥夺现象，是学术研究者道德感引致的责任行为。实质上，这需要从机会成本的角度来解读绩效分配难题。对任何一方来说，只要合作分配得到的绩效比不合作的时候好，主体就愿意留在联盟内。当然，这首先要满足一个前提条件，双方合作取得的经济绩效要比任何一方单独行动时的高，也就是要能产生合作剩余。

因农业生产伴生的自然与市场风险，主体间合作产生合作剩余已属不易。然而，合作剩余在双方之间的合理分配则更难①。其原因有三：一是双方为合作生产进行的投入不对等，对半分享合作剩余实属乌托邦式的口号；二是假使投入对等并且绩效衡量难题得到解决，双方投入单位要素的机会成本仍然不等，两者化解风险的能力悬殊，合作剩余中的“风险溢价”收益应能有所体现，但具体体现多少，难以界定；三是社会厌恶各种租金导致的财富不均心理延伸到农业经营主体之间尤其是农户与其他市场化主体的合作剩余分配领域，以及农户心理账户等因素，让各界总感到其他经营主体侵占了合作农户的利益，农户总感到还可以多分享一些剩余。

① 该段节选自万俊毅在《广东饲料》2014年第12期的访谈文章《农牧企业转型已在路上》，此处略有改动。

当然，因社会嵌入带来的差序合作使得处于同样交易地位的农户获得的绩效存在差异（万俊毅、欧晓明，2011），这种不公平合作待遇给利益侵占留下了证据空间。

双方事前签订的合同并不能很好解决剩余分配难题，这已经被大量事实证明。这即是说，单纯通过合同机制的利益联结关系很难稳定，农业经营主体之间必须借助社会嵌入机制，加强信任关系与建立声誉机制，综合运用其他包括互惠、灵活性、有效沟通等关系治理手段，来规范双边性交易，使剩余分配在对方能够接受的范围内。另外，双方要学会合作之道，理性审视对合作行为的认知，提高合作剩余分配的满意度。

4.2.4 农业经营组织结构、交易行为与合作绩效

现代产业经济学的 SCP 分析范式自提出以来，就被广泛应用到研究各行各业产业组织领域的问题，农业产业组织领域也不例外。例如，现有文献运用 SCP 或者后 SCP 分析范式研究福建农民合作经济组织（郑少红、张春霞，2007）、新疆农业产业组织（白萍、龚新蜀，2008）、特定区域畜牧产业组织优化（张应良、田丽，2011）、“公司＋合作社＋农户”契约关系（郑少红等，2013）、湖南省油菜产业发展（闵锐等，2017）等问题。这些研究定义的结构、行为、绩效不尽相同，但说明 SCP 分析范式可以适用于农业产业组织领域。本研究基于 SCP 分析范式构建的农业经营组织结构、交易行为与合作绩效的关系如图 4－2 所示。

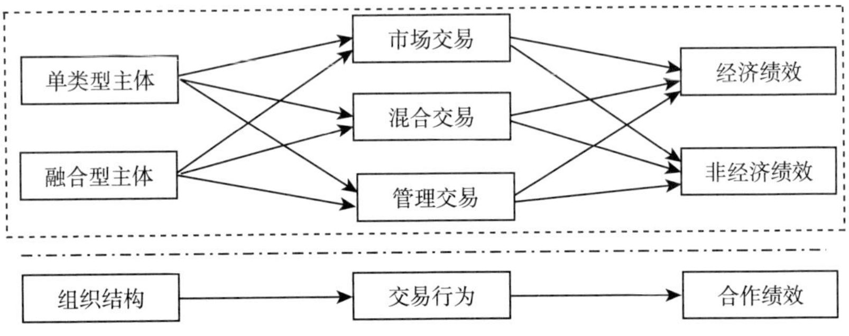

图 4－2　农业经营组织结构、交易行为与合作绩效关系示意图

此处的组织结构不同于一般产业分析所指的市场结构，而是指在多重社会嵌入情境下农业经营主体结构，即各类农业经营主体的数量与质量、各主体带动农户的数量与质量、主体相互之间的合作状况、各主体要素配置的载体与空间聚集等。农业经营主体包含各类从事农业经营活动的单类型主体和融合型主体，其组织结构不仅是相关制度结构的外化，也蕴含着非正式规则、制度实施机制、资源禀赋、技术状况等嵌入因素在主体结构上的反映。特定时期、特定区域、特定产业链上形成的农业经营主体结构本质上体现着外部各种环境变化对农业产业组织经营的影响。

从组织与市场的关系看，农业经营组织的交易行为表现为从市场交易到管理交易两端及其之间的连续光谱式的两类交易组合。单纯的市场交易借助价格机制执行，纯粹的管理交易依赖组织的权威机制实施。混合交易的维持就需要借助合适的组织治理机制。混合交易的治理通常使用合约治理、关系治理或者两者的组合治理。尽管合约不完全，农业经营主体之间通常以口头协议或者签署书面协议方式进行合作。口头协议或者书面协议是交易合约的物化表现，核心要件是关于产品生产过程的质量标准要求与交易价格确定。质量标准要求，或者交易价格确定有着多种表现形式。以交易价格为例，交易主体之间可以选择随行就市的可变价格、保底价格、“保底价格＋上浮价格”、“市场价格＋上浮价格”、“订单价格＋分红”等多种形式，现实中的交易价格有着更加丰富的表达方式（例如，温氏模式的流程价格）。交易价格常常与产品质量等级绑定，实行按级收购、优质优价。特定情境的交易价格确定是多重嵌入约束下交易双方博弈的结果。合约治理难以应对农业生产的自然风险和农产品生产周期中的其他不可预见变化，农业经营组织往往利用多重社会嵌入，使用信任、声誉、沟通、互惠等关系治理手段来维持交易（万俊毅，2008）。从某个角度看，正是基于社会嵌入考量，一些农业经营组织使用二次返利形式来稳固交易。由于外显性的组织结构（包括合约条款）容易模仿，属于隐性的关系治理因融入了社会嵌入因素而难以被借鉴，现实中运行较好的农业经营组织有着匹配交易情境的治理机制。

经济主体之间的交易往往取得仅凭交易单方所能获得的经济绩效，社会嵌入视角的交易绩效还包含着由农业多功能引起的生态绩效、社会绩效等非经济绩效。农业经营组织的主体结构、交易机制和交易绩效是一个有机的整体。因主体的异质性和资源禀赋的差异，各类农业经营主体必须在产业链上进行纵向协作以谋求最满意的合作剩余。

4.3 农业经营组织“社会嵌入—组织结构—交易行为—合作绩效”的理论框架

从农业产业化经营组织体系、到新型农业经营体系、再到现代农业经营体系，虽然称谓发生了变化，但不变的是多重社会嵌入的农业经营体系。农业经营体系是指各类农业经营主体基于要素禀赋优势在产业链上不断分工演进并在变化情境中寻求有效交易方式的农业经营状况（万俊毅，2014）[①]，其中变化情境含有环境的动态性和嵌入的复杂性之意。

综合前文的分析，本研究基于新经济社会学、制度变迁理论、产业组织理论等，构建分析农业经营组织的“社会嵌入（Social Embedding）—组织结构（Organizational Structure）—交易行为（Conduct Transaction）—合作绩效（Cooperative Performance）”的理论框架（简称“ESCP”），详见图 4－3 所示。

与现有的研究比较，“ESCP”理论强调如下几个方面：

1. 社会嵌入贯穿在每个交易环节

农业经营主体是多重嵌入下要素拥有者配置要素方式的总和，既可以表现为各种单类型主体，又可以合作形成融合型主体，还可以聚集成各类融合型平台。农业经营主体之间的交易行为与治理机制选择仍是嵌入在社

① 张红宇（2018）指出，不同经营主体在现代农业不同环节、不同层面功能定位和分工差异，使得中国现代农业经营体系呈现出主体多元、融合发展、利益共享格局。新型农业经营体系从多维度、多层次角度审视，是指现代农业产业体系、组织（主体）体系、制度体系和网络体系的集合体（黄祖辉、傅琳琳，2015）。显然，这些研究已经开始关注农业经营组织的主体融合、社会嵌入等现象，只是没有特别指出而已。

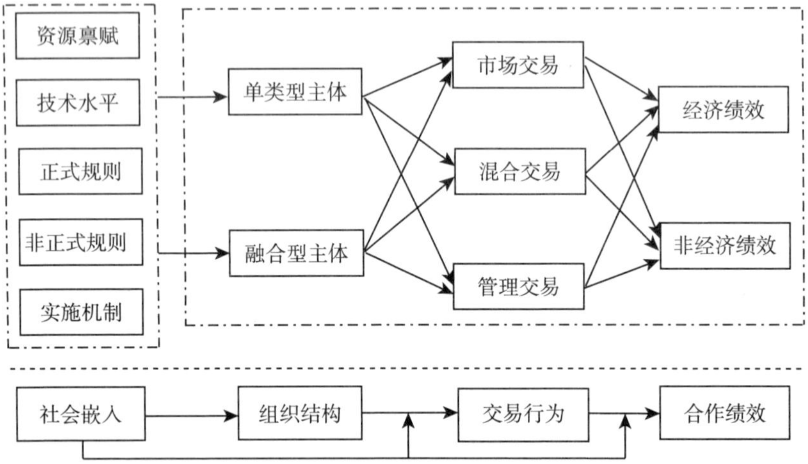

图 4-3 农业经营组织的“ESCP”理论框架

会中，交易行为选择是主体嵌入交易情境进行关联博弈的均衡解。交易绩效受到社会嵌入的多重因素影响，即使是经济绩效的分配，仍是交易双方基于社会嵌入的理性决策结果。

2. 农业经营组织结构是社会嵌入中的农业经营主体在质和量上的规定性

新型农业经营主体，或者现代农业经营主体，都不是指向单类型的农业经营主体数量增加，而是指向这些单类型主体在“质”上的提升，以及主体之间合作形成的融合型主体结构状况。

3. 农业经营组织的交易行为多重嵌入社会之中

无论是市场交易，还是管理交易，抑或是混合交易，都是交易主体综合权衡各种经济、社会因素的理性选择。交易的治理机制选择亦是如此。交易行为与交易的治理机制并不是分割的，而是具体交易过程中行为表现的不同方面。

4. 交易绩效以及合作剩余分配受到多重社会嵌入的影响

交易并不仅仅是单纯的经济行为，只是由于主体偏好短期经济利益和经济利益结算方便易行，交易的经济绩效因此受到过度关注。农业经营主体只要追求长期经济利益，也就嵌入影响交易的各种社会因素。另外，交易绩效的多方满足程度和合作剩余在双方之间的分配状况，不仅直接影响下一个交易能否持续进行，还会间接影响交易的制度环境[①]。

4.4 农业经营组织“ESCP”理论的应用

“ESCP”理论可以应用于为构建和完善中国现代农业经营体系提供理论观点支撑，研判农业经营组织结构未来可能的变迁方向。

中国现代农业体系构建和完善的方向应是，立足“大国小农”的国情农情，立足经济行为的社会嵌入，促进农业经营主体融合发展、农村要素融合配置、乡村产业融合发展，实现农业发展的多维融合目标。

1. 促进农业经营主体融合发展

由于技术进步、社会发展，主体之间的分工日益深化，既出现了组织内分工转化为市场分工的现象，例如农业生产环节的社会化服务，又出现了市场分工转化为组织内分工的景致，例如农业经营组织呈现日益纵向一体化的趋势。农业经营主体之间究竟采取何种分工方式更为有利，实际上受到多重社会嵌入的影响。例如，以要素密集审视农产品，粮食等大宗农产品偏向于土地密集型，设施农产品和加工农产品偏向于资本密集型，蔬果茶和养殖类产品偏向于劳动密集型（黄祖辉、傅琳琳，2015），不同特性的产品需要农业经营主体以合适的分工与协作方式进行生产。即使是同一个地区的同一类产品，由于主体的社会嵌入程度差别，出现了多样的农业经营组织模式共同供给的局面。农产品的市场竞争日趋激烈，农业经营主体之间沿着产业链开展纵向或横向的合作，形成各类融合性主体。从分工与合作看，现代农业经营主体、组织方式与服务模式是有机统一的共同体。农业经营主体融合发展可能增强各主体带动小农户的能力，可以视为提高现代农业组织化程度的“牛鼻子”，因而是完善现代农业经营体系的发展方向。

2. 促进农村要素融合配置

俗话说，“巧妇难为无米之炊”。各类主体从事农业经营活动本质上是

① 单个交易对制度环境的影响可以忽略不计，但交易数量多到难以计数的交易集合就会影响到交易的制度环境，例如，相机推出的新政策、交易推动的经济发展和社会进步等。

其配置要素的投入产出过程。过去相当长的一段时间内，城乡二元结构的体制机制使得农业农村的生产要素流向城市和非农产业，尤其是其中的劳动力要素通过高考和进城务工渠道呈现“筛选”性的单向流出[①]，使得农业农村发展的投入要素相对不足且要素质量有限，制约了传统农业向现代农业转型的进程。2018 年中央 1 号文件提出要实施“四个优先”，2019 年中央 1 号文件的实质内容就是部署落实“四个优先”，这是高屋建瓴落实农业农村发展所需要素的战略部署。农业经营主体配置要素时，要坚决杜绝“缺钙补钙”式的要素配置方式，注重有机结合先进生产手段和生产技术，跨界、跨区域融合配置土地、人力资本、金融资本、社会资本、政策资本等要素，提高生产效率和要素回报率，增强农业的发展动力。促进农村要素融合配置，是现代农业生产体系的本质要求。

3. 促进乡村产业融合发展[②]

在中国农业持续向好的发展局面中，农业曾经一度面临农产品价格“天花板”封顶效应、成本“地板”抬升挤压、农业生产和价格补贴的“黄线”逼近、资源环境压力极大等困境与挑战，这实际上是农业缺乏竞争力的表现。目前农业市场日益开放，国外资本投资中国农业的力度逐渐加大，极有可能危及中国农产品的数量、质量、品种和品牌安全[③]，中国农业的竞争力亟须提升。农业经营主体融合发展的态势表明，要改变过去局限在农业内部提升竞争力的做法，转向农业多功能和多业态方面，寻找产业融合之路。农业具有经济、政治、文化、社会和生态等多方面功能，早已融入其他产业的发展中。因此，需要优化调整农业结构，横向拓展农业多功能，纵向延伸农业价值链，打好“农业+”组合拳，提高农业要素融合配置效率，推进农村一二三产业的“工序性融合”和“结构性融合”

---

① 资料来源：万俊毅和曾丽军刊于南方日报 2019 年 3 月 18 日 A11 版的文章《优先满足要素配置，大力推进乡村振兴》。

② 参见万俊毅刊于中国社会科学报 2018 年 6 月 26 日的短论《以产业融合夯实乡村振兴的经济基础》。

③ 参见万俊毅和曾丽军发表在《农村经济》2015 年第 10 期的文章《外资并购与中国农产品的安全保障对策》。

（陈学云、程长明，2018），构建农村三产融合发展体系，推动三产融合的新产业、新业态、新模式涌现，提升乡村产业供给体系的质量。促进乡村产业融合发展，是乡村产业振兴的根本之路，是完善现代农业产业体系的突破口。

4. 实现农业发展的多维融合目标

农业多功能的本质是农业的多重社会嵌入，农业发展理应实现多维目标的融合。首先，农业发展要保障农产品的数量和质量安全，实现增产（或者稳产）目标，这既是国家粮食安全战略所需，又是农业发展的原初使命。其次，农业发展要实现增值目标。农业只有实现了增值，才有可能吸引足够的农业经营主体以农为业、以农为生，免除“谁来种田、谁来耕地”的担忧。再次，农业发展还要实现增收目标。这里所指的增收，不是指规模化的市场型主体的收入增加，而是特指小农户的收入增加，要依托现代农业经营体系，把小农户嵌入现代农业产业体系，让农户能够分享除生产环节之外的农业产业链条的收益。现代农业发展了，如果处于相对弱势的小农户能够增收，就不用担心实力更强的农业经营主体的收入。最后，农业发展还应实现增效目标，不仅获得经济绩效，还应取得生态绩效、社会绩效等非经济绩效。实现农业发展的增产、增值、增收、增效目标，是构建现代农业体系的多维融合目标。

综上可知，由于终端农产品竞争本质上反映的是农业产业链的竞争，基于多重社会嵌入视角，现代农业体系的构建与完善要实现经营主体融合、要素融合配置、产业融合发展和多维融合目标。具体到现代农业经营体系而言，①既定的农业经营组织在组织生命周期的不同时期，选择不同的业务领域、不同的合作对象、不同的交易行为，取得尽可能满意的绩效。这即是说，特定农业经营主体会相机选择合作对象和交易方式获得发展。②积极发展市场导向型主体，鼓励市场导向型主体联合做强，借助更加精准的引导政策，引导市场导向型主体把更多的小农户甚至弱小农户带入现代农业产业分工体系。③完善小农户与市场型主体的利益联结机制。现有的融合型主体经常面临市场型主体与农户利益冲突引致的矛盾，应充分利用社会嵌入，彻底扭转农业经营组织的不合理权力结构，使得小农户利益得到合理保障[①]。④近期政府政策扶持的重点应在市场失灵之处，要更多偏向农户或者农户组成的农民合作社。因此，2019 年中央 1 号文件特别强调，要突出抓好家庭农场和农民合作社两类新型农业经营主体。但从较长时期看，家庭农场、农民合作社要融入融合型平台并与农业企业有效率合作，才能赢得足够的成长空间。

① 即使是由农户、合作社和公司组成的联盟模式，也将由一定时期公司主导的模式，向公司与合作社共同主导的模式转型，最终向合作社主导的更为纵向一体化的经营模式变迁（黄祖辉，2013）。

5　实证研究Ⅰ：基于省际数据的农业经营组织主体结构与经营绩效[①]

当前，中国各省市区的农业经营组织发展水平、农业产业化发展程度和经营绩效差异明显，这由什么原因致使？本章以省际层面的相关数据进行实证研究，探究区域农业产业化经营绩效存在差异的缘由。

5.1　区域农业经营主体结构差异及其影响

改革开放 40 多年来，中国农业产业化经营取得巨大成效，在发展农业、造福农村、富裕农民等方面绩效显著。按照当年价格计算，中国农林牧渔业总产值从 1978 年的 1 397.0 亿元快速增长到 2019 年的 123 967.9 亿元，增长了 87.7 倍；同期，农村居民人均可支配收入从 134 元增长到 16 020.7 元，增长了 118.5 倍；按照可比价格计算，1978—2019 年农林牧渔业总产值年均增长速度为 11.56%，农村居民人均可支配收入年均增速达到 12.38%（中国统计年鉴，2020）。然而，在推进中国农业产业化的进程中，区域间的农业产业化发展水平却大相径庭。

首先，省际间的农业产业化经营组织数量差异很大。从经营组织的总数看，2016 年河南省的农业产业化组织数高达 21.8 万个，而经济发展水平较高的浙江省却仅有 5.5 万个，相差近 4 倍；从每百万农业人口的产业

① 本章内容以“农业经营主体结构、交易行为与产业化经营绩效”论文为基础，该文发表于《农林经济管理学报》2017 年第 6 期，第 699－706 页；内容有较大改动，特别是更新了宏观年度数据，还使用了 2017 年和 2010 年的相关数据进行比较分析。

化经营组织数量看，2016 年浙江省和河南省每百万农业人口的产业化经营组织数量相差 1.5 倍（中国农业年鉴，2017）。省际间农业经营组织数量差异到现在依然明显存在①。

其次，省际间各类别的农业产业化经营组织发展水平迥异。以国家重点农业龙头企业和省级以上农产品加工企业为例。一方面，国家重点农业龙头企业的数量在省际间分布悬殊。农业农村部 2021 年 2 月公布的第九次监测合格的农业产业化国家重点龙头企业名单中，企业数量最多的五个省份分别为山东、江苏、四川、河南、浙江，依次为 78、59、58、52、52 家；72%的国家级重点农业产业化龙头企业集中分布于东部沿海地区和传统农业大省，而位于西部地区的西藏仅拥有 6 家国家重点农业龙头企业。另一方面，省际间的省级重点农业加工企业的发展实力迥异。2017 年，青海省省级以上农产品加工企业年平均销售收入为 0.71 亿元（中国农产品加工业年鉴，2018），而山东省省级以上农产品加工企业年平均销售收入为 3.09 亿元，二者相差了 3.35 倍。

再次，省际间的农业产业化经营绩效差异大。农业产业化的经营绩效可以从多个指标测量，本研究仅考察人均农业总产值和农民人均家庭经营性收入指标。从人均农业总产值看，2010 年辽宁省的人均农业总产值高达 18 736.43 元，而甘肃省的仅为 6 464.83 元，相差了近 1.9 倍（中国统计年鉴，2011）。截至 2019 年底，辽宁省和甘肃省的人均农业总产值差异降低到 1.2 倍（中国统计年鉴，2020）。从农民人均家庭经营性收入看，2010 年辽宁省的农民人均家庭经营性收入为 3 486.14 元，而甘肃省的却仅有 1 855.99 元，两者约相差了 0.88 倍（中国统计年鉴，2011）。2019 年年底，辽宁省与甘肃省的农民人均家庭经营性收入差异降低到了 0.67 倍（中国统计年鉴，2020）。可见，近些年省际间的农业产业化经营绩效

① 本章特别说明的是，局限于数据可获性，以 2010 年和 2017 年数据作相关比较和进行实证检验，研究结论到现在仍具有极强的解释力，主要原因在于这些差异到现在仍然存在：以 2019 年中国农村经营管理统计年报披露的农民专业合作社数为例，该年山东省的农民专业合作社数为 189 775 个，宁夏回族自治区只有 6 162 个；山东省的国家级示范社有 12 209 个，广东省有示范社 3 397 个，广西壮族自治区只有 2 470 个示范社；其他相关指标值的差异详见中国农业出版社 2020 年 8 月出版的《中国农村合作经济统计年报（2019 年）》。

虽呈现缩小态势，但实际差异仍然较大。

根据以往的研究，区域的经济发展水平、自然资源禀赋和社会资源禀赋（朱铁辉，2006；杨明洪、孙继琼，2008；高艳霞、王丽霞，2014）等都是影响农业产业化经营绩效的重要因素。然而，广东省与江苏省具有相似的经济发展水平，2010 年广东省的人均农业总产值和农民人均家庭经营性收入却分别比江苏省的少 2 848.58 元、1 011.28 元（中国统计年鉴，2011），2019 年广东省农村居民人均经营净收入仍比江苏省的少 3 857 元（中国统计年鉴，2020）；湖南省和湖北省的自然资源禀赋相差无几，2010 年湖南省的人均农业总产值和农民人均家庭经营性收入却分别比湖北省的少 1 987.71 元、771.04 元（中国统计年鉴，2011），2019 年湖南农村居民人均经营净收入仍比湖北省的少 996.1 元（中国统计年鉴，2020）；在社会资源禀赋指标上，从各地区的社会信任水平来看，甘肃省和新疆维吾尔自治区不相上下①，2010 年甘肃省的人均农业总产值和农民人均家庭经营性收入却分别比新疆维吾尔自治区的少 8 364.09 元、1 793.99 元（中国统计年鉴，2011），2019 年甘肃省农村居民人均经营净收入仍比新疆的少 3 492.8 元（中国统计年鉴，2020）②，显然，对各省农业产业化经营绩效的差异解释还需引入其他变量。

市场导向是农业产业化发展的前提，农业产业化的产成品只有通过市场交易才能实现其经济价值，追逐经济利润的市场主体引导着农业产业化发展（晏丕振、张平，1998）。在市场起决定性作用的经济体中，市场导向型农业经营主体的发展水平是影响农业产业化经营绩效的重要因素（孔祥智，2014），这在当前中国农产品供求存在结构性失衡下显得尤为明显。现阶段，从带动农户的数量和增收水平看，农业企业和农民专业合作社是两类最为重要的市场导向型农业经营主体。以广东省为例，截至 2018 年年底，广东省各类农业龙头企业达 4 260 家，联结带动省内农户 463.5 万

① 在 ICE8000 国际信用监督体系颁布的 2011 中国省级地区诚信排名报告中，甘肃省的排名总积分为 4，新疆维吾尔自治区的排名总积分为 3，表明两地区的社会信任水平不相上下。

② 从农村居民人均经营净收入指标看，各省市区之间的差异仍在扩大。

户，农户年均增收 4 435 元[①]。其中，省级以上重点龙头企业达到 915 家，带动农户年均增收超过 8 000 元[②]。截至 2020 年年底，全国有县级以上龙头企业 9 万家，其中国家重点龙头企业 1 547 家[③]。如果各地市场导向型农业经营主体的数量差异过大，势必拉大各地农业产业化发展水平的差距。但是，即使各地区农业企业和农民专业合作社的数量相似，它们的产业化经营绩效也有可能存在差异。例如：2017 年湖南省与辽宁省的省级以上农业龙头企业和农民合作社的数量相差无几，但两省农业产值的差额却达到 977.1 亿元（中国农业年鉴，2018）。显然，市场导向型农业经营主体的数量不是省际农业产业化经营绩效差异的有效解释变量，经营主体自身的发展质量以及基于此上的带动农户的能力对绩效差异的解释性可能更强。例如：2017 年年底，河南省拥有 821 家省级以上农业龙头企业，带动农户 1 330 万户，农民人均可支配收入 12 719.2 元，而贵州省仅拥有 711 家省级以上农业龙头企业，带动农户 567.1 万户，农民人均可支配收入 8 869.1 元（中国农业年鉴，2018）。根据产业组织理论，市场绩效主要由市场结构和市场行为决定，农业产业也不例外。市场导向型农业经营主体的发展差异无疑导致各地农业经营主体结构的异质性大，这些经营主体在既定的交易情景中相机选择不同的交易行为，进而影响到主体间的交易绩效。换句话来说，各地农业产业化龙头组织的发展水平不同，这些不同质的龙头组织带动农户的方式、与农户利益分配机制和与农户交易关系的稳定性等也不同，最终导致各地不同的农业产业化经营绩效。

随着农业产业化的纵深发展，农业经营主体及其交易机制备受学者关注。然而，大多数学者都局限于以问卷的形式实证分析某一类农业经营主体及其交易行为对农业绩效的影响。为此，本章试图从省际层面探析各地区的农业经营主体结构差异及主体交易行为对农业产业化经营绩效的影

① 资料来源：黄进等：《乡村振兴释放经济发展潜力 现代农业产业园带动农户增收》，南方日报，2019-06-04，A6 版。

② 广东省农业农村厅关于省政协十二届二次会议第 20190333 号提案答复的函（粤农农函〔2019〕1182 号）。

③ 农业农村部乡村产业发展司：对十三届全国人大四次会议第 8863 号建议的答复（农办议〔2021〕67 号）。

响，期待有所发现。

5.2 研究假设：经营主体结构影响农业产业化经营绩效

5.2.1 农业经营主体结构与农业产业化经营绩效

当前，我国多样化的农业经营主体可以分为两大类：一类是以纯农户、兼业农户为主要代表的非市场导向型的农业经营主体。这类农业经营主体生产规模较小、组织化程度低、面对市场的能力弱，在日趋激烈的国内外农业竞争市场中难以获得较为稳定的收入保障（阮文彪，2019；Mojo et al.，2017）。受中国人多地少国情的制约，加之农业劳动力转移的长期性影响，这类在中国农村经营主体中占多数的小规模农户在相当长的时期内仍将持续存在（黄祖辉、俞宁，2010；党国英，2019），亟须与其他农业经营主体融合发展。另一类是以农业企业和农民合作社为主要代表的市场导向型农业经营主体。这类农业经营主体极为关注产品终端的消费者、产业链上竞争者等外部环境的变化，主动适应市场竞争，不仅可以根据市场需求指导合作农户进行规范化生产，解决农产品“卖难”问题，带动农户增收，还可以依据市场信号适时进入农产品加工、农业生产要素供应与研发等产业环节，不断延长农业产业链，促进农业产业化发展。其中农业企业既有节省交易成本的科层组织配置资源的权威机制，又有建立在分工优势基础上的管理、研发和营销团队，化解疫病疫情、规避自然灾害和驾驭市场风险的能力较强（万俊毅、欧晓明，2010）。当前，农业龙头企业已成为中国农业产业化经营的主导力量（万俊毅、欧晓明，2011），其发展数量和带动农户能力的大小在一定程度上可以反映出农业产业化经营的规模和效益（尹成杰，2002）。农民合作社作为以服务社员为主的互助性经济组织，能够在生产环节有效联结分散农户，提高农户的组织化程度和市场地位（陈锡文，2013）。其次，合作社可以利用组织优势为农户提供生产、销售和信息服务，指导农户以市场需求为导向开展生产活动，帮助农户对接市场（朱乾宇等，2021），降低农户进入市场的交易费用（蔡荣，2011）。再次，部分实力较强的合作社还可以与农业企业参股合作甚至以自建农业加工企业方式延伸产业链条，提升农产品附加价值，让社员农户分享来自加工和销售等环节的利润，从而带动农户增收，促进农业和农村的发展（Ševarlić and Nikolić，2013）。因此，合作社的发展数量和带动农户能力在一定程度上亦能反映农业产业化发展效益。由此可提出如下假设：

假设1：市场导向型的农业经营主体结构对农业产业化经营绩效有正向作用。

假设1.1：一个地区的农业企业越多，农业产业化经营绩效越好；

假设1.2：一个地区的农业企业带动农户能力越强，农业产业化经营绩效越好；

假设1.3：一个地区的合作社越多，农业产业化经营绩效越好；

假设1.4：一个地区的合作社带动农户能力越强，农业产业化经营绩效越好。

5.2.2 农业经营主体的交易行为与农业产业化经营绩效

中国农产品交易具有高度不确定性、交易双方地位不对称等特点，主体选择合适的交易行为至关重要（张闯等，2009）。不同交易行为对合作农户和签约组织带来不同的风险和收益（MacDonald and Korb，2011），最终产生不同的产业化经营绩效。当前，农户与其他农业经营主体之间的交易行为表现多样，但从本质上的利益联结机制看，主要有松散型、半紧密型、紧密型三种模式（Zhong et al.，2018）。在松散型模式中，农户与其他农业经营主体之间实质上只发生市场交易关系，只不过交易价格已在事先确定。双方之间的利益分配方式属于非合作的零和博弈，交易关系主要依靠双方信誉维持，交易的稳定性较差。在紧密型模式中，分散的农户被纳入其他龙头组织带动的农业产业化经营体系，双方基于各自的禀赋优势在农业产业链上进行分工合作。双方的利益分配方式是合作的正和博弈，交易关系较为稳定。半紧密模式则介于两者之间。长期稳定的、紧密型的交易机制能有效降低交易成本，促进农业企业和农户的共同发展，从而保护农民基本利益，促进农民增收（刘超、朱满德，2010），推动农业产业化发展。由此提出如下假设：

假设 2：交易行为的紧密程度对农业产业化经营绩效有正向作用。

5.3 研究设计与数据来源

5.3.1 变量设计

1. 被解释变量

囿于数据的可获得性，本节用各地区的人均农业总产值和农民人均家庭经营性收入度量各地区农业产业化经营绩效水平。

2. 解释变量

市场导向型农业经营主体结构是指一个地区的市场导向型农业经营主体在总的产业化组织总数中所占的份额。现有研究一般采用农业经营主体的规模数量、辐射带动农户能力、产值规模等度量农业经营主体结构（张国强等，1999；汤新华，2009；张延龙等，2021）。考虑到数据的可获得性，采用市场导向型农业经营主体数量和带动农户能力两个指标度量，具体包括每万农业人口拥有的农业龙头企业数、农业龙头企业带动农户数占比、每万农业人口拥有的合作社数和合作社带动农户数占比。其中农业龙头企业数量和带动农户数的统计数据不全，目前只有省级以上重点农业龙头企业的数据。省级以上农业龙头企业是农业企业的“佼佼者”，在各地的农业产业化发展中发挥着主导作用，其数量和带动农户数能够有效反映各地区农业企业的状况。为此，本节采用省级以上重点农业龙头企业的数据近似替代农业企业的数据。一个地区的农户与其他农业经营主体之间交易行为的利益联结机制越紧密，双方越能稳定预期合作期间的投入与收益，借助于管理交易的优势（万俊毅、欧晓明，2010），双方投入要素在生产过程中的协同作用发挥最大，资源配置效率最高。地区的资源配置效率与市场化程度正相关（黄晖，2013）。为此，采用市场化指数度量农业经营主体间交易行为的紧密程度。

3. 控制变量

综合现有的相关研究，影响各地区农业产业化经营绩效的因素可能还包括各地区的农业资源禀赋。农业资源禀赋主要包括土地、资金、人力资本，分别可采用人均可耕种面积、生产性固定资产原值、农村劳动力的人力资本度量。各变量的名称、符号及其定义详见表5-1。

表5-1　变量名称与定义

变量	一级指标	二级指标	指标定义
被解释变量	农业产业化经营绩效	农业产值	人均农业总产值（ZCZ）
		农民收入	农民人均家庭经营性收入（JYSR）
解释变量	市场导向型农业经营主体结构	农业企业数	每万农业人口拥有的省级以上农业龙头企业数（NQS）
		农业企业带动农户数	省级以上农业龙头企业带动农户数占比（NQDD）
		合作社数	每万农业人口拥有的合作社数（HZSS）
		合作社带动农户数	合作社带动农户数占比（HZSDD）
	主体间的交易行为	市场化程度	市场化指数（Market）
控制变量	农业资源禀赋	土地	人均可耕地面积（Land）
		农业生产性固定资产	农村家庭拥有的农、林、牧、渔生产性固定资产原值之和（Asset）
		农业劳动力的人力资本	每百个农村劳动力中初中及以上学历人数（Labor）

5.3.2　样本选择与数据来源

1. 样本选择

鉴于直辖市在地理面积、农业产值比重和人均GDP等方面同其他省相比存在较大的差异，本研究剔除4个直辖市的数据。受统计数据收集的局限，选择20个省级行政区作为研究样本，以其2010年、2017年的相关数据进行实证分析。

2. 数据来源

农业产业化经营绩效的衡量指标数据均来源于2011年、2018年的《中国统计年鉴》，市场导向型农业经营主体结构的数据主要通过各省级行政区的农业年鉴、《中国农业年鉴》、《中国农产品加工业年鉴》、《中国农村经营管理统计年报（2017 年）》以及各地区农业厅网站公布的数据整理而得。交易行为紧密程度的数据来自樊纲等编制的《中国市场化指数》。农业资源禀赋的数据来源于 2011 年、2018 年的《中国农村统计年鉴》。

5.4 基于市场导向型农业经营主体结构区域差异的聚类分析

为更好地了解中国省际间市场导向型农业经营主体的发展情况，探析其与省际间农业产业化经营绩效差异化的关系，本研究基于中国 20 个省级行政区的 2010 年和 2017 年统计数据，利用 SPSS 软件对各地区市场导向型农业经营主体结构进行系统聚类分析，得出的聚类谱系图见图 5－1 和图 5－2。

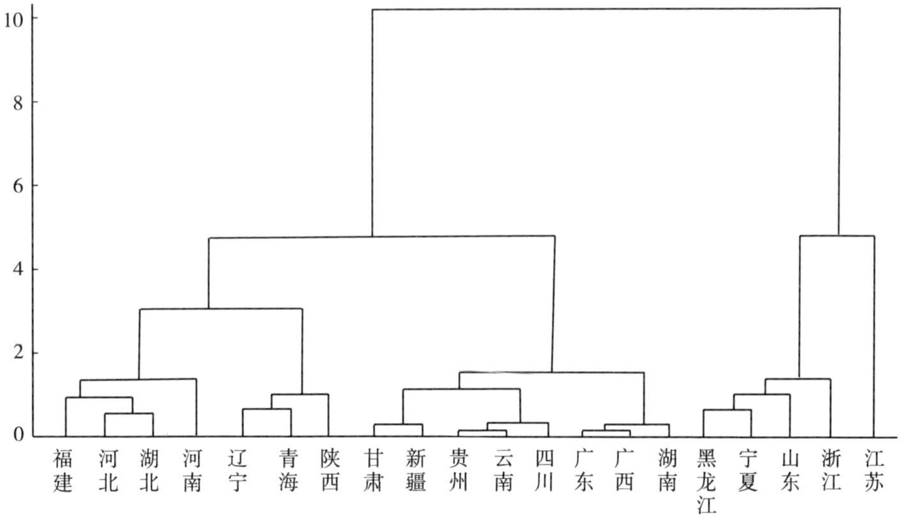

图 5－1 2010 年 20 个省区市场导向型农业经营主体结构的系统聚类图

从图 5－1 和图 5－2 可以看出，将上述 20 个省级行政区分为 4 类相对合适。农业经营主体结构的具体聚类结果和均值分析如表 5－2 和表 5－3 所示。

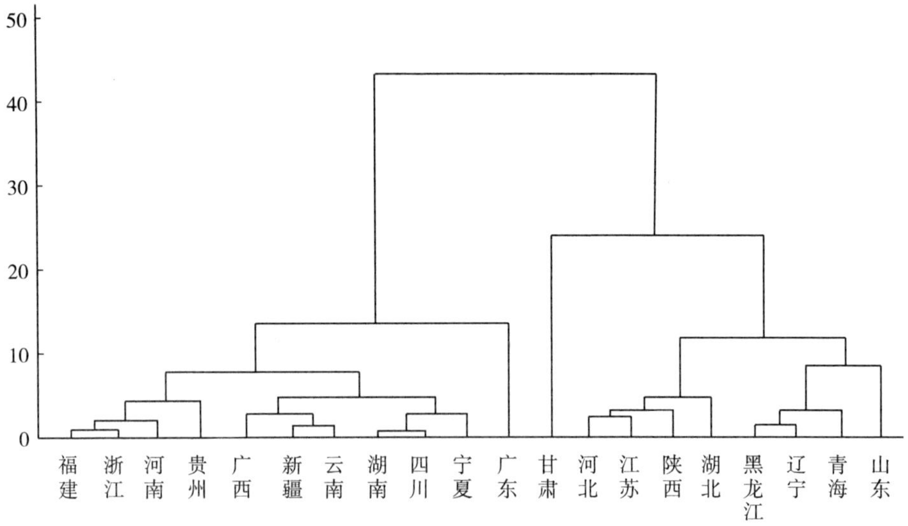

图 5-2　2017 年 20 个省区市场导向型农业经营主体结构的系统聚类图

表 5-2　农业经营主体结构的聚类结果

年份＼类别	Ⅰ类	Ⅱ类	Ⅲ类	Ⅳ类
2010 年	福建、河北、湖北、河南、辽宁、青海、陕西	甘肃、新疆、贵州、云南、四川、广东、广西、湖南	黑龙江、宁夏、山东、浙江	江苏
2017 年	甘肃	广东	河北、江苏、陕西、湖北、黑龙江、辽宁、青海、山东	福建、浙江、河南、贵州、广西、新疆、云南、湖南、四川、宁夏

表 5-3　农业经营主体结构的聚类结果与均值分析

类别	2010 年						2017 年					
	NQS	HZSS	NQDD	HZSDD	RJCZ	RJSR	NQS	HZSS	NQDD	HZSDD	RJCZ	RJSR
Ⅰ	0.15	5.14	0.16	0.07	11 551.34	2 872.15	0.32	59.59	0.08	0.21	7 589.49	3 556.20
Ⅱ	0.11	2.37	0.14	0.06	8 846.41	2 395.44	0.24	12.67	0.13	0.04	8 583.31	4 118.60
Ⅲ	0.25	8.87	0.20	0.13	12 094.92	3 531.79	0.35	36.61	0.29	0.33	12 432.47	5 257.24
Ⅳ	0.11	12.57	0.32	0.20	13 852.68	3 215.02	0.45	22.78	0.33	0.14	10 523.19	5 041.53

1. 整体情况分析

通过2010年、2017年的聚类结果可知，第Ⅰ类省区的农业龙头企业和合作社的数量较多，但农业企业的带动能力弱，合作社的带动能力总体也较弱。第Ⅱ类省区的农业龙头企业和合作社的数量都较少，带动农户能力也较弱；第Ⅲ类省区的农业龙头企业和合作社的数量多，带动农户能力好；第Ⅳ类省区的农业龙头企业和合作社的数量较多，带动能力较好。

进一步分析这四类省区的农业产业化经营绩效，不难发现，第Ⅰ类省区的人均农民家庭经营性收入均值和人均农业总产值排名均为末位；第Ⅱ类省区的人均农民家庭经营性收入均值和人均农业总产值均排名第三；第Ⅲ类省区的两个农业产业化经营绩效指标综合排名第一；第Ⅳ类省区的两个农业产业化经营绩效指标综合排名第二。由此可见，市场导向型农业经营主体结构对农业产业化经营绩效具有正向作用。

更进一步地，相较于农业经营主体的数量规模，其辐射带动能力对农业产业化绩效的影响更大。以第Ⅳ类省区为例，2010年该类省区的农业龙头企业和合作社的数量排名分别为第4、2名，2017年该类省区的农业龙头企业和合作社的数量分别位列第1、3名。总体而言，该类省区的农业经营主体规模排名较为落后。与农业经营主体的数量规模排名形成反差的是，该类省区农业经营主体的辐射带动能力较强，2010年和2017年该省区的农业龙头企业和合作社带动能力排名均为第2位。2010年和2017年该类省区的农业产业化绩效排名与其农业经营主体带动能力排名较为相似，均排列在前2名。

另外，省级行政区农业产业化经营绩效并不存在明显的地理分布上的东中西部差异。例如：2010年东部地区的福建省、中部地区的河南省、西部地区的陕西省同属于第Ⅰ类省区，农业产业化经营绩效低；2017年东部地区的河北省、中部地区的湖北省、西部地区的青海省都处于第Ⅲ类省区，农业产业化经营绩效较高。

2. 各地区变化差异分析

总体而言，我国农业经营主体结构趋于优化和收敛状态。与2010年相比，2017 年农业经营主体结构的各指标均值都有所增加，表明农业企业和合作社的规模不断扩大，二者的辐射带动能力持续增强，农业产业化绩效也稳步提升。

从具体省区来看，经营主体结构主要呈现三种发展态势。第一，一部分省区的经营主体结构水平呈下降趋势。例如安徽、河北、湖北、江西、陕西这五个省区，三年聚类均落在第Ⅰ类。农业经营主体结构综合排名逐年下降，特别是农业企业的数量和带动能力的下降幅度较为明显。第二，某些省份农业经营主体结构呈现逐渐向好的发展态势。例如，江苏省 2010 年位于农业经营主体结构综合实力较强的第Ⅳ类省区，到 2017 年时，跃升至农业经营主体结构综合实力最强、农业产业化绩效最高的第Ⅲ类省区。第三，一部分省份一直保持原先的状态。一些省份是保持原有的低迷水平，例如，广东省两年的农业经营主体结构排名均排在末位，并没有明显的改善。同时也有一些省份 2010—2017 年的农业经营主体结构排名一直稳居前列，无论是农业经营主体的规模还是带动能力均表现优异，例如黑龙江省和山东省。

5.5 影响农业产业化经营绩效的因素分析：对聚类结果进一步的解释

从上述聚类分析结果可以看出，市场导向型农业经营主体结构正向影响农业产业化经营绩效。为进一步测量各因素对农业产业化经营绩效的影响，验证上述假设和推断，本研究构建如下两个多元回归模型进行分析。

模型Ⅰ：

$$ZCZ=\alpha+\beta_1 NQS+\beta_2 NQDD+\beta_3 HZZS+\beta_4 HZSDD+\beta_5 Market+\beta_6 Land+\beta_7 Asset+\beta_8 Labor+\mu$$

模型Ⅱ：

$$JYSR=\alpha+\beta_1 NQS+\beta_2 NQDD+\beta_3 HZZS+\beta_4 HZSDD+\beta_5 Market+\beta_6 Land+\beta_7 Asset+\beta_8 Labor+\mu$$

对上述模型进行逐步回归分析，得出的回归结果见表 5 - 4。

表 5-4 2010 年、2017 年多元回归结果

变量	2010年		2017年	
	ZCZ（模型Ⅰ）	JYSR（模型Ⅱ）	ZCZ（模型Ⅰ）	JYSR（模型Ⅱ）
NQS	0.421	0.271	−0.318	−0.085
NQDD	0.676***	0.445	0.044	−0.112
HZSS	−0.426	−0.119	−0.350**	−0.043
HZSDD	−0.220	−0.241	0.340**	0.064
Market	0.182	0.523	0.359**	0.394
Land	0.028	0.197	0.727***	−0.184
Asset	0.366*	0.250	0.371*	0.728**
Labor	0.731**	0.229	−0.271	−0.186
Adj. R^2	0.805	0.666	0.84	0.497
F 值	10.79***	2.74*	7.19**	1.361*
Durbin-Watson	2.07	1.119	2.556	1.514

注：*、**、***分别代表 $P<0.1$、$P<0.05$、$P<0.01$ 的显著性水平。

从表 5-4 的回归结果看，2010 年和 2017 年的省级以上的农业龙头企业数与人均农业总产值和人均家庭经营性收入的关联性不显著，假设 1.1 没有得到支持。这可能与各省级农业龙头企业综合实力参差不齐有关。虽然中国政府为了兼顾地区经济发展的不平衡和农产品生产的异质性，针对东中西部地区以及种植养殖部门设定了不同的省级龙头企业认定标准。然而，受农业部给各省下达省级龙头企业数量指标的影响，加上国家扶持资金的制约，各地区的省级农业龙头企业综合实力差距较为明显，对农业产业化经营绩效贡献程度有所不同。因此，一个地区的省级以上农业龙头企业数量越多，其农业产业化经营绩效并不一定会越好。2010 年数据的回归结果显示，省级以上的农业龙头企业带动能力对人均农业产值具有显著的正向影响（$\beta=0.676$，$P<0.01$），但 2017 年省级以上的农业龙头企业带动能力对人均农业总产值没有显著影响。这可能是由于伴随农业功能的拓展，越来越多的农业企业涉入旅游休闲等领域。2010 年、2017 年的省级以上的农业龙头企业带动能力与农民的人均家庭经营性收入关联性不强。这或许是因为弱小农户的经济利益难以得到有效保护。政府扶持农业

龙头企业的初衷是借助农业龙头企业来扶持农民，然而，公司与农户双方地位的非对等性使得合作剩余的分配更多地偏向公司方，公司侵占农户利益现象屡见不鲜（万俊毅、欧晓明，2010；王亚飞等，2014），农户的家庭经营性收入难以在双方的合作中得到显著的提升。这也是当前政府扶持政策从“扶持龙头企业”转向“扶持合作社和家庭农场”的原因所在。

2010 年，合作社数量和合作社带动能力对人均农业总产值没有显著影响，而 2017 年合作社数量与人均农业总产值呈显著负相关，合作社带动能力与人均农业总产值呈显著正相关关系。这可能是由于随着中国农民专业合作社数量的井喷式增长，“翻牌、套牌、假牌”合作社现象普遍，有的合作社甚至成为农户获取国家政策扶持和财政补贴的攫利工具（崔宝玉等，2012），真正开展活动带动农户的合作社不多（潘劲，2011）。2010 年和 2017 年的合作社数量和带动能力对人均家庭经营性收入都没有显著的影响。究其原因在于，部分合作社正常开展活动，但由于内部治理不完善，盈余分配大多存在“内部人控制”问题（孙亚范、余海鹏，2012），大多数普通社员的利益往往被少数核心成员侵占，由此导致合作社数量多，带动农户多，但真正能惠及的成员微乎其微，难以显著提高农业产业化经营绩效。

对比 2010 年和 2017 年的实证结果显示，交易行为紧密性与人均农业总产值的关联性呈现不显著到显著的变化，但交易行为紧密性与农民家庭经营性收入间的关联性均不显著。假设 2 部分得到支持。这表明农业经营主体间紧密的交易行为更有助于农业总产值的提升。当前，农民大多以农地出租和入股分红的形式参与农业产业链，较少参与其他经营活动，这有助于增加农户的财产性收入（施海波等，2019；Meemken and Bellemare，2020），但对农户经营性收入的提升并不显著。近年来，农民虽与农业企业、合作社等新型农业经营主体逐渐形成愈发紧密的交易关系，农民逐步涉入到农业产业链中，但其往往涉足的是附加值较低的生产、初加工等环节，产后深加工及流通销售环节的参与少（韩庆龄，2020），能分享到的经营收入也较少。另外，市场导向型经营主体对农业产业化经营体系之外的农户可能产生挤出效应，或许对实证结果有一定的解释力。

控制变量中，2010 年数据结果显示，农业劳动力的人力资本和农业生产性固定资产与人均农业总产值显著正相关，土地与农业产业化经营绩效的关系不显著。2017 年数据的回归结果显示，土地、农业生产性固定资产与人均农业总产值显著正相关，农业生产性固定资产与农民经营性收入显著正相关，农业劳动力的人力资本与农业产业化经营绩效的关系不显著。

5.6 研究结论与政策含义

实证研究结果表明，2010 年和 2017 年各地区的市场化经营主体规模对农业产业化经营绩效的影响不显著，2017 年的合作社数量对人均农业总产值具有显著负向影响；农业经营主体的带动能力对农业产业化经营绩效的正向影响只有部分显著，其中 2010 年农业企业带动农户的能力对农业总产值有显著的正向影响，2017 年合作社的带动能力对农业总产值有显著正向影响；农业市场化经营主体结构与农民人均经营性收入的关系不显著；农业经营主体间的交易行为越紧密，人均农业总产值越高。总体而言，市场导向型农业经营主体结构及其交易行为紧密性对农业产业化经营绩效具有正向作用。

对各地区政府而言，一方面要积极培育和扶持市场导向型农业经营主体，增强市场导向型经营主体的生存能力，提高市场导向型经营主体带动农户增收、促进农业产业化发展的能力；另一方面要充分发挥市场导向型经营主体引领农业产业化发展的作用，引导市场导向型经营主体有效调整农产品结构，适应消费结构升级和需求多样化的趋势，从而提高农业产业链的有效供给水平。此外，要大力推动农业经营主体基于各自的禀赋优势参与产业链纵向协作，建立稳定的利益联结机制，形成紧密的交易关系；注重多功能协调，因地制宜发展农村产业，提高农业经营效益，带动农户增收，推进农业产业化的发展。

6 实证研究Ⅱ：基于微观数据的农业经营主体联盟类型、治理机制与经营绩效[①]

治理机制是农业产业化联盟组织有效运营的关键，其完善程度影响经营绩效。本章基于中国 4 省 12 市 238 家农民合作社的访谈问卷数据，探究以合作社为纽带的产业化联盟的类型、治理与绩效之间的关系。

6.1 农业经营主体之间的联盟机制极为重要

农民合作社作为农业生产者自愿组建的自治联合体，在促进农民增收和农业增效方面成效明显，是推动中国脱贫攻坚、现代农业发展和乡村振兴的重要载体。自 2007 年政府大力支持以来，合作社数量呈现快速增长态势。截至 2018 年年底，依法登记的合作社数量已达到 217.3 万家，比 2007 年的 2.6 万家增加 82.58 倍，实际入社农户数约占全国农户总数的一半[②]。与此同时，在合作社基础上衍生出多种形式的联盟类型，原生型的"合作社＋农户"、次生型的"公司＋合作社＋农户"和农业产业化联合体等共同发展。然而，合作社发展质量和绩效却难如人愿，普遍存在社员"搭便车"、治理不善（刘秀玲、朱文涛，2015）、产业附加值低和竞争能力弱（Huang and Liang，2018）等问题，制约了合作社功能的发挥。经济组织有效发挥作用离不开良好的治理机制（Williamson，1996）。合

① 该章内容的修改稿，以论文"合作社类型、治理机制与经营绩效"发表于《中国农村经济》2020 年第 2 期。

② 2007 年和 2018 年合作社数量数据分别来自 2008 年《中国农业年鉴》和国家市场监督管理总局官网。入社农户数据估算主要参考安徽财经大学和中华合作时报社 2018 年 12 月联合发布的《中国合作经济发展研究报告（2018）》，该报告指出：截至 2018 年 10 月底，合作社数量达到 214.8 万家，实际入社农户数约占全国农户总数的 48.5%。

作社如何有效完善治理以提升经营绩效，对推动其高质量发展和促进乡村振兴具有重要意义。

学界已围绕合作社治理与绩效问题展开广泛探讨，但主要借鉴公司治理理论考察内部治理结构对绩效的影响（Grashuis and Su，2019），从合作社与社员的交易关系视角探讨治理机制作用于经营绩效的研究不多，同时考察合约治理和关系治理影响效应的文献更是少见。已有研究相对忽视了两种治理机制共同作用可能存在的替代或互补效应，而且研究方法多为理论分析和案例研究，缺乏实证数据的检视支撑。合作社经营成败的关键不在于组织架构，因为正式的组织结构和形式容易被模仿复制，影响组织成败的关键更在于治理机制（万俊毅，2008）。合约和关系治理对绩效的影响已在非农生产外包、供应链、项目合作研发等联盟领域得到广泛论证，但两者较强的情境依赖性使得研究结论不尽相同。鉴于中国乡村情境和农业产业特性，合作社的合约治理、关系治理与经营绩效之间是否存在独特的作用路径呢？

在合作社治理机制选择方面，既有研究主要从总体视角探讨合作社交易类型（崔宝玉、刘丽珍，2017）和交易关系（傅琳琳等，2016）对治理机制的影响，只有少部分学者开始探讨某一类型合作社的治理选择（黄胜忠、伏红勇，2019），鲜有文献探讨合作社联盟类型对治理机制的影响。尽管组织形式并非合作社高质量发展的决定性因素，然而联盟主体是组织有效运作的载体，不同类型合作社隐含的生产和交易属性、社会关系网络以及风险水平等迥异，极有可能影响治理机制的选择。本书依据合作社成长时序和主导型主体的性质，把以合作社为纽带的产业化联盟分为原生型合作社、公司从属型合作社和公司主导型合作社①。

① 现有文献主要依据主导主体性质划分合作社的联盟类型，以此突显组织性质与合作特征（陆倩等，2017），但受农业产业特性和主体异质性影响，各类经营主体的要素禀赋优势、参与动机与利益诉求存在明显差异，即使不是主导主体也很可能影响其缔结联盟的性质与行为，因而需要考虑参与主体性质。专业大户和家庭农场本质上是经营规模较大的农户（孔祥智，2014），中国农业经营主体主要包括农户、合作社和农业企业。其中，农业企业作为纯粹的营利性组织，具有较强的市场经营实力，使得其参与的次生型“公司＋合作社＋农户”联盟的性质明显不同于仅由农户组建的原生型合作社。鉴于此，本书基于合作社的成长时序和主导主体性质将联盟类型划分为原生型合作社、公司从属型合作社和公司主导型合作社。

已有学者研究合作社联盟类型与绩效的关系（杨军，2014），但极少关注治理机制在其中的作用。鉴于此，本章基于 4 省 12 市的合作社调研数据，探寻合约治理、关系治理与合作社绩效之间的内在作用机制，进一步考察联盟类型对治理机制的影响。

6.2 联盟类型、治理机制和经营绩效的研究回顾

6.2.1 合作社的联盟类型与治理机制

不同合作社联盟的交易特征、关系特性以及治理问题等不尽相同，使得成员行为（蒋永穆、高杰，2013）和合作社绩效（杨军，2014）呈现明显差异，这无疑影响到治理机制的运用。黄胜忠和伏红勇（2019）运用博弈分析方法探讨公司领办型合作社的治理机制选择，发现公司社员与农户社员存在“信任困境”，需要依据合作社不同发展阶段的关系程度组合使用关系和合约治理机制。然而，合作社联盟类型与治理机制的关系还未受到应有的关注。

合约治理是通过正式的准则和程序来明确规定交易双方的权利、义务以及行为边界，并且明确描述出对未来可能会发生的情况以及争端的相应解决方式（Poppo and Zenger，2002）。关系治理则主要使用关系规范或者对关系性的预期来抑制投机行为（Lusch and Brown，1996）。基于不同交易情境和理论基础，两者可以划分为不同的结构维度。例如，既有文献基于功能视角将合约治理解构为合约控制、合约协调（Lumineau and Henderson，2012），也有学者从合约签订与执行视角提炼为合约详细性、合约履行严格性（Huo et al.，2016）；万俊毅（2008）基于“公司+农户”视角把关系治理解构为信任、沟通、互惠和声誉；Benítez - Ávila 等（2018）则将私营和公共组织之间的关系治理划分为关系规范和信任。

合约治理和关系治理在内涵、维度、特性等方面存在诸多差异，具有不同的治理功效，主体需要依据交易情境相机选择。企业联盟选择两者的影响因素已经得到广泛的论证，主要包括交易特征、交易模式和制度环境等情境（万俊毅、敖嘉焯，2013）。然而，受具体交易情境和理论模型应

用等影响，相关研究并未取得一致性的结论。例如，Zhou 和 Poppo（2006）研究制造企业供应链的合作关系，指出环境不确定对关系治理具有显著的促进作用。而 Wacker 等（2016）对 987 个工厂样本的研究发现，环境不确定性会抑制关系治理，但能显著增进合约治理。不过，探究合作社联盟选择合约和关系治理机制的文献较少。由于内嵌于农村社会网络，中国合作社的成长必定依赖于关系治理（刘同山、孔祥智，2013）。现实中合作社与社员之间存在的多种交易关系也会影响治理选择，与外围社员买卖交易的治理以商品合约占主导，与积极社员重复交易的治理偏向于关系治理，与核心社员长期交易治理则重视要素合约（崔宝玉、刘丽珍，2017）。

6.2.2 合作社治理机制与经营绩效

研究合作社绩效影响因素的文献浩如烟海，主要围绕治理结构（Grashuis and Su，2019）等内部组织特征和政府政策（苏群等，2019）等外部环境展开讨论，广泛认可治理机制对合作社绩效的重要性。但现有研究主要探讨关系治理对合作社绩效的影响，较少考察合约治理、关系治理与合作社绩效之间的关系，而且缺乏大样本数据的实证检验。例如，杨灿君（2016）对能人领办型合作社的案例研究发现，社长借助信任、沟通和声誉等关系治理行为能够有效规范和约束社员行为，保证合作社的合作效益，但也容易出现关系权威取代理性权威、监督功能弱化和利益分配差序化等问题。

受交易特征复杂、交易情境易变、合约不完全和交易的社会嵌入等因素影响（万俊毅等，2014），经济组织一般同时运用合约治理与关系治理进行联合治理（Bradach，1997）。因理论模型、研究情境或取样方法的不同，非农联盟领域合约治理和关系治理的替代互补关系和影响效应尚未取得一致认识（Cao and Lumineau，2015）。例如，Lu 等（2015）对工程项目的研究表明，合约治理和关系治理既能直接促进项目绩效，又能通过相互促进而间接提升项目绩效，两者具有互补关系。Abdi 和 Aulakh（2017）对跨境合伙企业联盟的研究则发现，两者的替代互补关系主要取决于不确定性的来源，行为不确定性驱使两者成为互补关系，环境不确定性则使得两者具有替代关系。鲜有文献探讨合约治理对合作社绩效的影响，极少研究同时涉及合约治理、关系治理对合作社经营绩效的影响，以致合约治理和关系治理作用于合作社绩效的机制尚未明晰。合作社兼有企业和社员共同体的双重属性，既如企业那样天生具有追求利益最大化的激励，又有为社员创造利益的内在要求，加上农业生产是自然再生产和经济再生产相互交织的过程，其对合约治理和关系治理的选择以及两种治理机制的影响效应可能迥异于非农联盟。因此，极有必要基于调研数据，探寻合作社的联盟类型、治理机制与经营绩效之间的关系以及其中的作用机制。

6.3 理论分析与研究假设

6.3.1 合作社联盟类型对治理机制选择的影响

交易费用经济学理论认为，组织形式实际是交易各方基于“交易费用最少的交易形式最有效率”的原则，依据交易特性尤其是资产专用性相机选择的结果（Williamson，1985）。受组织能力和农户弱质性等影响，原生型合作社往往局限于提供较低层次的生产服务；公司从属型合作社大多由合作社领办，通常涉足简易的农产品加工和流通环节，资产专用性有所增加；公司主导型合作社多数是由公司对接甚或领办合作社，旨在保障原材料稳定供应和获取全产业链价值增值，通常需要在技术设备等方面进行较多专用性投资。因此，就资产专用性投资而言，原生型合作社、公司从属型合作社、公司主导型合作社依次递增。较高的资产专用性容易诱发“敲竹杠”等机会主义行为，产生更大的合作风险，更需要强化治理机制以保驾护航（Wan et al.，2019）。

合约治理和关系治理具有不同的作用特征与适应性。关系治理的治理效应主要取决于双方的关系质量。研究表明，先前的业务联系强度（Bstieler and Hemmert，2015）和跨边界管理人员间的良好私人关系（Dong et al.，2017）能够显著促进联盟的关系治理。乡村熟人社会网络使得不少成员在合作社成立之前已存在良好的社会互动和情感关系。但相较而言，关系质量在原生型、公司从属型和公司主导型合作社中依次弱化。这是因为原生型合作社只有农户成员，社员相似性较高，容易形成良好的情感关系；公司的参与会增强社员异质性问题，不利于情感的培养与维护，而后者中公司的实际控制人一般为返乡创业者甚或是外地人，与农户社员的关系基础相对薄弱且存在悬殊的讨价还价力量。因此，这三类合作社的关系治理水平很可能会依序下降。但是，它们的合约治理程度更倾向于依次提升。这是因为，关系治理具有强制力不足和边际成本递增特性，三者的专用性投资及其隐含的合作风险按序增强而关系质量却依次减弱，使得关系治理逐渐力不从心，更需要强化具有权威约束力且边际成本递减的合约治理。案例研究表明，合作社顺利成长离不开关系治理，但需要将其适度制度化，因为关系治理是成长的社会基础，合约治理是组织成长的制度保障（刘同山、孔祥智，2013）。崔宝玉和程春燕（2017）基于交易成本分析框架指出，契约治理最终会成为合作社的主导治理机制，因为其治理成本随着合作社规模的扩大而不断降低，而关系治理则相反。据此，本研究提出：

H1：联盟类型会影响合作社的关系治理，关系治理在原生型、公司从属型和公司主导型合作社的运用程度依次降低。

H2：联盟类型会影响合作社的合约治理，合约治理在原生型、公司从属型和公司主导型合作社的运用水平依序强化。

6.3.2 治理机制对合作社经营绩效的影响

1. 关系治理与经营绩效

关系治理具有协调和激励功能，能够促进专用性投资（Wan et al.，2019），增强合作稳定性，提高交易绩效（黄梦思、孙剑，2016）。得益于乡村社会熟人关系网络，合作社具有适用关系治理的天然优势。合作社借助信任、沟通和声誉等关系治理手段，既能降低信息不对称性，约束机会主义行为，提升产品质量安全水平，又能增进合作信心，减少交易成本和促进专用性投资，进而提升合作社经营绩效。研究表明，合作社内部信任有助于促进社员间的资源共享，抑制机会主义行为，增强农产品质量安全的控制效果（钟真等，2016），显著提高合作社的经济和非经济绩效（邵慧敏、秦德智，2018）。据此，可提出：

H3：关系治理对合作社经营绩效具有正向作用。

2. 合约治理与经营绩效

合约治理可以显著抑制机会主义行为，增进关系绩效和满意度（Cao and Lumineau，2015），提升合作绩效（Lu et al.，2015）。合作社通过制定精细的合约条款，明确双方的权利与义务，载明产品生产规程与质量要求、利益分配方式以及违规惩罚机制等相关内容，既能提高社员质量安全生产意识与能力，增进合作社产品质量溢价，又有助于社员了解合作社的交易期望，减少误解和冲突风险，还能为第三方（如法庭）验证提供依据，增强合约的监督和激励功能，增进社员合作投入，这显然有利于降低交易费用，增强盈利能力，提高合作社经营绩效。研究表明，合约条款本质上具有科层制治理的影响效应（Stinchcombe，1985），偏向科层制的交易治理机制能够显著增强社员控制和保障产品质量的行为（Kirezieva et al.，2016）；二次返利的实施能增进社员认同感，显著提升社员履约率、农产品质量和合作社收入（吴欢等，2018）。由此，可提出：

H4：合约治理对合作社经营绩效具有正向作用。

合作社尽管拥有实施关系治理的天然优势，但受人际关系复杂、交易情境不确定性等影响，合作社的关系治理也难以摆脱约束力不足和稳定性不强的困境，不利于关系治理的持续发展与功效发挥。合约治理恰能弥补关系治理的不足，促进关系治理的形成与发展，强化关系治理效果。首先，合约治理的契约条款代表相互间的一种长期承诺，能够增进合作双方的信任，增强关系治理（Huber et al.，2013）；其次，合约的缔结与执行有助于双方沟通，增进相互了解和信任，促进关系治理的提升；最后，合约治理能够减少短期获利行为，促进交易双方建立和维持长期合作关系，提高关系治理的有效性（万俊毅、敖嘉焯，2013）。胡平波（2013）基于数理推导的研究表明，合作社正式制度的不断完善能够显著提升声誉制度的激励效果。Lu等（2015）对工程项目的研究亦发现，合约治理对关系治理具有显著的促进作用。结合前述假设 4 的理论分析，可提出以下假设：

H5：合约治理对关系治理具有正向影响。

H6：关系治理在合约治理与合作社经营绩效之间起中介作用。

基于上述理论分析与研究假设，本研究建立的概念模型如图 6-1 所示。

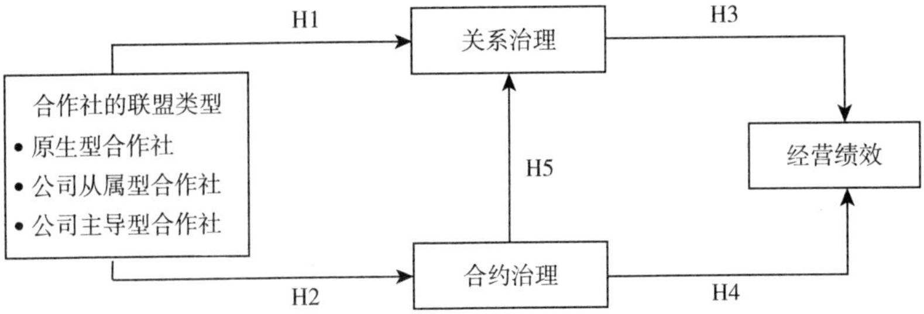

图 6-1　概念模型

6.4　研究设计

6.4.1　数据收集及样本特征

本章数据主要源于课题组 2018 年 7 月至 2019 年 1 月对广东省、江西省、广西壮族自治区和贵州省的合作社理事长或主要负责人的访谈问卷。为增强样本代表性和有效性，基于东中西部地区差异和实地调研可行性，课题组选取来自中国东中西部地区的 4 个省份 8 个地级市为调研区域，并通过网络收集各级别示范社以及政府网站涉及有实质运行的合作社名单进行随机抽样，以此避免空壳虚假合作社的干扰。此外，由于调研期间恰逢学院承办广东省和贵州省黔南州的多个合作社青年骨干培训和新型职业农民培训班，课题组分别随机抽取了 15 家和 10 家合作社样本，使得广东省调研区域扩展到惠州市、茂名市、中山市、韶关市和汕头市这 5 个地级市。为提高问卷数据获取质量，课题负责人带领研究团队 7 名经过系统培训的研究生采取实地考察和多对一问卷访谈方式获取数据，只有极少部分合作社未能实地调研。同时，课题组还通过录音校对和电话回访方式，对问卷个别遗漏问题或逻辑错误信息进行修正或补充。此次调研一共收回

309份合作社问卷，剔除虚假合作社以及关键变量信息缺失或逻辑有误而无法回访确认的合作社，最终得到来自4省12地级市的238家有效样本合作社，具体统计特征如表6－1所示。

表6－1　样本合作社统计特征（N＝238）

合作社特征	选项	频数	比例（%）	合作社特征	选项	频数	比例（%）
联盟类型	原生型合作社	95	39.92	理事长持股比例	≤30%	84	35.29
	公司从属型合作社	72	30.25		30%～60%	70	29.41
	公司主导型合作社	71	29.83		＞60%	84	35.39
成立年限（年）	≤2	19	7.98	社员数量（个）	≤50	49	20.59
	2～5	48	20.17		50～100	58	24.37
	5～8	67	28.15		100～150	72	30.25
	8～11	98	41.18		150～200	25	10.50
	＞11	6	2.52		＞200	34	14.29

6.4.2　变量测度

1. 联盟类型

首先依据合作社是否有长期合作的公司伙伴将合作社分为原生型合作社和“公司＋合作社＋农户”的次生型合作社。然后根据合作公司的身份识别“公司＋合作社＋农户”的主导主体。如果公司是以合作社名义创办或者是理事长成立合作社之后再创立的，则属于公司从属型合作社。如果合作社是由公司领办或与公司只有订单合作关系则属于公司主导型合作社，这是因为在农产品买方市场下，实力相对雄厚的公司往往会主导订单合作关系。

2. 关系治理

尽管现有学者对关系治理的维度解构不尽一致，但基本都涉及信任和沟通交流维度。考虑到中国乡村社会网络相对封闭且“面子文化”浓厚，声誉机制能发挥良好的治理作用，因此将合作社关系治理划分为信任、沟通和声誉三个维度。参照 Lee 和 Kim（1999）及万俊毅等（2014）的量表，结合合作社运行与治理特征，设置了 13 个题项。

3. 合约治理

组织间联盟的合约治理已有成熟的测量量表，但主要侧重考察合约条款的详细程度和执行严格性。现实中，受农村社会熟人关系网络和农民法律素养较低的影响，合作社和农户的合约条款大多避繁就简，相对粗糙，甚至会采用口头合约，真正发挥治理作用的是涉及双方合作成本与收益的产品质量要求和剩余结算方式条款。为此，本研究将合作社合约治理解构为质量管控强度和剩余结算激励性两个维度。根据质量管控内容和方式，质量管控强度由生产要素购买和使用要求、质量管控能力和意愿强化 4 个子指标衡量。剩余结算激励性则依据合作社与社员的利益联结环节，分为生产服务结算激励、产品交易结算激励和盈余分配激励 3 个子指标。为增强合约治理衡量的科学性，利用能避免主观误差的熵权法对 7 个子指标进行赋权，通过加总得到合作社的合约治理指数。

4. 经营绩效

受区域发展水平和产品特性影响，以货币衡量的不同合作社经营利润和社员收入的可比性较低，因而采用相对性指标衡量经营绩效。综合借鉴刘滨等（2009）和刘洁等（2016）的研究，运用合作社近两年经营情况和赢利能力、社员收入纵向变化以及与非社员的横向比较情况予以测度。

5. 控制变量

组织特征是影响其行为输出与结果的重要因素。为避免模型设定偏误，将合作社成立年限、组织规模和理事长持股比例作为合作社组织特征变量加以控制。各变量具体定义和统计特征见表 6-2。

表 6-2 变量定义和统计特征

变量名称	变量含义及赋值	均值	标准误
联盟类型	原生型合作社＝0，公司从属型合作社＝1，公司主导型合作社＝2	0.899	0.831
关系治理	包括信任、沟通和声誉 3 个维度，设计李克特 5 级量表予以测量	4.289	0.444

（续）

变量名称	变量含义及赋值	均值	标准误
合约治理	以下7个指标评价的加权加总： （1）质量管控强度 ①要素购买要求：肥料/饲料和农药/疫病防治药物的购买要求得分均值（无要求=1；简单要求=2；指定类型=3；统一供应=4，追求高品质而不使用=5）； ②要素使用要求：化肥/饲料和农药/疫病防治药物的购买要求得分均值（无要求=1；简单要求=2；遵循质量认证相关标准=3；合作社统一施用=4，追求高品质而不使用=5）； ③质量管控能力强化：是否制定生产规程、开展技术培训、生产指导（否=0；是=1，3个0～1变量评价加总）； ④质量管控意愿强化：是否采取生产监督、违规惩罚、质量抽检和质量奖励措施（否=0；是=1，4个0～1变量评价加总） （2）剩余结算激励性 ①生产服务结算激励：是否提供优惠的种苗/种禽、肥料/饲料和农药/疫病防治药物的采购以及优惠的农业机械服务（否=0；是=1，4个0～1变量评价加总） ②产品交易结算激励：不收购社员产品=0；随行就市收购=1；保底价收购=2；固定价或市场价+附加价=3 ③盈余分配激励：无盈余分配=0；仅按股份分配=1；股份分红为主，交易量为辅的分配方式=2；交易量分红为主的分配方式=3	1.984	0.608
经营绩效	以下4个指标的评价加总： （1）组织绩效 ①合作社盈利能力与同行相比：无盈利空间=1；差很多=2；差一些=3；差不多=4；好一些=5；好很多=6； ②合作社近两年经营状况：无盈利空间=1；经营困难，亏损较多=2；经营较差，基本没有什么盈利=3；经营一般，略有盈余=4；经营较好，效益明显=5 （2）社员绩效 ①社员生产收入与非社员生产收入相比：低很多=1；低一些=2；差不多=3；高一些=4；高很多=5； ②近三年社员生产收入增长情况：降低很多=1；降低一些=2；基本没变化=3；增加一些=4；增加很多=5	16.466	2.825
成立年限	截至2018年，合作社成立年限：2年及以下=1；2～5年=2；5～8年=3；8～11年=4，11年以上=5	3.101	1.014
组织规模	以社员数量表征：50户及以下=1；50～100户=2；100～150户=3；150～200户=4；200户以上=5	2.735	1.296
理事长持股比例	理事长持股比：30%及以下=1；30%～60%=2；60%以上=3	2.000	0.842

6.5 数据分析与结果

6.5.1 量表的信度和效度检验

关系治理是二阶因子变量，主要依据成熟量表测量，因而运用SmartPLS 3.0软件进行二阶因子验证性分析。结果显示，关系治理总量表的*Cronbach's α*值为0.867，各分量表的*Cronbach's α*值均介于0.74～0.82，复合信度*CR*值都处于0.83～0.89，均远大于临界值0.50，表明量表具有良好的内部一致性，信度水平较高；所有变量测度项的标准因子负载都在0.5以上，各潜变量平均抽取方差*AVE*值均达到临界值0.5，说明变量测度指标的收敛效度较好（表6－3）。此外，每个变量*AVE*值的平方根（表中对角线上数字）均大于其与其他变量的相关系数，说明各变量之间的区分效度较为理想（表6－4）。

表6－3 信度和收敛效度分析

变量	测度项	因子负载	*AVE*	*CR*	*Cronbach's α*
信任	*TR*1	0.760	0.543	0.856	0.790
	*TR*2	0.778			
	*TR*3	0.719			
	*TR*4	0.739			
	*TR*5	0.686			
沟通	*CO*1	0.764	0.564	0.837	0.740
	*CO*2	0.726			
	*CO*3	0.824			
	*CO*4	0.682			
声誉	*RE*1	0.819	0.649	0.881	0.819
	*RE*2	0.824			
	*RE*3	0.846			
	*RE*4	0.729			

表 6-4 区分效度分析

变量	信任	沟通	声誉
信任	0.737		
沟通	0.405	0.751	
声誉	0.503	0.564	0.806

6.5.2 假设检验

关系治理、合约治理和合作社经营绩效水平属于有序变量，使用最小二乘法回归模型无法体现数据之间的排序关系，加上部分数据的误差项不服从标准正态分布，因而本研究选择有序 Logit 模型检验联盟类型、治理机制与绩效之间的内在关系。另外，为避免异方差问题的影响，使用稳健标准误进行估计。运用 STATA 软件对样本数据进行回归分析，结果如表 6-5 所示。每个回归模型的卡方检验（*Wald chi2*）均在 1%水平上显著，表明六个回归模型具有较好的拟合优度，结果可信度高。

表 6-5 有序 logit 模型估计结果（N=238）

变量	关系治理		合约治理	经营绩效	
	模型Ⅰ	模型Ⅱ	模型Ⅲ	模型Ⅳ	模型Ⅴ
成立年限	−0.283** (0.754)	−0.251** (0.778)	−0.073 (0.930)	−0.219* (0.804)	−0.161 (0.852)
组织规模	−0.125 (0.883)	−0.198** (0.821)	0.198** (1.219)	0.088 (1.092)	0.122 (1.130)
理事长持股比例	−0.180 (0.835)	−0.201 (0.818)	0.048 (1.049)	0.198 (1.219)	0.259* (1.295)
关系治理					0.675** (1.963)
合约治理		0.504** (1.655)		1.491*** (4.440)	1.433*** (4.193)
联盟类型					
公司从属型	−0.225 (0.799)		0.930*** (2.534)		

（续）

变量	关系治理		合约治理	经营绩效	
	模型Ⅰ	模型Ⅱ	模型Ⅲ	模型Ⅳ	模型Ⅴ
公司主导型	−0.230 (0.795)		0.984*** (2.675)		
*Wald chi*2	13.72	16.48	25.32	54.66	59.04
Prob>*chi*2	0.017 5	0.002 4	0.000 1	0.000 0	0.000 0
Pseudo R^2	0.008 1	0.012 0	0.009 9	0.054 4	0.059 8

注：***、**、*分别表示估计结果在1%、5%和10%的水平上显著；系数下方括号内数值为变量的优势比（Odds Ratio）；联盟类型以原生型合作社为基准组。

1. 合作社联盟类型与治理机制的关系

模型Ⅰ考察的是联盟类型对关系治理的影响。实证结果表明，联盟类型对关系治理的影响在10%置信水平下不显著，这意味着各类合作社的关系治理水平不存在显著性差异，假设1得不到验证。进一步对比原生型、公司从属型和公司主导型合作社的关系治理平均水平发现，三者的平均值都处于高位且相差无几，分别为4.34、4.24和4.27（满分5），这说明在中国关系导向的乡村社会网络中，各类合作社都非常重视发挥关系治理的作用。值得注意的是，尽管公司从属型和主导型合作社的系数没有通过10%的显著性检验，但是估计系数均为负数，这意味着相较于原生型合作社，“公司＋合作社＋农户”这类次生型合作社的关系治理可能有所弱化。

模型Ⅲ检验的是联盟类型对合约治理的作用。结果显示，公司从属型合作社和公司主导型合作社的估计系数均在1%的置信水平显著为正，而且前者的优势比（Odds Ratio）低于后者，这表明与原生型合作社相比，这两类合作社的合约治理水平更高，但是公司主导型的增加幅度高于前者，这说明原生型、公司从属型和公司主导型合作社的合约治理程度依次增强，假设2得到支持。

2. 关系治理、合约治理与合作社经营绩效

模型Ⅴ是探讨关系治理和合约治理对经营绩效的直接影响效应。由模型估计结果可知，关系治理（β＝0.675，P＜0.05）和合约治理（β＝

1.433，$P<0.01$）均能显著促进合作社的经营绩效提升，假设3和假设4均得到验证。在保持其他变量不变的条件下，关系治理增加一个单位，合作社经营绩效提高的可能性将增加0.963倍，而合约治理增加一个单位，合作社经营绩效提高1个或以上等级的概率将增加3.193倍。由此可见，合约治理比关系治理对合作社经营绩效的促进作用更强。

借鉴Baron和Kenny（1986）的研究，采用中介效应检验的三步法考察关系治理在合约治理与合作社经营绩效之间的中介作用。第1步，运用模型Ⅳ检验合约治理对合作社经营绩效的影响，结果表明合约治理对合作社经营绩效具有显著的正向影响（$\beta=1.491$，$P<0.01$）。第2步，使用模型Ⅱ检验合约治理对关系治理的作用，结果显示合约治理能够显著促进关系治理发展（$\beta=0.504$，$P<0.05$），两者具有互补关系，假设5得到支持。第3步，在模型Ⅳ的基础上引入关系治理，构建模型Ⅴ同时考察两种治理机制对合作社经营绩效的影响。结果发现，合约治理的优势比由4.440下降到4.193，但系数依然正向显著（$\beta=1.433$，$P<0.01$），这表明在合约治理部分关系治理对合作社经营绩效具有中介作用效果。因此，假设6得到支持。

3. 稳健性检验

从两方面进行稳健性检验：①替换模型，运用最小二乘法OLS估计模型。由表6-6可知，核心变量的系数符号和显著性与有序Logit模型基本一致，说明研究结果具有较高的可信性；②替换变量，将合约治理替换为合作社是否签订书面合约，结果同样与前文一致，进一步证实了研究结果具有良好的稳健性。

表6-6 最小二乘法OLS模型估计结果（$N=238$）

变量	关系治理		合约治理	经营绩效	
	模型1	模型2	模型3	模型4	模型5
成立年限	−0.079***	−0.070**	−0.024	−0.294*	−0.236
组织规模	−0.032	−0.044*	0.060**	0.067	0.104
理事长持股比例	−0.045	−0.050	0.004	0.239	0.281

（续）

变量	关系治理		合约治理	经营绩效	
	模型 1	模型 2	模型 3	模型 4	模型 5
关系治理					0.840**
合约治理		0.091*		2.244***	2.167***
联盟类型					
公司从属型	−0.071		0.329***		
公司主导型	−0.085		0.381***		
调整后 R^2	0.055 3	0.047 0	0.093 3	0.248 9	0.262 4
F 值	2.72**	3.92***	5.91***	20.63***	17.86***

注：***、**、* 分别表示估计结果在 1%、5%和 10%的水平上显著；联盟类型以原生型合作社为基准组。

6.6 研究结论与政策启示

受经济主体逐利动机、农业高风险特性和中国乡村独特的关系型文化等影响，农业经营主体间的合作联盟面临错综复杂的交易治理问题，有效发挥合约治理和关系治理的治理功效至关重要。本章使用中国 4 省 12 地市 238 家合作社的访谈问卷数据，实证探讨联盟类型、治理机制与经营绩效之间的内在作用机制。研究发现：联盟类型对合作社的合约治理具有显著影响，合约治理在公司主导型、公司从属型和原生型合作社中的运用程度依次减弱，但关系治理机制在三类合作社的运用程度没有显著性差异；合约治理和关系治理机制对经营绩效均具有显著的促进作用，而且合约治理的作用效果更强；合约治理能够显著增进关系治理，关系治理在合约治理与经营绩效之间发挥部分中介作用。

本章研究的启示在于：一方面，治理机制是影响合作社经营绩效的关键因素，政府在扶持合作社发展过程中应当重视其治理问题，在各类培训中要着重提升合作社负责人的治理意识与能力，积极引导合作社不断完善治理机制，以此推动合作社自身绩效和带动能力的提升；另一方面，合作社的合约治理与关系治理具有互补关系，合作社负责人既要注重关系治理手段，更要重视发挥合约治理的功效，根据联盟组织的具体形式和交易情境，相机选择组合治理手段，以此促进合作社高质量发展。

7　专题研究Ⅰ：农业经营主体的合作博弈、行为偏差与风险防范

当前农业价值链日益为买方驱动和纵向一体化，基于要素禀赋的差异和产业链上的纵向分工，加入到产业化经营以寻求合作利益最大化是经营主体的共同需要。然而，受经济主体逐利动机、契约不完全性和农业双重风险的影响，加上乡村缺乏与契约治理相契合的法律环境，各类经营主体之间在合作博弈过程中容易出现行为偏差，制约了各类经营主体和农业产业化的健康发展，如何有效防范合作风险成为亟待解决的重要问题。

7.1　农业经营主体合作为何不易

伴随全球市场一体化趋势，农产品市场竞争日趋加剧，加上消费者对农产品的需求逐渐高品质化、个性化和多样化，农业竞争更多地表现为农业产业链的竞争，而产业链上各环节的顺利运作则需要各经营主体的分工合作，单一经营主体较难独自获得很好发展。理论上，受各种制度约束和主体异质性影响，各类经营主体相互拥有互补的资源禀赋优势，各方有效联结参与产业链纵向分工与协作，能够产生任何一方都无法获得的合作剩余。但现实中，各类农业经营主体的产业化合作却困难重重，普遍面临履约率有限的窘境。究其原因，主要有如下两方面。

第一，农业自然和市场双重高风险容易引致经营主体客观违约行为。农业生产与自然生命过程相互交织，具有较长的生产周期，难以摆脱自然灾害与疫病疫情等不可控的自然力量作用，与生俱来有较高的自然风险（万俊毅、欧晓明，2011）。家庭联产承包制虽然赋予农户农地承包权并释

放其生产经营的积极性，但是农户生产经营的弱质性尚未得到有效扭转，单家独户的农民往往囿于资金和技术等限制而难以有效规避自然风险。农业自然灾害具有类型多、季节性强和发生率高特征，对农业产出造成严重影响（龙方等，2011）。目前，自然灾害频繁侵袭以农业为主要经济来源的农民（张龙耀等，2019），影响了农产品生产的质量和产量，使得农户无法按照合同要求开展合作，进而造成客观违约。即便农户在产业化合作过程中能够获取农业企业和合作社等经营主体提供的防范疫病疫情的技术保障，而且假定在相同区域与同一家公司合作的农户能够将经营灾害控制到同一程度前提下，受农户迥异的种养技术和生产管理水平等影响，各类农户农产品的数量和质量仍存在较大差异，但合作农户均需按照同一的价格和交货标准履行合同，必定造成农户间盈亏（万俊毅，2009）甚至客观履约能力差异，进而导致当前或后续合同无法正常履行。

中国农产品市场发育一度相对迟缓，市场分割较为严重，具有较高的市场风险（万俊毅，2008）。分散经营的小农户难以有效把握消费者需求，容易出现信息不对称引致的盲目生产以及产量滞后于价格的调整引起的蛛网效应，造成“丰产不丰收”“谷贱伤农”等市场风险。相较于农户，农业企业在生产与加工技术、经营管理和市场开拓等方面具有较为明显的优势。以两者结合构建的“公司＋农户”为代表的农业产业化经营模式能够在一定程度上应对市场风险的冲击和国际竞争，是以呈现快速发展态势（周力、龙子研，2019），并被寄予厚望。然而，由于中国市场经济发展时间还不够长，扶持政策和法律制度等还不够完善，加上农业产业利润相对薄弱，农业企业经营规模和实力相对不高，抵御市场风险能力有限，难以在市场情形较差时按照合同约定价格和产量收购合作农户产品。据统计，在各地农业订单违约事件中，农户违约只是约占30％，而农业企业违约比例却高达70％，在一定程度上表明我国龙头企业的履约能力不足（万俊毅，2009）。

第二，经济主体逐利动机和农业契约特性极易引发主观违约风险。即便各合作经营主体均具备合作履约能力，仍然会出现人为的主观违约行为。受逐利目标驱使，经济主体在合作过程中有降低经营成本和增加合作盈余收入的激励以谋求利润最大化。如若缺乏有效的监督和约束机制，经营主体很可能在强烈的自我利益驱动下产生机会主义行为，例如节约成本和追求产量而降低产品品质、在市场价格较高时对外销售合同农产品等，另外还会竭尽全力争取获得更多的合作盈余分配。农业契约特性使得合作各方难以建立有效的合作保障机制，导致各类农业经营主体的机会主义动机容易演变为行为。首先，受经济主体有限理性、时间和精力的约束，加上农业生产复杂性和农产品经验性特征等影响，合作各方难以订立完备的契约，约束各方机会主义行为，而且精细完备合约的缔结成本高昂，因而各类经营主体的合作契约具有不完全性特征，存在责权界定不清的公共区间，为各方合作留下博弈空间。其次，农业生产经营具有较强的资产专用性，既需要投入农具器械等专用性资产，又面临生鲜农产品易腐易损特征伴生的较高储运产品专用性特性，为合作各方提供了"敲竹杠"的可能。最后，即便合作各方出现违反合约条款的显性违约行为，但受农户法律素养较低和乡村法制环境建设滞后影响，加上农户小规模分散经营的格局，势单力薄的农户难以借助法律维护自己的合作权益，而农业企业、合作社等经营主体运用法律惩罚小规模分散经营农户的违约行为会面临较高的成本，这使得农业合约难以发挥良好的约束作用。调研发现，不少农业企业和合作社负责人都认为，与农户签订的合作合约形同虚设，并没有发挥实质作用。这也是产业化龙头组织有时不愿与农户签订书面合约的原因所在。

7.2 农业经营主体的合作博弈与行为偏差

契约的不完全性（Grossman and Hart，1986；Hart and Moore，1990）为各类经营主体的合作留下了博弈空间，农产品的市场风险与农业行业固有的自然风险扩大了这一博弈空间，理性有限主体的机会主义动机（Williamson，1985）增加各方违约的可能性，加上中国农业产业化领域目前的市场信誉机制还欠完善以及法院难以惩罚违约方，致使各方合作博弈面临较大的主体行为偏差问题。

7.2.1 经营主体合作的博弈模型

中国农业经营主体类型较多，但从主体数量和市场影响力看，中国农业经营主体主要包括农户、合作社和农业企业，以及它们之间合作形成的几类融合型主体。由于农户具有农地承包权，加上农业生产具有土地强依赖性、要素投入间歇性、生产空间分散性以及种植过程复杂等特征，使得农业企业等经营主体难以有效集中土地进行规模化生产，而且无法有效配置与利用劳动力。因此，农户成为各类产业化经营组织的基本成员，主要负责农业生产。目前，中国农业产业化经营组织主要有“公司＋农户”“合作社＋农户”“公司＋合作社＋农户”这三种基本类型（张晓山，2006）。合作社联合社和产业化联合体属于新兴产业化组织形式，发展时间较短且数量相对有限。实质上，合作社联合社和产业化联合体也是由公司、合作社和农户这三类主体合作成立，只不过包含多个公司和合作社且组织制度存在一些差异，属于平台型融合主体。为便于深入探讨各类主体之间的合作博弈，本章只考虑“公司＋农户”“合作社＋农户”“公司＋合作社＋农户”这三种典型产业化经营组织，并聚焦考察不同组织形式中农户与龙头组织的合作博弈情况。

1. 龙头组织与农户的一般博弈模型

为保障农产品货源的数量和品质，农业企业和合作社等龙头组织大多与农户开展订单合作，农户根据规定品质要求进行生产，龙头组织按照约定价格进行收购。但是，受自然和市场风险等因素影响，双方可能存在违约行为。农户不必然与龙头组织交易产品，存在直接到市场上销售产品的可能；同样，龙头组织也不一定收购农户农产品，存在到市场上购买的可能。为便于研究，本研究先考虑单个龙头组织与单个农户的交易情况，并作出如下假定：①龙头组织与农户处于完全竞争市场，因此到达交易期限时农产品市场价格是给定的；②双方都进行只为合作生产而使用的专用性投资，并且投资在一次交易中即可回收；③龙头组织购买农户农产品再加工所得价值受双方专用性投资以及龙头组织再加工投入的影响，而从外部市场上购买农产品再加工所得价值只受龙头组织再加工投入的影响；④农户生产的农产品存在正品和次品之分，农户投入的努力程度越大，所生产的农产品中正品比例越大；自然风险越大，所生产的农产品中次品比例越大；⑤生产结束后，农户与龙头组织按合同规定的价格交易农产品；⑥任何一方违约，另一方都能通过市场交易销售/购买全部产品；⑦龙头组织按订单规定收购农户数量为 Q 的产品进行再加工获得的价值 V_0 由收购产品的溢价 V_{a0} 和产品加工增值 V_{b0} 组成，龙头组织从外部市场上购买订单规定农产品再加工所得的价值为 V_m 则由产品购买溢价 V_{am} 和产品加工增值 V_{bm} 加总得到。为建立博弈模型，作如下设定：

设 Q 为订单规定的交易数量，并将 Q 看作是零自然风险下农户付出最大努力程度的产量；C_f 为农户付出最大努力程度所需投入的一切生产成本，C_l 为龙头组织的运营管理、专用性投资和产品加工成本等成本之和；P_1、P_2 分别为订单规定的正品与次品的收购价格，其中 $P_1>P_2$；P_m^1、P_m^2 分别为市场上该农产品正品和次品的价格，其中 $P_m^1>P_m^2$；λ 表示农户的努力程度，ω 表示自然风险程度，其中 $\lambda,\omega\in[0,1]$。

那么，农户生产的农产品中正品数量为 $\lambda(1-\omega)Q$、次品数量为（$1-\lambda)\omega Q$。农户将农产品按约卖给龙头组织，其收入为 $[\lambda(1-\omega)P_1+(1-\lambda)\omega P_2]Q$；农户将农产品卖到市场，其收入为 $[\lambda(1-\omega)P_m^1+(1-\lambda)\omega P_m^2]Q$。设 P_0 和 P_m 分别是农户产品销售给龙头组织和市场的平均收购价格，即有 $P_0=\lambda(1-\omega)P_1+(1-\lambda)\omega P_2$、$P_m=\lambda(1-\omega)P_m^1+(1-\lambda)\omega P_m^2$。由于 $\lambda,\omega\in[0,1]$，所以肯定存在 $P_2<P_0<P_1$，$P_m^2<P_m<P_m^1$。

根据以上假设及设定，建立如下模型：

（1）没有惩罚。据假设③可知 $V_0>V_m$，$V_m>P_0Q$。那么，在没有惩罚的情况下双方博弈结局为：

第一，双方都履约时，以价格 P_1 成交数量为 $\lambda(1-\omega)Q$ 的正品、以价格 P_2 成交数量为（$1-\lambda)\omega Q$ 的次品，龙头组织收益为（$V_0-C_l-P_0Q$），农户收益为（$P_0Q-\lambda C_f$）。

第二，双方只要有一方不履约，订单不能履行，龙头组织的收益为（$V_m-C_l-P_mQ$），农户收益为（$P_mQ-\lambda C_f$）。

（2）存在惩罚。假定对违约者的惩罚为 X，并将惩罚所得补偿给受害者。X 惩罚措施由现金罚款 M 和社会声誉受损等引致未来收益损失的贴现值 W 组成。设农户违约被发现的概率为 α，龙头组织违约被发现的概率为 β，农户和龙头组织向另一方实施违约惩罚成本分别为 D 和 E，一方不合作博弈的结果是：

第一，农户不履约时，惩罚强度的期望为 αX。农户收益为（$P_mQ-\lambda C_f-\alpha X$），龙头组织收益为［$V_m-C_l-P_mQ+\alpha(X-E)$］。

第二，龙头组织不履约时，惩罚强度的期望为 βX。农户收益为［$P_mQ-\lambda C_f+\beta(X-D)$］，龙头组织收益为（$V_m-C_l-P_mQ-\beta X$）。

第三，双方都不履约，惩罚也就没有意义。

2. “公司＋农户”模式的博弈模型

由前述可知，“公司＋农户”经营组织运作模式类型多样，公司与农户之间存在松散、半紧密和紧密型合作方式。不过，囿于农户经营规模小且分布分散，公司为单家独户提供原材料采购、技术培训、生产指导和农业机械等服务面临较高交易成本，加上我国农业企业经营实力总体不高，是以公司与农户的合作大多为半紧密型。为方便深入分析，本研究仅考虑半紧密型“公司＋农户”经营模式，并在龙头组织与农户的一般博弈模型基础上进一步假定：①双方合作模式为：农户只需按照公司产品要求进行生产，公司则依照约定标准与价格收购产品，公司不为农户提供生产服务；②企业从事产品加工业务，收购农户订单产品或外部市场购买等量产品都会通过加工后再销售，可获得产品购买溢价和产品加工增值；③公司与农户距离相对较远，合作农户分布较散且经营规模较小，双方违约只有罚款损失 M。根据以上假定，可构建如下博弈模型。

（1）没有惩罚。当双方都履约时，以价格 P_1 成交数量为 $\lambda(1-\omega)Q$ 的正品、以价格 P_2 成交数量为（$1-\lambda$）ωQ 的次品，企业收益为（$V_{a0}+V_{b0}-C_l-P_0Q$），农户收益为（$P_0Q-\lambda C_f$）。

当双方只要有一方不履约，订单不能履行，企业的收益为（$V_{am}+V_{bm}-C_l-P_mQ$），农户收益为（$P_mQ-\lambda C_f$）。

（2）存在惩罚。当农户不履约时，农户收益为（$P_mQ-\lambda C_f-\alpha X$），企业收益为［$V_{am}+V_{bm}-C_l-P_mQ+\alpha(X-E)$］。

当企业不履约时，农户收益为 $[P_mQ-\lambda C_f+\beta(X-D)]$，企业收益为 $(V_{am}+V_{bm}-C_l-P_mQ-\beta X)$。如果双方同时不履约，惩罚则没有意义。

3. “合作社＋农户”模式的博弈模型

与“公司＋农户”经营组织类似，“合作社＋农户”经营组织同样存在联结紧密度各异的合作方式，既有合作实现纵向一体化的紧密型模式，也有仅提供简单技术信息服务的松散型模式，还有介于两者之间的半紧密型合作模式。由于我国合作社尚处于初级发展阶段，总体经营实力较弱，合作社与社员农户的合作关系以半紧密型居多。鉴于此，本研究聚焦探讨半紧密型“合作社＋农户”模式中合作社与农户的合作博弈。

借鉴王亚飞和唐爽（2013）的思路，本研究在前述龙头组织与农户的博弈模型的基础上进一步假定：①合作社是由 N 家农户自愿联结组建而成，代表社员农户利益，只要不解体都不存在违约行为；②农户加入合作社需要支付会费 Y，按照合作社订单要求进行生产和交付产品；③合作社不仅按照约定价格收购社员产品，还为社员提供价值为 S 的农资供应、技术培训、生产指导和田间作业等服务，并在年末按照成员数量分配利润 I（$I<0$ 则表示合作社亏损）；④受乡村熟人社会网络影响，社员农户违约不仅面临现金罚款 M，还会带来声誉受损，引致未来收益损失的贴现值为 W；⑤合作社没有加工能力，只是收购社员产品进行统一销售。合作社按照约定收购社员农户产品进行转售，可以获得 V_{a0} 的产品转售溢价。合作社如果从外部市场购买与社员农户等量产品进行转售，可以获得 V_{am} 的销售溢价。基于上述假定，可构造如下博弈模型：

当双方都履约时，以价格 P_1 成交数量为 $\lambda(1-\omega)Q$ 的正品、以价格 P_2 成交数量为 $(1-\lambda)\omega Q$ 的次品，合作社收益为 $(V_{a0}+Y-C_l-P_0Q)$，农户收益为 $(P_0Q+S+I-\lambda C_f-Y)$。

合作社是农户自己组建的农民合作经济组织，不存在违约行为。因此，只存在农户不履约现象。当没有惩罚措施时，如果农户不履约，合作社的收益为 $(V_{am}+Y-C_l-P_mQ)$，农户收益为 $(P_mQ-\lambda C_f-Y)$。当存在惩罚措施时，农户如违约，其收益则变为 $(P_mQ-\lambda C_f-Y-\alpha X)$，合作社收益则为 $[V_{am}-C_l-P_mQ+\alpha(X-E)]$。

4. “公司+合作社+农户”模式的博弈模型

实践中，“公司+合作社+农户”经营组织既存在公司领办主导的运作模式，又存在合作社领办主导的情形。但正如前述所指出，目前我国合作社经营实力普遍较弱，合作社主导“公司+合作社+农户”经营组织的现象较少，合作社更多扮演中介组织作用。一方面，合作社是公司的代理人，帮助公司组织社员农户进行农业生产并提供相关生产服务，同时监督农户生产行为并收购社员产品交售给公司；另一方面，合作社也是社员农户的代理人，保障社员利益免受公司侵占。

为便于分析，本研究在龙头组织与农户的一般博弈模型基础上进一步假定：①合作社是由 N 家农户组建代表农户利益的经营组织，农户参与合作社需要缴纳入社费 Y，可以享受公司通过合作社提供的价值 S 的农业生产服务以及合作社年末盈余分配/亏损分摊 I（$I<0$ 则表示合作社亏损）；②公司从事加工业务，通过合作社收购社员产品和提供相关服务，并给予合作社一定管理费用；③合作社的成立使得 N 家农户能够集体行动，可暂时不考虑合作社内部决策讨论，博弈主体仍然是企业和农户；④小规模分散经营农户组建的合作社放大了企业和农户合作违约损失，双方违约不仅更加容易发现和索赔，而且增加了社会声誉损失引致未来收益受损。由以上假定，可建立如下博弈模型：

（1）没有惩罚。当双方都履约时，以价格 P_1 成交数量为 $\lambda(1-\omega)Q$ 的正品、以价格 P_2 成交数量为 $(1-\lambda)\omega Q$ 的次品，企业收益为 $(V_{a0}+V_{b0}-C_l-P_0Q)$，农户收益为 $(P_0Q+S+I-\lambda C_f-Y)$。

当企业与农户任何一方不履约时，订单无法履行，企业的收益为 $(V_{am}+V_{bm}-C_l-P_mQ)$。如果是因为农户违约导致订单无法执行，农户收益为 $(P_mQ-\lambda C_f-Y)$，如果是公司违约引致，农户收益则为 $(P_mQ+S+I-\lambda C_f-Y)$。

（2）存在惩罚。如果只有农户违约，农户收益为 $(P_mQ-\lambda C_f-Y-\alpha X)$，企业收益为 $[V_{am}+V_{bm}-C_l-P_mQ+\alpha(X-E)]$。

如果只有企业违约，企业收益为 $(V_{am}+V_{bm}-C_l-P_mQ-\beta X)$，农户收益为 $[P_mQ+S+I-\lambda C_f-Y+\beta(X-D)]$。如果双方均违约，惩罚则没

有意义。

7.2.2 经营主体合作的博弈均衡分析

农业经营主体合作博弈存在两种均衡：订单被执行与订单不被执行。双方都履约，订单才会被执行；只要有一方违约，订单都不会被执行。

1. 龙头组织与农户的一般博弈模型

（1）没有惩罚。若订单被执行，则以下条件必须满足：

$V_0-C_l-P_0Q>V_m-C_l-P_mQ$ 且 $P_0Q-\lambda C_f>P_mQ-\lambda C_f$

$$\Rightarrow P_m<P_0<P_m+(V_0-V_m)/Q \quad (7-1)$$

若订单不被执行，则以下条件必须满足：

$V_0-C_l-P_0Q<V_m-C_l-P_mQ$ 或 $P_0Q-\lambda C_f<P_mQ-\lambda C_f$

$$\Rightarrow P_0<P_m \text{或} P_0>P_m+(V_0-V_m)/Q \quad (7-2)$$

综上可得，没有惩罚时订单被执行的情况见表 7－1。

表 7－1 龙头组织与农户在没有惩罚时订单被执行的情况

	订单被执行	订单未被执行
谈判价格 P_0 的取值范围	$P_m<P_0<P_m+(V_0-V_m)/Q$	$P_0<P_m$ 或 $P_0>P_m+(V_0-V_m)/Q$

（2）存在惩罚。若订单被执行，则必须满足条件：$V_0-C_l-P_0Q>V_m-C_l-P_mQ-\beta X$ 且 $P_0Q-\lambda C_f>P_mQ-\lambda C_f-\alpha X$

$$\Rightarrow P_m-\alpha X/Q<P_0<P_m+\beta X/Q+(V_0-V_m)/Q \quad (7-3)$$

若订单未被执行，则龙头组织与农户至少有一方违约。

①龙头组织履约而农户违约。在这种情况下，由于 $P_mQ-\lambda C_f>P_mQ-\lambda C_f+\beta(X-D)$ 不可能成立，所以农户违约不可能是严格占优策略。那么在龙头组织履约时，若农户违约是占优策略，则以下条件必须成立。

$V_0-C_l-P_0Q>V_m-C_l-P_mQ-\beta X$ 且 $P_0Q-\lambda C_f<P_mQ-\lambda C_f-\alpha X$

$$\Rightarrow P_0<P_m-\alpha X/Q \quad (7-4)$$

②龙头组织违约而农户履约。在这种情况下，由于不等式 $V_m-C_l-P_mQ+\alpha(X-E)>V_m-C_l-P_mQ$ 一定成立，所以龙头组织违约不可能是严格占优策略。那么在农户履约时，若龙头组织违约是占优策略，则以下

条件必须成立。

$P_0Q-\lambda C_f>P_mQ-\lambda C_f-\alpha X$ 且 $V_0-C_l-P_0Q<V_m-C_l-P_mQ-\beta X$

$\Rightarrow P_0>P_m+\beta X/Q+(V_0-V_m)/Q$ (7-5)

(3) 双方都违约。若给定一方违约，履约对于另一方来说都是占优策略，所以双方都违约的情况不可能存在。

综合 (7-4) (7-5) 两式可得订单未被执行的条件如下：

$P_0<P_m-\alpha X/Q$ 或 $P_0>P_m+\beta X/Q+(V_0-V_m)/Q$ (7-6)

存在惩罚的情况下，订单被执行的情况如表 7-2。

表 7-2 龙头组织和农户存在惩罚时订单被执行的情况

	订单被执行	订单未被执行
谈判价格 P_0 的取值范围	$P_m-\alpha X/Q<P_0<P_m+\beta X/Q+(V_0-V_m)/Q$	$P_0<P_m-\alpha X/Q$ 或 $P_0>P_m+\beta X/Q+(V_0-V_m)/Q$

2. "公司+农户"模式的博弈模型

(1) 没有惩罚。若订单被执行，则以下条件必须满足：

$V_{a0}+V_{b0}-C_l-P_0Q>V_{am}+V_{bm}-C_l-P_mQ$ 且 $P_0Q-\lambda C_f>P_mQ-\lambda C_f$

由此可得：$P_m<P_0<P_m+(V_{a0}+V_{b0}-V_{am}-V_{bm})/Q$ (7-7)

若订单不被执行，则以下条件必须满足：

$V_{a0}+V_{b0}-C_l-P_0Q<V_{am}+V_{bm}-C_l-P_mQ$ 或 $P_0Q-\lambda C_f<P_mQ-\lambda C_f$

$\Rightarrow P_0<P_m$ 或 $P_0>P_m+(V_{a0}+V_{b0}-V_{am}-V_{bm})/Q$ (7-8)

综上可得，没有惩罚时订单被执行的情况见表 7-3。

表 7-3 "公司+农户"：公司与农户在没有惩罚时订单被执行的情况

	订单被执行	订单未被执行
谈判价格 P_0 的取值范围	$P_m<P_0<P_m+(V_{a0}+V_{b0}-V_{am}-V_{bm})/Q$	$P_0<P_m$ 或 $P_0>P_m+(V_{a0}+V_{b0}-V_{am}-V_{bm})/Q$

(2) 存在惩罚。若订单被执行，则需满足：$V_{a0}+V_{b0}-C_l-P_0Q>V_{am}+V_{bm}-C_l-P_mQ-\beta X$ 且 $P_0Q-\lambda C_f>P_mQ-\lambda C_f-\alpha X$

可得：$P_m-\alpha X/Q<P_0<P_m+\beta X/Q+(V_{a0}+V_{b0}-V_{am}-V_{bm})/Q$ (7-9)

若订单未被执行，则企业与农户至少有一方违约。如果企业履约时，若农户违约是占优策略，则以下条件必须成立：

$V_{a0}+V_{b0}-C_l-P_0Q>V_{am}+V_{bm}-C_l-P_mQ-\beta X$ 且 $P_0Q-\lambda C_f<P_mQ-\lambda C_f-\alpha X$

$\Rightarrow P_0<P_m-\alpha X/Q$ (7-10)

如果农户履约时，企业违约是占优策略，则以下条件必须成立：

$P_0Q-\lambda C_f>P_mQ-\lambda C_f-\alpha X$ 且 $V_{a0}+V_{b0}-C_l-P_0Q<V_{am}+V_{bm}-C_l-P_mQ-\beta X$

即满足：$P_0>P_m+\beta X/Q+(V_{a0}+V_{a0}-V_{am}-V_{bm})/Q$ (7-11)

若给定一方违约，另一方履约都是占优策略，因而不存在双方都违约的情况。因此，存在惩罚的情况下，订单被执行的情况如表 7-4。

表 7-4 “公司+农户”：公司与农户存在惩罚时订单被执行的情况

	订单被执行	订单未被执行
谈判价格 P_0 取值范围	$P_0>P_m-\alpha X/Q$ 且 $P_0<P_m+\beta X/Q+(V_{a0}+V_{a0}-V_{am}-V_{bm})/Q$	$P_0<P_m-\alpha X/Q$ 或 $P_0>P_m+\beta X/Q+(V_{a0}+V_{a0}-V_{am}-V_{bm})/Q$

3. “合作社+农户”模式的博弈模型

（1）没有惩罚。合作社不会出现违约行为，只有农户违约收益大于履约收入时，两者的订单合作才无法执行。若农户履约，按照合作社要求生产并交售农产品，则必须满足：

$$P_0Q+S+I-\lambda C_f-Y>P_mQ-\lambda C_f-Y$$

整理可得：$P_0>P_m-(S+I)/Q$ (7-12)

若农户出现违约则需满足条件：

$$P_0Q+S+I-\lambda C_f-Y<P_mQ-\lambda C_f-Y$$

即 P_0 的取值范围为：$P_0<P_m-(S+I)/Q$ (7-13)

由此可得，合作社和农户没有惩罚时订单被执行的情况见表 7-5。

表 7-5　合作社与农户在没有惩罚时订单被执行的情况

	订单被执行	订单未被执行
谈判价格 P_0 的取值范围	$P_0>P_m-(S+I)/Q$	$P_0<P_m-(S+I)/Q$

（2）存在惩罚。若双方合作订单得以顺利执行，则需满足条件：

$$P_0Q+S+I-\lambda C_f-Y>P_mQ-\lambda C_f-Y-\alpha X$$

整理可得：

$$P_0>P_m-\alpha X/Q-(S+I)/Q \qquad (7-14)$$

若合作订单未被执行，农户出现违约，则以下条件必须成立：

$$P_0Q+S+I-\lambda C_f-Y<P_mQ-\lambda C_f-Y-\alpha X$$

即：

$$P_0<P_m-\alpha X/Q-(S+I)/Q \qquad (7-15)$$

可见，存在惩罚的情况下，订单被执行的情况如表 7-6。

表 7-6　合作社与农户存在惩罚时订单被执行的情况

	订单被执行	订单未被执行
谈判价格 P_0 的取值范围	$P_0>P_m-\alpha X/Q-(S+I)/Q$	$P_0<P_m-\alpha X/Q-(S+I)/Q$

4. “公司＋合作社＋农户”模式的博弈模型

（1）没有惩罚。若订单被执行，意味着公司与农户的履约收益均大于违约收益，则以下条件必须满足：

$V_{a0}+V_{b0}-C_l-P_0Q>V_{am}+V_{bm}-C_l-P_mQ$ 且 $P_0Q+S+I-\lambda C_f-Y>P_mQ-\lambda C_f-Y$

计算可得：

$$P_m-(S+I)/Q<P_0<P_m+(V_{a0}+V_{b0}-V_{am}-V_{bm})/Q \qquad (7-16)$$

若订单不被执行，则说明至少有一方的违约收益大于履约收益，以下条件必须满足：

$V_{a0}+V_{b0}-C_l-P_0Q<V_{am}+V_{bm}-C_l-P_mQ$ 或 $P_0Q+S+I-\lambda C_f-Y<P_mQ-\lambda C_f-Y$

换算可得：

$$P_0<P_m-(S+I)/Q \text{ 或 } P_0>P_m+(V_{a0}+V_{b0}-V_{am}-V_{bm})/Q \qquad (7-17)$$

综上可得，在“公司＋合作社＋农户”模式中公司与农户没有惩罚时订单被执行的情况见表7－7。

表7－7　“公司＋合作社＋农户”：公司与农户在没有惩罚时订单被执行的情况

	订单被执行	订单未被执行
谈判价格 P_0 的取值范围	$P_0>P_m-(S+I)/Q$ 且 $P_0<P_m+(V_{a0}+V_{b0}-V_{am}-V_{bm})/Q$	$P_0<P_m-(S+I)/Q$ 或 $P_0>P_m+(V_{a0}+V_{b0}-V_{am}-V_{bm})/Q$

（2）存在惩罚。如果双方履约收益都大于违约收益，则订单被执行，需满足以下条件：

$V_{a0}+V_b\,0-C_l-P_0Q>V_{am}+V_{bm}-C_l-P_mQ-\beta X$

而且，　　$P_0Q+S+I-\lambda C_f-Y>P_mQ-\lambda C_f-Y-\alpha X$

由此可推出：

$$P_m-\alpha X/Q-(S+I)/Q<P_0<P_m+\beta X/Q+(V_{a0}+V_{b0}-V_{am}-V_{bm})/Q \quad (7-18)$$

如果企业和农户任意一方的违约收益都高于履约收益，订单则未被执行。当企业履约时，若农户违约是占优策略，则必须同时满足以下两个条件：

$V_{a0}+V_{b0}-C_l-P_0Q>V_{am}+V_{bm}-C_l-P_mQ-\beta X$

$P_0Q+S+I-\lambda C_f-Y<P_mQ-\lambda C_f-Y-\alpha X$

计算可得：$P_0<P_m-\alpha X/Q-(S+I)/Q$　　（7－19）

如若农户履约时，而企业违约是占优策略，则以下条件必须同时成立：

$P_0Q+S+I-\lambda C_f-Y>P_mQ-\lambda C_f-Y-\alpha X$

$V_{a0}+V_{b0}-C_l-P_0Q<V_{am}+V_{bm}-C_l-P_mQ-\beta X$

换算得到：$P_0>P_m+\beta X/Q+(V_{a0}+V_{a0}-V_{am}-V_{bm})/Q$　（7－20）

由于任意一方选择违约时，另一方选择履约均是占优策略，不存在双方都违约的情况。因此，订单在有惩罚的情况下被执行的情况如表7－8。

表 7-8　“公司+合作社+农户”：公司与农户存在惩罚时订单被执行的情况

	订单被执行	订单未被执行
谈判价格 P_0 的取值范围	$P_0>P_m-\alpha X/Q-(S+I)/Q$ 且 $P_0<P_m+\beta X/Q+(V_{a0}+V_{a0}-V_{am}-V_{bm})/Q$	$P_0<P_m-\alpha X/Q-(S+I)/Q$ 或 $P_0>P_m+\beta X/Q+(V_{a0}+V_{a0}-V_{am}-V_{bm})/Q$

5. 各类经营组织主体合作博弈均衡的比较

由前述模型分析可知，龙头组织与农户在各类农业经营组织中的履约价格区间有所不同（表 7-9），但合约价格一旦偏离履约价格区间就会有一方违约，双方合作以失败告终。双方开展合作伴生的规模和协同效应能够带来任意一方无法独自获得的合作剩余，而履约价格区间两端又是双方合作的底线，因而合作双方会竭尽全力将合约价格设定在履约价格区间以维持合作，并尽可能让合约价格高于自己的合作底线价格以谋求更多的合作剩余分配。由表 7-9 可知，影响履约价格区间的因素很多，主要包括市场价格、龙头组织获利能力、违约发现概率和惩罚力度等；在双方合作中增加惩罚机制扩大了龙头组织和农户都履约的价格区间，增大了订单被执行的可能性。另外，合作社参与“公司+农户”经营组织既能够有效为农户提供生产经营服务，还可以帮助农户分享公司在产业链其他环节经营的利润增值。因此，在其他条件不变的情况下，相较于“公司+农户”经营组织，公司与农户在“公司+合作社+农户”经营组织的履约价格区间

表 7-9　各类农业经营组织订单合作得以执行的价格区间

组织形式	是否有惩罚	订单被执行的谈判价格 P_0 取值范围
龙头组织+农户	没有惩罚	$P_m<P_0<P_m+(V_0-V_m)/Q$
	存在惩罚	$P_m-\alpha X/Q<P_0<P_m+\beta X/Q+(V_0-V_m)/Q$
公司+农户	没有惩罚	$P_m<P_0<P_m+(V_0-V_m)/Q$
	存在惩罚	$P_m-\alpha X/Q<P_0<P_m+\beta X/Q+(V_0-V_m)/Q$
合作社+农户	没有惩罚	$P_0>P_m-(S+I)/Q$
	存在惩罚	$P_0>P_m-\alpha X/Q-(S+I)/Q$
公司+合作社+农户	没有惩罚	$P_m-(S+I)/Q<P_0<P_m+(V_0-V_m)/Q$
	存在惩罚	$P_m-\alpha X/Q-(S+I)/Q<P_0<P_m+\beta X/Q+(V_0-V_m)/Q$

范围更大。此外，在相同情况下，“合作社＋农户”经营组织的履约价格区间范围大于“公司＋农户”和“公司＋合作社＋农户”的履约价格区间范围。这是因为，合作社作是以服务社员为宗旨的农民组织，一般不会违约损害农户社员利益，只要社员农户履约收益大于违约收益，双方合作得以顺利进行，而且合作社为社员提供的生产服务和盈余分配很大程度上增加了农户违约成本。

7.2.3 龙头组织与农户的行为偏差分析

前文模型是在一定的假设条件下，根据市场价格、违约发现概率和企业获利能力等计算了龙头组织与农户合作得以顺利执行的概率。当放松这些假设回到现实，合作订单被执行情况则异常复杂。一方面，现实中的农业自然风险、市场风险和市场价格变化多端，加上违约发现概率和龙头组织获利能力等因素难以预测，使得合作双方在实践中的履约价格区间时常变动且难以准确预测，这无疑加大了合约价格设定的难度，增加了双方因履约能力不足而出现客观显性违约的合作风险。另一方面，即使双方设定的合约价格能够落在实际的履约价格区间，但受主体逐利动机、契约不完全性和制度环境等影响，合作双方很可能利用信息不对称等实施主观违约行为以谋求更大的合作收益。因此，龙头组织与农户的合作较少规定明确的收购价格，而是设定内含一定激励和惩罚作用的价格机制，使得最终收购价能够在既定领域内调整以适应多变且难以预测的履约价格区间。由此可见，在农业自然风险和市场风险等外界影响因素不可控的情况下，以收购价格为核心的利益联结机制在很大程度上决定了合作双方的履约情况和行为偏差。

在各类农业经营主体中，农户数量最为广泛但议价能力却是最弱的。因此，各类经营组织大多由龙头组织主导，合作农户一般只是合作价格机制的接受者。目前，龙头组织收购合作农户产品价格机制主要包括随行就市价、保底收购价、固定合同价格、市场价＋附加价等。在不同的价格机制下，龙头组织和农户的合作博弈出现迥异的行为偏差。

1. 随行就市价格引致的行为偏差

随行就市价交易是指龙头组织与农户没有事先约定明确的产品收购价

格，而是等到产品成熟进行交易时，龙头组织再按照当前产品市场价收购农户产品。在这种模式中，龙头组织几乎没有给予农户任何保证，农户需要独自承担市场价格风险，双方合作关系较为松散，容易出现行为偏差。首先，农户将产品销售给龙头组织和外部市场所获得的销售利润一致，如果农户在外部市场能够更方便更快速销售产品并及时获得现金收入，其很可能基于风险最小化视角选择违约，将产品销往外部市场而不是合作的龙头组织。其次，由于农业市场风险较高，农产品市场价格变动较大，农户倾向于等待市场价格变动到高位才愿意销售，而龙头组织却希望在市场价格变动到低位时进行交易，这无疑加大了双方违约的可能性。最后，从事加工的龙头组织为节省生产成本，可能在农产品市场行情较差的时候倾向大量收购农户产品，而在市场行情较好时选择少量甚至不收购农户产品。例如，广州市某荔枝龙眼加工公司与合作农户约定按照随行就市价格收购农户产品，但囿于农业产量受自然风险影响而波动较大，因而双方不约定产品交易数量。该公司主要收购荔枝龙眼加工成干货再对外销售。由于荔枝龙眼存在“大小年”产量现象，而且市场价格变动幅度较大，该公司为保障加工货源稳定和降低货源成本而建立了一个产品冷库。当荔枝龙眼市场价格较低时，公司会大量收购合作农户产品进行加工储存囤货；当产品市场价格较高时，由于前期有意识的囤货能满足公司销售业务，公司则较少收购农户产品进行加工。

2. 保底收购价格引致的行为偏差

保底收购价是指合作双方事先约定一个最低的产品收购价格，等产品成熟进行交易时使用。如果市场价格高于保底收购价，双方按照市场价格进行结算，如果市场价低于保底收购价，双方则依照保底价格进行交易。在这种价格机制中，龙头组织全部承担了价格风险（蔡荣、韩洪云，2012），农户违约可能性理论上会低于随行就市的价格机制。不过，龙头组织作为主导的理性经济主体，仍然会借助各种措施谋求最大化利润。首先，为了避免保底收购价高于市场价格而导致龙头组织亏损，龙头组织往往将保底价格设置很低，使得合作双方主要以市场价格进行交易。例如，广东省湛江市某果蔬合作社在早期实施保底价收购制度，但约定的保底收购价较低，合作社连续好几年都是以高于保底价的市场价收购产品，保底收购价基本形同虚设。由于保底价并没有发挥实质性作用，加上每年还要花时间精力协调确定最低保底价，因而该合作社取消了保底价收购制度而直接实施随行就市价格收购制度。其次，即使出现规定的保底收购价高于市场价情况，龙头组织出于节省成本视角，会通过严格挑选产品等方式减少收购合作农户产品的隐性违约行为，甚至会出现拒收农户产品等显性违约行为。理论上，相较于随行就市价，保底收购价能够保障农户产品销售，会提升农户履约的概率。不过，由于保底收购价设置过低，双方基本以随行就市价格交易，合作农户同样会出现随行就市价格机制下的合作行为偏差。例如，广东省某油茶专业合作社，合作社以保底价收购社员产品再转售给公司，但实际交易基本以高于保底价的市场价进行收购。由于合作社收购业务量大，社员农户交售农产品需要排队甚或排期，加上公司现金结算较慢，社员产品销售收入的现金入账相对滞后。在同等的市场交易价格下，部分社员会选择违约而对外销售产品。

3. 固定合同价格引致的行为偏差

在固定合同价的交易机制中，龙头组织和农户共同承担了市场价格风险，不管市场价如何，双方都按照约定的固定合同价进行交易。当市场价高于固定合同价时，农户会遭受利益损失，当市场价低于固定合同价时，龙头组织则面临利益亏损。如果只考虑当期交易，龙头组织和农户作为理性经济主体都会出现显性违约行为。即当市场价大于固定合同价格时，农户会将产品销往市场外部，当市场低于固定价格时，龙头组织会拒收农户产品。如果考虑多期交易或者其他附加服务和盈余分配，合作双方可能采取隐形违约行为以实现最大化利润。一方面，如果固定合同价低于市场价，当双方没有约定收购产量时，合作农户可能会应付式交售少量产品给龙头组织，大部分产品以市场价格销往外部市场，当双方约定收购产量时，合作农户可能通过谎报产量等方式减少产品交售；另一方面，如果固定合同价高于市场价，在双方没约定产量时，龙头组织同样选择应付式收购合作农户少量产品，在约定产量时，龙头组织可能通过严格质量标准筛选农产品等方式减少产品收购量，而此时农户则会通过外购市场产品增加交售量。农产品的市场风险和农业行业固有的自然风险并存，使得远期农产品的产量和价格往往难以预知，事先确定能够落在履约价格区间的固定合同价格更是难上加难，因而实践中实施固定合同价的农业经营组织不多，主要运用于畜禽类产品的订单合作中。这是因为，相较于农作物，畜禽类产品更能有效预测产量和生产成本，合作双方能够通过商讨既定额度利润而确定出固定合同价。不过，受法律制度不完善和索赔违约成本高昂等因素影响，即便龙头组织可以知道合作农户畜禽类产品产量，少量合作农户还是会在市场价高于固定合同价时外卖产品，在市场价低于固定合同价时外购市场产品进行充数交易。以广东省云浮市某从事猪肉加工和销售的合作社为例。合作社和社员签订书面合作合约，社员按照每头猪 500 元的押金从合作社领取猪苗和饲料，并在家按照合作社质量要求进行喂养，合作社按照合同约定的固定价格收购社员产品，而且还规定了双方违约的惩罚条款。不过，仍有少部分社员农户出现“偷卖产品”和“以次充好”等隐性违约行为，但囿于信息不对称和违约惩罚成本较高等，合作社仍难以通过惩罚杜绝这种现象。因此，合作社除了对社员进行常规的技术培训外，还时常进行思想政治教育以提高社员诚信水平。

4. “市场价＋附加价”导致的偏差行为

“市场价＋附加价”价格机制是指合作双方事先确定固定的附加价，最终产品交易价格是在当时产品市场价格基础上加上固定的附加价。与固定合同价一样，此价格机制是由龙头组织和农户共同分担了市场价格风险。不同的是，该种价格机制具有变动的价格区间，而且龙头组织承担更多的价格风险，这是因为龙头组织给予的附加价在一定程度上弥补了农户的市场价格风险。因此，运用这种价格机制的龙头组织大多具有较强的市场风险驾驭能力和盈利能力。如果龙头组织的经营实力较弱，很可能会因为经历较大的市场价格风险而造成履约能力不足，导致客观的显性违约行为。一般而言，龙头组织会依据自身实力制定可承受的附加价，以此保证货源产品数量和品质的稳定，获取更多的来自产业链加工和销售等附加价较高环节的利润，较少出现主观违约行为，除非加工和销售等相关环节面临较大的亏损问题。相较于前述三种价格机制，“市场价＋附加价”更具有激励性，其不仅保证农户产品能够卖出去，还保证农户产品能够以相对较好的价格卖出去。因此，在这种机制下，农户很少出现“偷卖”的违约行为，但容易出现外购产品充数交易的违约行为。此外，作为农户溢价收入的“附加价”额度在很大程度上会影响农户履约情况。当“附加价”设定过低，农户可能会出于销售便利性、结账方式和速度等考虑选择外卖部分甚至全部产品。例如，广东省梅州市某水稻合作社虽然采取“市场价＋附加价”收购机制，要求社员农户必须交售所有产品，并承诺以高出市场价 10%的价格进行收购。但是，由于合作社资金不够，有时候不能满足社员现结的要求，10%的附加价对农户吸引力又不够大，因而少部分社员农户出现违约行为，将部分产品销往外部市场。

5. 各类经营组织的合作行为偏差比较

作为理性的经济主体，各类经营主体具有追逐利润的天性，会尽可能运用最低的成本获取更高的合作盈余收入。由前述关于龙头组织与农户在各类合作价格机制中的行为偏差分析中可见一斑。实质上，合作组织形式并不会影响龙头组织与农户在各类合作价格机制中的行为偏差倾向，只是会受组织的制度激励与约束影响而表现出不同程度的行为偏差。这即是说，无论是“公司＋农户”、“合作社＋农户”还是“公司＋合作社＋农户”等经营组织，在相同合作价格机制下，公司/合作社与农户在合作博弈中都会具有相同的行为偏差倾向，只是行为偏差的发生概率有所不同。龙头组织和农户是否履约本质上取决于履约收益和违约收益的权衡。在不同组织形式下，合作双方的履约收益和违约收益不尽相同（表 7－10），使得双方合作博弈的行为偏差在各类经营组织中有所差异。

相较而言，公司、合作社和农户这三类经营主体的综合经营实力总体依次降低。其中，公司往往具有较好的管理、技术、加工和营销能力，能够进入农业产业链的产品加工和营销等附加值较高环节，创造更多的合作剩余，而由弱质农户组建而成的合作社总体能力相对有限，一般局限于低层次的生产经营服务和产品粗加工销售等。“公司＋合作社＋农户”经营组织集中了家庭经营、合作经营和企业经营的优势，其综合实力一般强于

表 7-10　各类经营组织的履约与违约收益的比较

组织特性		公司+农户		合作社+农户		公司+合作社+农户	
		公司	农户	合作社	农户	公司	农户
合作收益		一般	较低	较低	一般	较高	较高
违约成本	经济性损失	较低	较低	一般	一般	较高	较高
	社会性损失	较低	较低	一般	一般	较高	较高
违约惩罚概率	违约被发现概率	较低	较低	较高	较高	一般	一般
	惩罚实施成本	较高	较高	较低	较低	一般	一般

“公司+农户”和“合作社+农户”。因此，龙头组织在“公司+合作社+农户”、“公司+农户”和“合作社+农户”中的合作收益依次增强。虽然“公司+农户”模式创造的合作剩余大多高于“合作社+农户”，但是农户在“公司+农户”中的议价能力较弱，难以获取较多的合作盈余分配，而在“合作社+农户”模式中还可以获取合作社的生产服务和盈余分配。因此，农户在“公司+合作社+农户”、“合作社+农户”和“公司+农户”中的合作收益依序提高。龙头组织和农户的违约成本包括经济性损失和社会性损失。在“公司+农户”经营组织中，合作农户数量多但规模小且居住相对分散，公司与农户之间的信息不对称程度较高，任何一方违约所面临的经济性成本和社会性成本都相对较低，双方违约被发现概率较低，实施违约惩罚的成本较高。合作社植根并成长于相对封闭且关系文化浓厚的乡村社会网络，社员农户大多毗邻而居，社会交往频繁，相互熟悉了解，合作社和社员农户的违约行为相对容易被发现和惩罚，不仅面临专用性投资和产品销售溢价等方面的经济性成本，还会面临社交网络中的“闲言碎语”和“说三道四”造成的较大社会性损失。因此，相较于“公司+农户”，“合作社+农户”模式中的龙头组织和农户违约被发现概率以及面临的经济性损失和社会性损失较高，不过违约惩罚实施成本则较低。与“合作社+农户”相比，“公司+合作社+农户”模式的业务规模与投资、经营实力和成员合作深度往往较大，因而龙头组织和农户违约面临的经济性损失和社会性损失更高，不过它们违约被发现概率相对较低、惩罚实施成本相对较高，这是因为该模式的社员农户数量相对较多和分

散，公司与农户的社会网络距离相对较远，双方违约发现和惩罚的效率相对较低。

7.3 农业经营主体合作：行为偏差纠正与风险防范

纠正行为偏差和防范风险是促进农业经营主体之间持续合作的重要保障，既需要经营主体优化合作理念和自我纠正行为偏差，又离不开政府政策扶持和规制。

1. 农业经营主体合作行为偏差的自我纠正

首先，农业经营主体需要树立长远发展的合作理念，充分理解长期视角下的“合作双赢，违约俱损”，构建合理的利益联结机制，避免短视的机会主义行为造成的合作行为偏差。其次，着力建立良好的长期合作关系。一方面，增进合作双方的专用性投资，充分利用专用性投资的锁定效应稳固彼此的合作关系；另一方面，增加合作双方交易次数，在交易互动中加深彼此认识与理解，以此提升双方合作转换成本和合作满意度。再次，农业经营主体，尤其是农业企业等龙头组织，应当充分利用现有信息来提升远期农产品市场价格预测的精准性，以此确立合理的合约价格机制，确保各方合作共赢，促进农业经营组织的健康持续发展。另外，农业经营主体应当积极参与合作，充分发挥自身资源禀赋优势以创造更多的合作剩余，提升各经营主体的合作收益和违约机会成本，进而减少各经营主体的违约行为。最后，农业经营主体需要重视运用违约惩罚机制，在成本允许范围内对各主体行为进行有效监督，增加合作各方违约被发现的概率，同时加大违约惩罚强度，以此提高合作各方的违约成本，减少行为偏差。

2. 强化政府规制政策以减少各经营主体的行为偏差

首先，政府需要制定并完善与农业经营主体合作相关的法律制度，简化诉讼程序，降低经营主体诉讼成本，确保违约经营主体受到应有的惩罚。其次，政府还应为法律素养较低的农户提供诉讼维权的代理服务，确保龙头组织的违约受到处罚，从而提高龙头组织的履约率。再次，政府应当加强合作法律相关知识普及，提升农业经营主体法律素养，增强农户和龙头组织依法维护自身合理利益的意识和能力，提高合约治理的权威约束力，以降低各经营主体的合作行为偏差。最后，政府应当加快市场信誉机制的建设，强化各经济主体，特别是农户的声誉意识，依靠市场信誉机制减少甚或消除合作各方的短期行为，促进各类经营主体的健康持续合作。

3. 加大扶持政策力度以提升农业经营主体的履约能力

政府应当积极扶持农业经营主体发展壮大，提高各类经营主体的风险抵御、市场谈判和盈利能力，以此促进各类经营主体创造更多的合作剩余并进行合理分配，增强农业经营主体的履约能力，尽可能避免合作行为偏差。具体而言，政府首先要加大培训力度，提升龙头组织相关负责人和农户的综合素质和经营管理能力，增强合作和法律意识，提高经营绩效和履约意识与能力。其次，政府应当加快引导农地合理流转和运用，推进农业规模化发展以获取规模经济效益，以此增强农业经营主体和组织的盈利能力，促进各类经营主体的履约行为。政府还需制定和优化农业用地制度，解决新型农业经营主体面临的农业用地匮乏困境，促进新型农业经营主体融合发展一二三产业，获取更大的产业附加值。再次，政府还要加大资金扶持力度，通过优惠贷款、资金互助社和项目补助等方式拓展农业经营主体的资金来源，确保农业经营主体有充裕资金优化要素投入和引进先进技术，以此改善农业生产效率和绩效，提升长远发展能力和履约能力。最后，政府需要大力推进农业保险发展，扩大农业保险覆盖范围和经营主体参与率，提高经营主体化解自然风险和市场风险的能力，增加各方合作履约概率。

8 专题研究Ⅱ：小农户与现代农业经营体系衔接状况与展望[①]

党的十九大报告提出，要实现小农户和现代农业发展有机衔接。这无疑昭示正确认识历史变迁中小农伟大作用的重要意义，是对当代中国国情与农情的深刻洞察，也是党中央对亿万小农户作出的庄严承诺。

8.1 农户分化与农户嵌入现代农业经营体系状况

由于农户个人的受教育程度、认知能力和经营能力不同，农户家庭成员的结构与劳动力素质状况不同，农户的存量实物资产、金融资本与社会资本等不同，加上各地的土地资源禀赋条件有别等，各地农户的经营状况与水平存在差异。即使是同一个村庄的不同农户，也会出现农户经营状态的分化。在农户群体中，既有纯农户，也有兼业户，还有纯非农业户；既有家庭农场式的种养大户，也有种养小户；既有嵌入农业经营体系的农户，也有游离在经营体系之外的分散农户；既有农业企业或者农民合作社带动较好的农户，也有带动效果不理想的农户；既有富裕、或者比较富裕的农户，也有小康农户，还有未能脱贫的农户……总之，无论何时何地，农户因资源禀赋和嵌入的社会结构差异而呈现出分化状态。

---

① 本章的核心观点与第 2 章、第 5 章的一些结论曾由万俊毅在多个会议与专题报告中宣讲。它们分别是：2019 年 3 月 29 日下午中国人民大学农业与农村发展学院学术系列讲座“农业经营组织的主体分化、纵向协作与关系治理”，2018 年 10 月 28 日广东省大埔县乡村振兴战略研讨会主题报告“优化小农户与现代农业有机衔接的经营体系”，2018 年 9 月 28 日以“乡村发展新动能——以产业兴旺引领乡村振兴”为主题的第 31 期“广州新观察”学术圆桌会议主题报告“优化小农户与现代农业有机衔接的经营体系”，2018 年 9 月 16 日东北农业大学“农业产业发展与乡村振兴”论坛主题报告“纵向协作、合约安排与农业产业发展”。

8.1.1 农业经营户状况：来自农业普查数据的检视

本研究聚焦农业经营组织结构问题，首先使用第一次全国农业普查数据（1996年年底）、第二次全国农业普查数据（2006年年底）和第三次全国农业普查数据（2016年年底）中的相关指标值，检视农业经营户的变化情况①。

1. 农业经营户数量不断增加，农业以家庭经营为主

中国1996年年底有农业经营户19 344.6万户，2006年年底达到20 016万户，2016年底进一步上升到20 743万户。从1996年至2016年的20年间，农业经营户增加了1 398.4万户，增长了7.23%。可见，现阶段，中国农业经营户有增无减，农业仍是农村劳动力就业的主渠道。

依据第一次全国农业普查资料，1996年底中国有农业户19 309万户、农业企业单位35.78万个，分别占农业生产经营单位数的99.8%和0.2%，中国农业经营组织以农户为主的表征明显；农业从业人员52 880.6万人，农业户和农业企业从业人员分别占其中的98.14%和1.86%，绝大多数农业从业人员以农业户经营即家庭经营为主。

2. 农户数量仍在增加，组织化经营主体数量增速较快

2016年中国有农户23 027万户，比2006年的22 108万户增加919万户，增长了4.16%。虽然中国的城镇化进程在不断推进，由于农村人口的繁衍与农村大家庭的分户等原因，中国农户数量并没有减少，仍在增加。在2006—2016年10年间，农业经营户数量增加727万户，增长了约3.6%，其年均增速低于农户数量年均增速，这可能与部分农户不以农为业有关。值得注意的是，10年间农业生产经营单位数量从39.5万个增加到204万个，增速明显，表明组织化的农业经营主体数量增长较快。

① 因获得的公开数据有限，尤其是第一次农业普查的数据较少，加上不同时期的部分指标变化，本节选取比较的时点因指标不同而有所不同，但仍能够说明现状。另外，本研究还使用全国农村固定观察点调查数据和多渠道来源的数据，审视农户分化及其与农业经营组织联结的状况。

3. 农业经营组织规模偏小，以家庭劳动力为主的经营仍是常态

第三次全国农业普查数据显示：①2016 年底全国有农户数量为 2.3 亿户，其中普通农户数为 2.26 亿户、占比 98.27%。农业经营户 2 亿户，其中规模农业经营户 398 万户、占比 1.99%，非规模经营农户占比高达 98.01%。②农业生产经营单位数为 204 万个，其中农民专业合作社为 90.5 万个[①]、占比 44.36%，这显示《中华人民共和国农民专业合作社法》自 2007 年 7 月 1 日实施以来，农民专业合作社数量增长迅速。尽管良莠不齐，真正与农户进行经营联结的农民合作社达到半数以上。③农业生产经营人员总数为 3.1 亿人，其中农业规模经营户农业生产经营人员为 1 289 万人，农业经营单位农业生产经营人员为 1 092 万人。

如果对这些数据做进一步的分析，无疑指向如下事实：①非规模化的农业生产经营人员数量为 2.9 亿人、占总数的比例为 92.42%。②从人员数量看，平均每个农业规模经营户的农业生产经营人员数是 3.24 人，平均每个农业生产经营单位的农业生产经营人员数量是 5.34 人[②]。一方面，这表明中国农业经营户的经营能力有所提高，以家庭劳动力为主的经营仍是常态；另一方面，如果考虑法规对合作社成立有至少 5 名成员的要求，再考虑到户均耕地为 9.8 亩[③]，整体看农业生产经营单位规模偏小。

8.1.2 农户分散经营：全国固定观察点的数据佐证[④]

农业经营离不开土地。本节从农户分化状况、农户户均耕地、各类经

① 2016 年末，在工商部门注册的农民合作社总数 179 万个，其中，农业普查登记的以农业生产经营或服务为主的农民合作社 90.5 万个，占农民合作社总数的 50.56%。

② 修订后的《中华人民共和国农民专业合作社法》自 2018 年 7 月 1 日起施行，其中设立农民合作社的条件之一是有五名以上符合本法第十九条、第二十条规定的成员。

③ 据农业农村部调查，2015 年底农户户均承包耕地 7.8 亩，10 亩以下农户超过 90%。该数据引自石霞和芦千文发表在 2018 年 3 月 30 日《学习时报》上的文章《如何理解“实现小农户和现代农业发展有机衔接”》。

④ 数据来源：中共中央政策研究室、农业农村部农村固定观察点办公室编《全国农村社会经济典型调查数据汇编》(1986—1999 年)、全国农村固定观察点调查数据汇编（2000—2009 年)、全国农村固定观察点调查数据汇编（2010—2015 年)，由中国农业出版社分别于 2001 年 4 月、2010 年 4 月、2017 年 7 月出版。

营主体经营的村均耕地数量等指标考察农户分散经营情形。

1. 农户经营状况分化，以农为业、以农为生的农户占大多数

依据统计口径，把农户分为5种类型，根据2000—2015年的农户数量变化情况（表8-1），不难看出：①纯农户数量呈现总体增加态势。纯农户数量在2000年年末为193.64户/村、占年末总户数的47.19%，到2015年增长到256.99户/村，但占年末总户数的比例下降至41.72%。②以农业为主、兼营非农业户表现出先增加后下降趋势。第一类兼业户在2000年有117.65户/村、占总户数的比例为28.67%，到2011年增加到155.70户/村，后波动下降，到2015年变化为150.13户/村。第一类兼业户占总户数的比例总体呈现下降趋势，到2015年占比为24.37%。纯农户与第一类兼业户不仅以农为业，也以农为生。以农为生的农户占总农户的比例在2000年为75.87%，到2015年下降为66.10%。这表明中国现阶段仍有大部分农户以农为业、以农为生[①]。③以非农业为主、兼营农业户的第二类兼业户数量先增加后波动变化。2000年中国有第二类兼业户70.33户/村，到2010年增加到110.50户/村，2015年又减少到102.20户/村。即使是该类兼业户，因其家庭全年生产性收入中有20%～50%来自

表8-1 2000—2015年农户分化情况

单位：户/村

农户类型	2000年	2001年	2002年	2003年	2004年	2005年	2006年	2007年
纯农户	193.64	200.49	196.21	201.62	201.22	196.26	207.43	205.47
第一类兼业户	117.65	119.27	121.31	121.90	129.50	138.52	133.11	137.25
第二类兼业户	70.33	72.11	72.68	76.87	83.30	89.33	91.41	99.63
纯非农业户	22.03	25.37	25.37	35.05	34.95	46.28	55.24	56.61
其他户	6.62	8.31	12.50	9.92	9.15	11.51	13.51	17.40
年末总户	410.28	425.55	428.07	445.36	458.13	481.91	500.70	516.36

① 根据2017年《中国农村经营管理统计年报》数据，2017年全国农户总数为2.7亿户（户口在农村的常住户数），其中纯农户数为17 322.7万户、占比64%，农业兼业户（第一类兼业户）数量为4 889.5万户、占比18.1%，非农业兼业户（第二类兼业户）数量为2 337.8万户、占比8.6%，非农户数为2 526.9万户、占比9.3%。年报由农业农村部农村经济体制与经营管理司、农村合作经济经营管理总站编，中国农业出版社2018年9月出版。

（续）

农户类型	2008年	2009年	2010年	2011年	2012年	2013年	2014年	2015年
纯农户	201.56	197.70	238.66	243.13	240.79	248.25	255.09	256.99
第一类兼业户	137.43	142.52	149.62	155.70	154.85	155.54	154.72	150.13
第二类兼业户	98.41	103.41	110.50	108.11	106.11	101.82	110.44	102.20
纯非农业户	67.17	69.21	68.50	82.75	72.23	86.88	88.28	68.50
其他户	17.34	18.11	25.17	21.17	22.20	38.11	25.59	38.08
年末总户	521.91	530.94	592.46	610.87	596.19	630.61	634.12	615.90

注：第一类兼业户是指以农业为主，兼营非农业户，家庭全年生产性收入中有50%～80%来自农业，或者农村劳动力一半以上的时间从事农业；第二类兼业户是指以非农业为主，兼营农业户，家庭全年生产性收入中有20%～50%来自农业，或者农村劳动力一半以上的时间从事非农产业。

农业，或者农村劳动力一半以下的时间从事农业，也与农业经营紧密相关。2015年第二类兼业户占比达到16.59%。年总户数增加主要源自大家庭分户与农村人口增长。个别年份两类兼业户数量变化较大，这与宏观经济波动和强农政策出台有关，一旦外出务工的机会减少，或者强农政策出台，兼业户数量就有可能增加。

2. 农户户均经营耕地面积有限，经营地块分散但呈现相对集中趋势

农户户均经营耕地面积呈现总体减少态势（表8-2），从1986年的9.20亩/户减少到2015年的7.07亩/户，这主要是农户户数增加所致，2017年全国农户总数已经超过2.7亿户（中国农村经营管理统计年报，2017）。随着土地交换、调整与流转，加上家庭分户等因素，农户户均经营耕地的块数总体表现下降趋势，从1986年的8.43块减少到2015年的3.27块。

表8-2 1986—2015年农户经营耕地面积与块数情况

单位：亩/户

项目	1986年	1987年	1988年	1989年	1990年	1991年	1993年	1995年	1996年
面积	9.20	8.90	9.32	9.03	7.98	8.47	8.07	7.83	7.78
块数	8.43	8.37	8.32	7.93	7.83	8.22	7.05	6.47	6.24
项目	1997年	1998年	1999年	2000年	2001年	2002年	2003年	2004年	2005年
面积	7.65	7.76	7.94	7.43	7.63	7.55	7.25	7.35	7.32
块数	6.12	6.11	6.06	5.90	5.75	5.75	4.91	4.96	4.79

（续）

项目	2006年	2007年	2008年	2009年	2011年	2012年	2013年	2014年	2015年
面积	7.32	7.22	7.16	7.12	7.04	7.26	7.03	7.11	7.07
块数	4.71	4.44	4.26	4.10	3.98	3.58	3.51	3.33	3.27

注：2010—2015年使用年初、年末经营耕地面积指标，其他年份为年末数据。

进一步考察，可以看出，户均经营4类耕地块数变化情况差异较大（表8-3）：5亩以上的耕地块数变化不大；3～5亩的耕地块数比较稳定；不足1亩的耕地块数减少较快，从2000年的4.15亩/户减少到2015年的1.85亩/户；1～3亩的耕地块数从2000年的1.24亩/户减少到2015年的0.88亩/户。如果考虑年末总户数量变化，从2000年的410.28户/村增加到2015年的615.90户/村，3～5亩和5亩以上的耕地总数实际上在增加，这表明土地流转政策对土地集中经营有引导作用。

表8-3　主要年份实际经营耕地块数分类情况

单位：亩/户

类型	2000年	2005年	2010年	2012年	2013年	2014年	2015年
不足1亩	4.15	3.03	2.40	1.98	1.98	1.84	1.85
1～3亩	1.24	1.23	1.08	1.02	0.97	0.92	0.88
3～5亩	0.30	0.29	0.30	0.31	0.29	0.30	0.30
5亩以上	0.21	0.24	0.24	0.27	0.26	0.27	0.25

注：自2000年公布耕地块数分类情况，地块数为年末数据。

3. 各类主体经营耕地数量差异较大，耕地以农户家庭经营为主

比较各类主体经营的耕地情况（表8-4），可以看出，农户家庭经营是农地使用的主要方式。2010—2015年从平均数看，农户家庭经营的耕地数量基本超过承包地数量，许多村都保有一定数量的机动地以便集中使用。农户家庭经营的村均耕地数量先上升后波动下降，2010年为2 816.31亩/村、占村耕地的94.34%，2015年为2 911.62亩/村、占村耕地的94.04%。企业经营的耕地、农民专业合作经济组织经营的耕地数量有限：企业经营的村均耕地数量以2015年最多、达到33.91亩，以农民合作社为主体的农民专业合作经济组织经营的村均耕地以2013年最多、为39.01亩，这

两类主体经营的村均耕地面积不到农户家庭经营的2.5%。

表8-4 各类经营主体经营耕地情况

单位：亩/村

指　标	2010年	2011年	2012年	2013年	2014年	2015年
机动地	240.05	260.84	211.23	202.05	308.94	384.71
承包地	2 745.02	2 992.62	2 886.11	2 895.39	2 963.87	2 711.99
农户家庭经营	2 816.31	2 258.40	2 942.10	2 935.63	2 997.98	2 911.62
村集体经营	48.17	46.74	37.65	43.78	47.93	61.90
企业经营	17.94	20.28	23.82	20.78	30.08	33.91
农民专业合作经济组织经营	29.69	36.12	28.27	39.01	33.01	36.75
其他经营	72.98	66.54	65.50	58.24	63.82	51.72

注：自2010年公布上述指标。

8.1.3 农户与农业产业化经营组织的联结：多渠道数据观测

无论是使用三次全国农业普查数据，还是全国农村固定观察点调查数据，对相关指标的分析表明：中国农业以分散的农户家庭经营为主的特征明显。

在走向农业现代化的过程中，理性有限的小农户与现代市场难以对接的矛盾不易化解，近30年来中国致力于推进农业产业化经营、构建新型农业经营体系、构建现代农业体系，直至建构集约化、专业化、组织化、社会化相结合的农业经营体系，力求小农户与现代农业发展有机衔接。无疑，政府的政策初衷一以贯之，支持力度持续加大，但实际过程中，受制于组织化经营主体偏好利益而导致的“短视”、农户追求短期利益取向等主客观原因，农业产业化组织发展情况及其带动农户效果难如人愿（表8-5）。

根据表8-5的数据，结合实地调查情况，不难推断：①各类农业产业化经营组织的数量于2017年达到41.7万个[①]，带动的农户数量不足

① 此处的农业产业化经营组织是狭义的，不包括农民合作社。其实，广义的农业产业化经营组织包括农民合作社，本研究其他地方使用的均是广义概念。

1.3亿户。②2016年中国有总数为2.3亿户农户，其中普通农户2.26亿户，目前约有1亿农户没有进入到农业产业化经营体系中，这1亿的农户是否从农业产业化经营获得好处（溢出效应）？还是感受到了经营的挤压（挤出效应）？本章下一节内容专门讨论此话题。③即使在农业产业化经营组织带动的近1.3亿农户中，它们与农业经营体系联结的状况差异也可能很大。④在农业产业化经营组织中，农业企业和农民合作社属于市场化运营的科层型组织（市场导向型主体），两类主体的带动能力稍强，但受主体异质性和交易情境约束，特定类型的"新型农业经营主体"带动农户的效果也不一样。

表8-5　近年农业产业化组织及其带动农户情况

年份	农业产业化经营组织（万个）	带动农户数（万户）	农户数量（万户）	合作社数量（万家）	家庭农场（万个）	龙头企业（万个）	中介组织（个）	专业市场（个）
2011	28.42	—	—	52.17	—	11.13	158 300	14 700
2012	30.87	11 800	—	68.9	87.7	11.83	174 400	16 000
2013	33.41	12 200	—	98.24	—	12.34	193 600	17 100
2014	35.42	12 400	—	128.9	89	12.55	211 200	17 500
2015	—	—	—	133.6	—	—	—	—
2016	38.6	≥10 000	23 027	179.4	87.7	12.9	—	—
2017	41.7	—	—	193	87.7	13	—	—

注：数据主要来源于历年的《中国农业年鉴》，其中，2015年合作社数据以及2014—2015年的农户数据来自张红宇等（2016），2016年的合作社、家庭农场、农业产业化组织及其带动农户数、龙头企业的数据来自余瑶（2017），2017年的数据来自张红宇（2018），"—"表示数据缺失。

8.1.4　农户分化及其与农业经营体系联结特征

在中国的语境中，小农户包含着除经营规模之外的社会文化含义，在某种意义上指向农民的生存与发展方式，通常泛指中国的普通农户[①]。综上可知，小农户呈现分化状态，从它是否与组织化主体联结视角，可以分

① 叶敬忠、豆书龙和张明皓（2018）对小农户做了较好的界定。通常农地面积在50亩以上的农户就称为家庭农场，当然不同区域不同行业的家庭农场起始规模并不一样。

为三类：①已经与农业经营体系联结的小农户。2016年中国2.26亿户普通农户中，不超过1.3亿的农户已与农业企业、农民合作社等市场主体和农村专业经济协会等公益性组织进行经营联结①，显然经营能力较强或者资源较丰富的农户容易获得市场主体的青睐，可将这部分农户看作是通常意义的小农户。②已经被政策兜底联结的贫困农户。《中国农村贫困监测报告2017》数据显示，2016年末还有4 335万人处于现行标准下的贫困状态，依据“越穷越生”的现象估计，匡算贫困农户每户大约4人左右；政策要求每个贫困村必须成立扶贫的农民专业合作社，加上公益性组织设立的农民合作社，因而估算扶贫农业企业、扶贫农民合作社等联结的农户大约1 000万户左右。③未被组织化主体联结的弱小农户。这类主体大概估算约1亿户左右，此处涉及的弱小农户主要指从事农业生产经营的各类农户，纯非农业户不在讨论之列（表8-6）。

表8-6　农户分化及其与农业经营体系联结特征

农户类型	农户数量	与农业经营体系联结方式	一些表征
贫困农户	约1 000万户（4 335万人）	与扶贫农民合作社、扶贫农业企业联结	①托底式产业扶贫；②弱弱联合，收益有限
小农户	<1.3亿户	①与市场导向型的农业企业、农民合作社联结；②与公益性的组织联结	①经营能力较强或者资源丰富的农户；②不排除“被联结”的农户和联结效果“被平均”的农户
弱小农户	1亿户左右	未联结	自我经营，部分兼业化

资料来源：本研究整理。

注：由于获取权威机构公布的数据滞后，以2016年的数据概算，能够说明大致情况。

由于中国到2020年要确保现行标准下农村贫困人口全部脱贫，这些贫困农户将蜕变成弱小农户或小农户，因而本研究暂不讨论②。

① 笔者近十几年来持续关注公益性组织对小农户的帮扶带动作用。关于农村专业经济协会对小农户的带动作用，可参见麦嘉健和万俊毅发表在《南方农村》2015年第6期论文《农村专业经济协会发展：比较与借鉴》；关于非营利组织带动小农户，可参见万俊毅等发表在《贵州社会科学》2007年第1期论文《扶贫攻坚、非营利组织与中国农村社会发展》。

② 万俊毅和曾丽军已经完成工作论文“The evolution of China's industrial poverty alleviation policies over the past 70 years since the founding of new China”（中国建国70年的产业扶贫政策演进）。

8.2 弱小农户能从农业产业化经营中获益吗[①]

中国农业产业化经营带动合作农户增收绩效获得广泛认可（王爱群等，2008；Huang and Liang，2018）。目前，学界更多地关注农业产业化经营体系之内的带动农户效应的研究，缺乏对农业产业化经营作用于体系之外农户（弱小农户）产生效应的应有关注，而其中可能存在的挤出效应恰恰是现实中相当重要又亟须学界探究的话题。

1. 溢出效应广泛存在

国家推行农业产业化经营的政策不仅仅希望带动产业体系之内的合作农户增收，还希望龙头组织能发挥对非合作农户的知识、技术、信息等方面的引领作用，带动非合作农户增收。现实中存在部分科层型经营主体在一定区域发挥溢出作用的实例，许多农业龙头企业和农民合作社示范社提供了丰富案例，例如广东温氏集团在很多村镇就发挥了带动非合作农户发展的作用。然而，这种农业产业化经营的溢出效应到底在多大程度和多大范围内存在呢？

由于中国农村仍是一个相对传统的社会，农民毗邻而居，基于血缘、亲缘、族缘、地缘等的沟通频繁，相互之间十分熟悉，资金、技术和信息等重要资源能够嵌入社会网络中并在其中流动（旷浩源，2014）。在与农业产业化经营主体尤其是其中的合作农户交往的过程中，非合作农户能够获取农业产业化经营的技术、信息甚或资金等的溢出效应。应瑞瑶和朱勇（2015）对145位农户的问卷调查表明，农业技术培训存在技术扩散效益，未参加农业技术培训的农户能够借鉴和模仿同村已参加技术培训农户的生产行为，使得其生产行为比邻村未参加农业技术培训农户的生产行为更加合理。张永强等（2014）对256个家庭农场的实证研究表明，农业龙头企业对与其存在较高组织邻近和知识邻近的家庭农场产生知识溢出效益，能

① 本节内容节选自万俊毅和曾丽军完成的论文“农业产业化经营存在溢出效应吗”，但有略微改动。该文入选2016年“中国农业技术经济学会学术研讨会”会议论文，并由曾丽军进行分组汇报交流。

够带动家庭农场更好地发展。就纯农户而言，一般产业化经营的合作农户比非合作农户的收入要高，农村广泛存在的亲戚朋友与邻居之间的借贷能够表明或多或少存在资金方面的溢出效应。另外，农业产业化经营带来的道路、水利等基础设施改善，以及村庄与外界往来的加强，均让全体农户受益。

在农业产业化经营过程中，虽然各类龙头组织与农户缔结的联盟总体稳定，但不容忽视的是，实际中也出现了不少合作农户脱离产业化经营组织变成非合作农户的情形，尽管还有一度脱离的少数非合作农户后来又变成合作农户的实例（万俊毅、欧晓明，2011）。这些从产业化经营中走出的非合作农户早已经获得技术、管理、信息等方面的溢出效应。

2. 挤出效应不容忽视

刘奇（2012）论及企业圈地建“大园区”容易使绝大多数靠家庭经营的农民无竞争力而产生的增收更难的“挤出效应”，郑有贵（2016）、王文龙（2017）提到的挤出效应等问题不容忽视。既然企业和合作社均已经带动了合作农户增收，挤出效应的存在可能使得非合作农户增收更难。因为弱小农户生产的产品竞争力弱，加上这些产品只能局限在范围有限的区域市场销售，无法与该区域组织化生产的农产品抗衡。万俊毅和曾丽军（2016）的研究表明，农业产业化经营的净溢出效应甚为有限，多个指标显示不出显著性水平上的溢出效应，这或许与因数据获取限制的指标选取偏差有关。农业企业是一个大群体，除了省级以上重点农业龙头企业外，还有地市级、县区级重点农业龙头企业，以及数量众多的未入选各级重点农业龙头企业的中小农业企业。由于各区域农业的相对重要性不同，加上地方领导发展经济的“抓手”偏好相异，各地培育省级以上重点农业龙头企业的力度相差很大，或许大量的地市级、县区级重点农业龙头企业和其他中小农业企业在带动特定区域农户增收上更有优势。对于农民合作社而言，各层级合作社带动农户的情况亦是如此。万俊毅和曾丽军（2016）的研究因不能获得各类农业企业和农民合作社的带动数据，使用省级以上农业企业等相关数据难免存在偏误。

3. 扶持政策可以优化

学界相对忽视探讨挤出效应，但这并不意味着挤出效应不重要，通常探讨的溢出效应指的应是扣减挤出效应后的净溢出效应。或许，由于挤出效应的存在，即使农业产业化经营存在溢出效应，特定区域内溢出效应减去挤出效应后的净溢出效应显得比较有限。为了增加净溢出效应，必须减少挤出效应，这意味着政府长期以来实施的扶持农业产业化龙头组织的政策需要优化。往后政府应加大力度倾斜扶持产业化经营体系之外的农户，注重引导社会资本到相对落后的农村地区进行产业帮扶。即使是政府扶持农业产业化经营的资金，也将日益注重考核农业龙头组织对小农户的带动作用。惟其如此，才能依靠多方力量，早日补上小农户与现代农业发展有机衔接的短板。

8.3 嵌入产业化经营的小农户进行专用性投资吗①

现有研究表明，整体看，市场导向型主体带动小农户的能力还有待提高，即使相当一部分主体为农户提供了产前、产中、产后的合作服务，但与农户的合作实质上还停留在“贱买贵卖”上（万俊毅，2009、2014、2017；黄宗智，2018）。

本节以“公司＋农户”中的农户为例探讨相关问题。“公司＋农户”模式是现阶段中国农业产业化经营的主要组织方式。农业企业在生产与加工技术、经营管理和市场开拓等方面优势明显，自农业产业化经营发端以来就被各界寄予厚望，备受政府的关注和扶持。2000年政府出台的《关于扶持农业产业化经营重点龙头企业的意见》明确提出，“扶持龙头企业就是扶持农业、扶持农民”，对重点龙头企业界定入选标准并予以扶持。此外，2004—2008年连续5年的中央1号文件都明确要求将龙头企业作为农业产业化经营的重要载体给予大力扶持。然而，公司与农户双方地位的非对等性使得合作剩余的分配更多地偏向公司，公司侵占农户利益现象并不鲜见（万俊毅、欧晓明，2010），难以真正实现扶持龙头企业就是扶

① 该节内容经修改后，以论文《Specific investment，relational governance and cooperation risk：from the perspective of farmers in China's “Company＋Farmers” alliance》发表，刊于SSCI期刊Applied Economics，2019年51卷第7期，第676－686页。

持农业和农民的政策目标。"公司＋农户"模式中存在许多值得深入研究的问题，本研究基于粤赣两省与公司合作的农户调研数据，探究农户专用性投资、联盟的关系治理与农户合作风险之间的关系。

8.3.1 农户专用性投资对合作经营的重要性

经过40多年的改革与发展，各类农业产业化组织已经成为农业和农村经济发展中最具活力和成长性的市场主体，在发展农业、造福农村和富裕农民等方面发挥着极为重要的作用。相比于其他产业化龙头组织，农业企业在生产要素研发、农产品质量控制和品牌塑造等有关产业核心竞争力提升方面优势明显，带动农户的能力最强，"公司＋农户"模式因而成为极为普遍和重要的农业产业化经营组织形式。截至2016年年底，全国农业龙头企业达到12.9万家，占各类农业产业化组织总数的33.42%，所提供的农产品及加工制品占农产品市场供应量的1/3，占主要城市"菜篮子"产品供给的2/3以上[①]。

农业企业和农户拥有的要素互补，双方基于自身的资源禀赋优势构建战略联盟能够获得任何一方都无法获取的合作剩余；为了保证联盟的合作成功，双方都需要为联盟生产进行专用性投资（万俊毅、欧晓明，2010）。专用性投资不仅可以为合作双方创造更多的合作剩余，还可以向合作方发出可信的承诺信号，增强双方合作的信心，促进合作联盟的持续发展。然而，专用性投资还具有负向效应，容易诱发"敲竹杠"等机会主义行为，增加合作风险，这使得"公司＋农户"模式普遍面临双边专用性投资不足（浦徐进、范旺达，2015）、合作关系不稳定（Lin et al.，2013）、联盟绩效未如人愿（万俊毅等，2009）等困境。据统计，中国"公司＋农户"模式的违约率曾经高达80%左右（刘凤芹，2003），现在的情形有较大好转，但仍不容忽视。因此，如何有效地促进专用性投资以及治理专用性投资可能引起的合作风险成为合作的焦点问题。

---

① 参见余瑶发表在《农民日报》2017年3月8日第6版面的《我国新型农业经营主体数量达280万个》。

实际上，上述问题的出现并非“公司＋农户”模式的过错，现实中不乏运行良好的“公司＋农户”联盟组织，究其原因是缺乏与组织结构相匹配的治理机制所致（万俊毅，2014）。中国正处于社会转型时期，法律法规等各项正式制度仍有待完善，关系治理机制能够发挥更为积极的作用。现有研究表明，关系治理机制具有良好的治理功效，能有效促进农业企业和农户合作的稳定性，提升合作绩效（万俊毅，2008；胡新艳，2013）。不仅如此，关系治理还有助于增进双方的信任，使得合作关系更为可靠、持续，激励合作主体的专用性投资水平。然而，现有学者大多基于农业企业视角，探讨关系治理对专用性投资的保护功效，忽视了关系治理对专用性投资的激励作用，更缺乏对农户专用性投资的关注。

诚然，相较于分散的弱势农户，农业企业具有资金、技术与经营管理优势，在“公司＋农户”联盟中居于绝对的主导地位，为联盟生产做出更大的贡献，理应得到重视。不过，合作农户作为农产品的生产主体，其专用性投资水平直接影响到农产品的生产成本、数量与品质，对联盟合作剩余的影响同样不容小觑。与公司相比，同质分散的弱势农户投入的专用性资产面临更高的“敲竹杠”等机会主义风险。近年来，在农业产业化的违约事件中，公司违约率远高于农户违约率便是佐证（李云新、王晓璇，2015）。另外，农户专用性投资的水平虽然远低于公司，但其引致的损失可能使得本身经济实力较弱的农户面临巨大的压力。因而，合作农户的专用性投资意愿相对更低。鉴于此，本节试图基于农户视角，探讨关系治理对专用性投资的激励与治理功效，寻求专用性投资、关系治理与合作风险之间的作用机理，这对“公司＋农户”模式的发展不无启迪。

8.3.2 文献回顾与研究假设

1. 农户专用性投资与合作风险

（1）农户专用性投资的内涵与维度。专用性投资是指对特定交易伙伴进行的投资，其具有特殊性或异质性，一旦将该项投资转为他用，那么这些投资的价值就会大幅降低（Williamson，1985）。农业生产具有较高的资产专用性（Caves and Petersen，1986）。在“公司＋农户”模式中，农户为了满足合作企业的生产要求，需要投入一定的专用性资产。专用性投资是一个多维度概念，不同学者基于不同的视角进行维度划分。例如，Williamson（1996）将专用性投资分为地点专用性投资、实物专用性投资、人力专用性投资、品牌专用性投资、专项资产投资以及暂时性专用资产投资。Kirca 等（2016）将专用性投资分为技术专用性投资、市场专用性投资。农户由于经济实力弱和文化程度低，并不具备农业企业在要素研发、加工和市场销售方面的优势，因而主要负责农产品生产方面的工作，其专用性投资主要体现为与生产密切相关的工具设备与劳动技能等。因此，借鉴罗必良等（2008）的划分方法，本章将农户的专用性投资分为物质专用性投资和人力专用性投资。物质专用性投资是与特定交易对象相关的生产场所、机器设备等方面的投资，人力专用性投资是与特定交易对象相关的专门技术、特定知识和工作经验等方面的投资。

（2）农户专用性投资引致合作风险。专用性投资与专用收益和转换成本伴生，具有正向和负向的双向效应（Williamson，1985）。①专用性投资的正向效应。专用性投资具有异质性、难以模仿性、稀缺性等特征，是企业竞争优势的重要源泉（Peteraf，1993），能够创造更大的合作剩余，获取更丰厚的专用收益。由于专用性投资的结果往往是互惠的，专用性投资不仅增加投资方的转换成本，为交易伙伴提供可置信承诺，也提高了交易伙伴的转换成本（周俊、薛求知，2009），有助于降低双方认知的机会主义行为，建立更为紧密、稳定与持续的合作关系，提升联盟合作绩效（Sambasivan et al.，2013）。②专用性投资的负向效应。资产所具有的专用性特质使得交易双方形成一种锁定关系，进而产生可占用准租金（Klein et al.，1978）。受经济主体的有限理性与逐利动机的影响，准租金的存在极易引发合作方的“敲竹杠”等机会主义行为，增加投资方的合作风险。Hödl 等（2014）对 195 家合资企业的研究表明，合资企业的高水平专用性投资会产生较高的合作风险和治理成本，对合资企业的绩效有着显著的负向影响。

与企业间的战略联盟不同，“公司＋农户”联盟主要由经济实力较强的公司与众多分散且规模弱小的农户组成，联盟主体的实力与地位相差悬殊。合作农户的可替代性相对较高，容易过度依赖农业企业（张闯、夏春玉，2005）。即使农户做出较高的专用性投资，农业企业转换合作农户的成本仍然较低。尽管农户专用性投资有助于增加双方的合作剩余，不过受农业自然与市场风险的双重制约，联盟绩效仍然面临较高的不确定性。一旦市场行情不好，企业很有可能采取“敲竹杠”等机会主义行为，对农户产品进行压级降价收购或拒收，致使农户专用性投资面临较大的合作风险。为此，可以提出以下假设：

假设 1：物质专用性投资对合作风险具有正向作用。

假设 2：人力专用性投资对合作风险具有正向作用。

2. 关系治理与农户专用性投资

（1）关系治理的内涵与维度。关系治理主要是指交易双方借助关系规范或者对关系性的预期来抑制机会主义行为，治理交易关系（Lusch and Brown，1996）具有自我履行特征（Baker et al.，2002）。关系治理是一个多维度的社会关系活动，需要依据交易情境相机匹配关系治理手段（万俊毅，2014）。不同学者基于不同的理论基础以及交易情境提炼出不尽相同的维度结构。关系治理对专用性投资具有事前激励和事后协调的作用，即能够激励交易方进行专用性投资来获取合作收益以及能够有效协调专用性投资可能引致的各种合作风险（孙元欣、于茂荐，2010）。依照关系治理的激励功能和协调功能，可以将关系治理分为认知型关系治理和协调型关系治理。认知型关系治理是一种能够让交易伙伴对其产生良好认知形象的治理方式；协调型关系治理是指为避免交易一方采取自利行为破坏合作而采用相应的措施来缓和利益冲突，增强彼此互信的一种关系治理方式。

（2）关系治理的协调功能。专用性投资引致的合作风险会给交易双方带来不可预期的损失，使双方丧失继续合作的信心（Lisa，2011）。协调型关系治理通过双方的真诚沟通承诺和及时的信息知识交流，能够增进双方的认识和理解，降低信息不对称性，减少合作冲突，有助于营造一种长期持续合作的美好蓝图，能够有效约束双方的机会主义行为，为合作的延续提供稳固保障。Brown 等（2009）的实证研究表明，当交易双方的关系性规范水平较高时，专用性知识资产引致机会主义行为的概率显著降低。

于茂荐等（2014）也发现，关系治理可以有效抑制专用性投资对企业绩效的负向作用，促进专用性投资的效应从侵占转向黏连。

在“公司＋农户”模式中，农户专用性投资无疑会引发一些难以预计的风险，而协调型关系治理则能通过自己的柔性功能润滑交易合作的不稳定因素，减少农户专用性投资被侵占的概率，保证合作的顺利进行。陈灿和罗必良（2011）、胡新艳（2013）等关于“公司＋农户”的实证研究表明，交流和互惠等关系治理手段可以有效促进双方冲突的解决，提高合作的满意度，确保合约关系的稳定。据此可提出以下假设：

假设3：协调型关系治理反向调节农户物质专用性投资和合作风险之间的关系。

假设4：协调型关系治理反向调节农户人力专用性投资和合作风险之间的关系。

（3）关系治理的激励功能。受“套牢”特性的影响，专用性投资极易遭受机会主义行为的损害。因此，交易者的专用性投资选择很大程度取决于其合理利益受保护程度。基于正式制度的合约治理机制以及基于非正式制度的关系治理机制是保护专用性投资的主要方式（孙元欣、于茂荐，2014），能够有效激励交易伙伴做出专用性投资。Ebers和Semrau（2015）的实证研究表明，合作联盟的合约治理程度越高，供应商对企业的信任水平越高，供应商进行专用性投资的激励性更强。

在“公司＋农户”模式中，由于中国农村是一个相对封闭的人情社会，缺乏与合约治理相契合的社会环境，关系治理扮演了更为关键的角色（胡新艳，2013），很大程度上影响了农户的专用性投资。良好的认知型关系治理能够帮助企业在农户心目中树立忠诚可靠的认知形象，有助于减少农户对专用性投资引致机会主义行为的忧虑，增进农户对专用性投资长期获利的信心，从而促进农户的专用性投资。由此，可提出以下假设：

假设5：认知型关系治理对农户专用性投资具有正向作用。

基于上述的理论分析与研究假设，本研究建立的概念模型如图8－1所示。

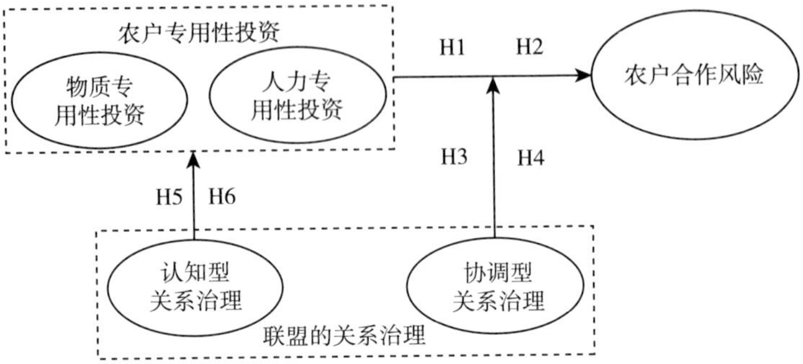

图 8-1 概念模型

8.3.3 研究设计

1. 数据来源及样本特征

本节数据源于课题组 2013 年 8 月到 2014 年 5 月对江西省赣州市和广东省阳江市采取“公司+农户”经营模式的合作农户的问卷调查。此次调研主要由事先接受过系统培训的在校研究生及驻村干部等完成，限定一家公司涉及的调查农户不超过 3 户，一共发放问卷 269 份，获得有效问卷 232 份，涉及行业包括奶牛业、养猪业、家禽业、种茶业及水产养殖业和昆虫养殖业。

从调查的样本特征来看（表 8-7）：①被调查的农户年龄大多在 30 岁到 50 岁之间，说明留在家里从事农事劳动的大多都是父母一辈。②在文化程度上，农户学历在初中及以下的占了 79.73%，这与 2012 年广东农村劳动力中具有初中及以下文化水平劳动力数量占总数 80.5%的数据非常吻合①，说明调研样本选取具有一定的可靠性，农户总体的文化水平有待提高。③在合作年限上，合作时间在 5 年以下的占了 64.7%，表明农户与企业合作的时间并不十分长久，当前“公司+农户”模式普遍存在的较高毁约率也恰恰说明了这种情况。④在家庭月均收入上，农户的家庭月均收入在 6 000 元以上的占 53%，说明农户在与农业企业合作中获得良好

① 参见 2015 年的《广东农村统计年鉴》。

的收益，同时也积累了一定的原始资本。

表 8-7 样本农户人口统计特征（N=232）

变量	选项	频数（人）	比例（%）
年龄（岁）	＜20	31	13.4
	20～30	29	12.5
	30～40	67	28.9
	40～50	77	33.2
	＞50	28	12.1
文化程度	小学及以下	80	34.5
	初中	104	44.8
	中专或高中	46	19.8
	大专及以上	2	0.9
合作年限（年）	＜1	47	20.3
	1～3	74	31.9
	3～5	29	12.5
	5～7	46	19.8
	＞7	36	15.5
家庭月均收入（元）	＜2 000	30	12.9
	2 000～4 000	37	15.9
	4 000～6 000	42	18.1
	6 000～8 000	61	26.3
	＞8 000	62	26.7

2. 变量测量

自变量与因变量的测量都采用李克特 5 级量表。为提高量表的信度与效度，本研究借鉴国内外已有相关研究的成果，并结合中国公司和农户合作的实际情况形成初始问卷，再通过预调研及深度访谈，不断修订初始问卷，形成最终问卷。

(1) 专用性投资。本研究将专用性投资划分为物质专用性投资（SM）和人力专用性投资（SH）两方面，参考 Kang 等（2009）和陈灿（2013）

等的研究，设置了6个题项。

（2）关系治理。借鉴万俊毅（2008）的观点，结合实地调研情况，公司与农户间的认知型关系治理包括灵活性（FL）与信任（TR）两大维度，表达的是一方对在市场发生变动时能够与另一方灵活调整合作关系的认知能力，从而促进相互间的理解和信任。协调型关系治理则包含信息交流（IE）与承诺（CO），表达的是农户和企业双方对未来长远继续合作的良好预期，并愿意为此进行紧密的沟通交流，承诺是静态的协调，信息交流则是动态的协调，两者一起构成了维护农户和企业间良好合作关系的协调因素。参照 Antia 和 Frazier（2001）以及 Goo 等（2009）的量表，分别设置了7个与9个题项。

（3）合作风险。参照 Delerue 和 Simon（2009）以及龙勇和李世清（2010）的量表，结合公司和农户实际合作过程中出现的实际问题，将合作风险分为背叛威胁（CL）和能力损失（BT）两大主要维度，设置了9个题项。

（4）控制变量。个体特征是影响其行为输出与结果的重要因素，因而将农户人口统计变量作为控制变量，具体包括农户年龄、教育程度和家庭收入水平。年龄大的农户，规避合作风险能力往往较弱，风险敏感性较高，专用性投资的意愿较低。农户教育程度越高，家庭收入水平越好，进行专用性投资和抵御合作风险的能力越强。

8.3.4 数据分析与假设检验

1. 信度和效度检验

本研究采用一致性系数（Cronbach's a）进行信度分析。如果 Cronbach's 值介于 0.5～0.7，表明量表的可靠性可以接受，如果大于 0.7，量表信度则相当好。由表 8－8 可知，本研究总量表的 a 值为 0.90，各变量 a 值介于 0.68～0.92，说明量表具有较高的信度。此外，各变量的复合信度 CR 值介于 0.83～0.93，远大于临界值 0.5，表明量表具有良好的内部一致性，进一步证明问卷数据的可靠性较强。

在效度方面，由于本研究选用的量表相对成熟，均得到学者的广泛检验，因而采用验证性因子分析方法进行检验。由表 8－8 可知，所有变量的测项的标准因子负载都在 0.5 以上，所有变量的平均抽取方差 *AVE* 值均达到临界值 0.5，说明问卷通过收敛效度检验。

表 8-8　信度和收敛效度分析结果

变量/量表	测项	因子负载	*AVE*	*CR*	α 值	变量	测项	因子负载	*AVE*	*CR*	α 值
总量表	—	—	—	—	0.90	认知型关系治理	*FL*1	0.83	0.63	0.92	0.90
物质专用性投资	*SM*1	0.78	0.61	0.83	0.68		*FL*2	0.80			
	*SM*2	0.84					*FL*3	0.83			
	*SM*3	0.73					*TR*1	0.78			
人力专用性投资	*SH*1	0.85	0.71	0.88	0.80	认知型关系治理	*TR*2	0.81	0.63	0.92	0.90
	*SH*2	0.82					*TR*3	0.75			
	*SH*3	0.86					*TR*4	0.72			
协调型关系治理	*IE*1	0.82	0.50	0.90	0.91	合作风险	*CL*1	0.80	0.60	0.93	0.92
	*IE*2	0.70					*CL*2	0.85			
	*IE*3	0.53					*CL*3	0.86			
	*IE*4	0.65					*CL*4	0.77			
	*IE*5	0.68					*BT*1	0.81			
	*CO*1	0.83					*BT*2	0.67			
	*CO*2	0.84					*BT*3	0.69			
	*CO*3	0.69					*BT*4	0.74			
	*CO*4	0.51					*BT*5	0.78			

由表 8-9 可知，每个变量 *AVE* 值的平方根（表中对角线上数字）均大于其与其他变量的相关系数，说明各变量之间具有良好的区分效度。

表 8-9　区分效度分析结果

变量	物质专用性投资	人力专用性投资	认知型关系治理	协调型关系治理	合作风险
物质专用性投资	0.78				
人力专用性投资	0.58	0.84			
认知型关系治理	0.36	0.46	0.79		
协调型关系治理	0.43	0.44	0.734	0.71	
合作风险	0.24	0.10	−0.07	0.02	0.77

2. 假设检验

(1) 农户专用性投资、协调型关系治理与合作风险。为检验农户专用性投资对合作风险的直接影响以及协调型关系治理在其中的调节效应，本研究采用分层多元回归分析方法，将控制变量、自变量和交互项逐次放入回归模型。为避免多重共线性的干扰，对自变量、调节变量以及两者交互项进行中心化处理。回归结果如表 8-10 所示。每个回归模型各变量的方差膨胀因子（VIF）最大值均小于 1.4，说明模型都不存在多重共线性问题；F 统计量的 P 值都非常小，表明六个模型在整体上都是显著的，因此，六个回归模型的结果可信。

表 8-10　分层多元回归结果

变　量	合作风险					
	模型 1	模型 2	模型 3	模型 4	模型 5	模型 6
控制变量						
年龄	−0.042	0.008	0.026	−0.042	−0.024	−0.022
教育	−0.228**	−0.163*	−0.164*	−0.228**	−0.231**	−0.230**
收入	0.159***	0.164***	0.169***	0.159***	0.167***	0.167***
自变量						
物质专用性投资		0.457***	0.443***			
人力专用性投资					0.194*	0.193*
调节变量						
协调型关系治理		−0.155	−0.053		−0.053	−0.044
交互项						
物质投资×协调关系			0.306*			
人力投资×协调关系						0.035
调整后 R^2	0.038	0.97	0.106	0.038	0.046	0.042
F 值	4.006***	5.940***	5.577***	4.006***	3.212***	2.672**
VIF 最大值	1.296	1.329	1.334	1.296	1.308	1.309

注：* $P\leqslant0.10$；** $P\leqslant0.05$；*** $P\leqslant0.01$。

模型 1～3 考察的是农户物质专用性投资、协调型关系治理以及两者间的交互项对合作风险的影响。实证结果表明，农户物质专用性投资对合作风险具有显著的正向影响（β=0.457，P<0.01），假设1得到验证。模型1～3的调整后R^2逐步增大，表明模型整体拟合度在提升，且农户物质专用性投资与协调型关系治理的交互项对农户合作风险具有显著的正向作用（β=0.306，P<0.10），这说明当公司与农户间的协调型关系治理程度越高时，农户专用性投资对合作风险的促进作用越强，假设3得不到验证。模型4～6探讨的是农户人力专用性投资、协调型关系治理以及合作风险之间的关系。由表8-10可知，农户人力专用性投资对合作风险具有显著的正向影响（β=0.194，P<0.10），假设2得到支持。此外，农户人力专用性投资的回归系数整体低于物质专用性投资，表明农户物质专用性投资更容易引发合作风险。模型6的调整后R^2小于模型5，且模型6的交互项系数没有通过10%的显著性检验（β=0.035，P>0.10），协调型关系治理在农户人力专用性投资与合作风险之间的调节作用不显著，假设4得不到支持。

协调型关系治理不仅没有削弱农户专用性投资对合作风险的正向影响，反而增强了农户物质专用性投资引致合作风险的概率；不过模型2、3以及模型5、6的回归结果均表明，协调型关系治理能够降低农户的合作风险，只是其系数没有通过10%的显著性检验，这或许表明中国“公司+农户”联盟的协调型关系治理对农户合作风险的抑制效应较低，农户和农业企业之间存在的信息互通关系并未给农户带来更多的利益保护，反而可能将自己的关键生产信息透露给了企业，更有利于企业的机会主义行为决策。“公司+农户”模式毁约率较高的现象，便可见一斑。

（2）认知型关系治理对农户专用性投资的影响。本研究采用多元线性回归方法验证认知型关系治理对农户专用性投资的促进作用。其中模型7和8分别考察的是认知型关系治理对农户物质专用性投资、人力专用性投资的影响。

回归结果显示（表8-11），两个回归模型均通过F检验，且各变量的VIF值均小于1.5，说明两个模型整体显著，不存在严重的多重共线性问题，回归结果具有较高的可信性。由模型估计结果可知，认知型关系治理对农户物质专用性投资（β=0.320，P<0.01）、人力专用性投资（β=

0.505，$P<0.01$）具有显著的正向影响，假设5和6均得到验证。

表8-11 多元回归结果

变量名称		物质专用性投资	人力专用性投资
		模型7	模型8
控制变量	年龄	−0.105***	−0.088**
	教育	−0.160 ***	0.009
	收入	0.011	0.016
自变量	认知型关系治理	0.320***	0.505***
回归指标	调整后 R^2	0.174	0.210
	F 值	13.162***	16.351***
	VIF 最大值	1.402	1.402

注：* $P\leqslant 0.10$；** $P\leqslant 0.05$；*** $P\leqslant 0.01$。

8.3.5 结论与讨论

实证研究结果表明："公司＋农户"联盟的认知型关系治理对农户物质专用性投资、人力专用性投资具有显著正向影响；农户的物质专用性投资和人力专用性投资对农户合作风险具有显著的正向作用；协调型关系治理对农户物质专用性投资与合作风险之间的关系具有显著的正向调节效应，协调型关系治理在农户人力专用性投资和合作风险之间的调节作用并不显著。

近年来，随着大力构建集约化、专业化、组织化、社会化相结合的新型农业经营体系，不少新型农业经营主体涌现，许多"公司＋农户"模式已经演变成"公司＋家庭农场"模式，也有不少"公司＋农户"模式演进成"公司＋合作社＋农户"模式。不管"公司＋农户"模式的具体演进方式如何，由于合作各方的专用性投资水平决定着合作剩余的多少，而合作剩余分配难题内生合作风险，本书的研究结论对演化后的"公司＋家庭农场"或者"公司＋合作社＋农户"等模式仍有适用性。

由于任何经济主体都不是孤立存在的，其经济行为必然受到周围环境的影响。公司与农户也不例外，区域的社会资本、法律环境、市场化程度和产业化发展水平等环境因素，不仅会影响农户的专用性投资行为和关系治理机制的运用，还会影响农户专用性投资对合作风险的作用关系。一般而言，一个地区的社会资本越多，法律环境越好，市场化程度和农业产业化发展水平越高，合作双方实施机会主义行为的可能性越低，这无疑会降低农户专用性投资所引发的合作风险。至于这些影响因素的具体构成以及对农户专用性投资、关系治理机制和合作风险的作用路径等问题，值得后续研究深入探讨。

8.4 小农户与现代农业发展能够有机衔接吗

无论是与产业化经营组织已经联结的小农户，还是处于农业经营体系之外的弱小农户，它们都正处于中国农业由数量增长转向质量发展的过程中，都是日益向往美好生活的新时代小农户。在当前和今后很长一个时期，小农户家庭经营将是中国农业的主要经营方式①。研究表明，小农户和现代农业发展之间不存在实质性矛盾，欧洲的生产社会化并没有导致大农场排挤小农户（张慧鹏，2019），日本、韩国等东亚发达国家和地区已经在小农户经营的基础上实现农业现代化（阮文彪，2019）。尽管这些研究所指向的不是中国“大国小农”情境下的小农户，也不仅仅是探讨小农户与现代农业的关联关系，但在本质上已经涉及中国农业发展的道路选择这个重大命题。学者们关于中国农业发展的道路见仁见智，众说纷纭。中国农业发展的道路选择需要根据各地的资源禀赋条件、农业行业特性和农产品品质特性而定，并不存在普适的农业发展模式，或许这恰恰是中国特色农业的应有之义②。中国特色的农业发展道路表现在农业产业体系、农业生产体系、农业经营体系、农业政策支持体系等多个方面。中国特色小农户与现代农业发展有机衔接之路应是：允许多种不同程度的组织化小农

① 中共中央办公厅、国务院办公厅印发《关于促进小农户和现代农业发展有机衔接的意见》，2019。本节部分观点参考该意见。

② 参见万俊毅、曾丽军和陈冰淋发表在《世界农业》2016 年第 11 期上的文章《合同农业发展的美国经验》。

与分散小农的同时存在，允许不同利益联结机制的多维共存，允许各具特色且契合特定环境的农业产业化组织共生共荣。

那么，如何实现小农户与现代农业发展有机衔接？2019 年 2 月中央印发的《关于促进小农户和现代农业发展有机衔接的意见》提出了五个方面的系列举措：提升小农户发展能力，提高小农户组织化程度，拓展小农户增收空间，健全面向小农户的社会化服务体系，完善小农户扶持政策。在已有政策的指引下，各地积极探索小农户嵌入现代农业体系的模式。即使不进行土地流转，各地也涌现出将农户组织起来与规模化服务对接的社会化服务模式。例如湖北的“按户连片”耕种模式、江苏的“联耕联种”模式、山东的“土地托管”模式、重庆梁平的“五种典型”模式等（叶敬忠等，2018）。本研究从农业经营主体的合作视角，特别强调如下几个方面：

（1）让所有农户受益的普惠制农业政策需要加大力度。这涉及两个层面的政策。一是农村基础设施和公共服务建设类政策，这会改善农业生产经营的物理环境，惠及所有的农业经营主体。目前全国正在大力实施乡村振兴战略，各地以“四个优先”把农业农村优先发展的要求落到实处，农业生产经营的物理环境将在较短时间里得到很大优化。二是对小农生产的普惠性补贴政策，这类补贴分摊到全国 20.23 亿亩耕地面积、2.3 亿农户手中，其作用相对有限，更多体现的是政策导向作用。此类补贴要在稳定基础上适当提高标准，既要创新补贴方式，又要提高补贴效率。

（2）项目制的农业扶持资金要优化使用，切实让小农户与贫困农户受益。当前，政策支持的农业项目基本都设有一定的门槛，并常常伴有其他要求。例如，有的要求经营主体达到一定的经营业绩和规模，有的要求地方配套一定比例的资金，有的要求经营者建有一定容量的冷库等。农业项目扶优扶强，在农业日益开放和全产业链竞争背景下，本无可厚非，但实力相对弱小的农业经营主体就与项目无缘，弱小农户就更加无缘。各类农业项目尤其是扶持新型农业经营主体的项目，应突出对农户的带动与辐射作用，要与带动小农生产挂钩，把带动小农户数量和成效作为项目立项、评估和验收的重要依据。

（3）既要发展公益性的农业经营组织，又要引导市场化的组织主体，让更多的弱小农户嵌入现代农业体系。对于将近1亿户处于贫困农户与小农户之间的弱小农户，基本处于分散的经营状态，抗风险能力和增收能力都比较弱。按照单纯的市场逻辑，市场主体基于理性而不愿意与弱小农户合作，扶持经营主体的项目资金运用应该关注对弱小农户的带动面与带动效果，而这也是政府发挥“四两拨千斤”政策引导的空间。与此同时，应大力发展公益性农业经营组织，例如农村专业经济协会，积极把弱小农户组织起来进行农业经营；引导更多的城市公益组织到农村去组织和帮助弱小农户，在农村开展小额信贷业务中增加对家庭妇女的帮扶。

（4）建立和完善农业社会化服务体系，鼓励面向弱小农户开展生产服务。受制于耕地资源有限、农户人力资本有限、城市接纳农村转移劳动力就业能力有限等因素，推动土地流转集中经营的政策容易遭遇“天花板”效应，农户家庭经营仍是现在和将来较长一段时间内中国农业经营的主要方式。立足将专业服务规模化，而不是致力于土地经营规模化，可以引导小农户与现代农业发展有机衔接。从实质上看，小农户与现代农业发展有机衔接，关键的是农业生产方式的内在变革，即从小农生产方式转向现代农业生产方式（陈航英等，2018）。而现代农业社会化服务体系可以将科技、信息、资金、人才等现代生产要素有效植入各类小农户的生产过程。因此，要加快构建和完善公益性服务和经营性服务统筹发展、专项服务和综合服务协调发展的现代农业社会化服务体系，特别注重引导市场主体向弱小农户提供社会化服务，创新发展多种有效的农业社会化服务模式，促进小农户与现代农业发展有机衔接。

9　中国农业经营组织的创新发展路径

9.1　研究结论

农业经营组织是引领小农户与现代农业有效衔接的重要载体，是带动农民增收致富、推动农业现代化和促进乡村振兴的中坚力量。本研究基于纵向历史视角考察中国地权变动、人地等要素组合决定的经营模式与农业经营绩效之间的关系，再检视中国农业经营组织发展的时代图景，在此基础上构建中国农业经营组织“社会嵌入—组织结构—交易行为—合作绩效”（ESCP）理论分析框架，利用省际和微观数据实证检验农业经营主体结构、主体联盟类型、治理机制与经营绩效之间的作用机制，运用数理模型分析经营主体合作博弈、行为偏差与风险防范之间的内在逻辑关系，并进一步探讨小农户与现代农业衔接的状况及其展望，探寻中国农业经营组织创新发展路径。主要研究结论如下：

（1）纵观中国历史上的王朝更迭，农地产权变动诱发了农业生产要素组合的变化，进而导致农业经营主体和经营方式的更迭。土地权利分割受到地权集中和地权分散两类力量的影响。小农经济存在很大的韧性空间，租税赋役制度调节着不同产权主体之间的利益联结。技术、市场和制度影响着农业经营组织结构。从历史纵贯视角审视，土地所有权和使用权之间的关系经历了从牢牢束缚到分离的过程，农民土地收益权均等性总体呈现增强趋势。

（2）自新中国成立以来，随着制度、文化和技术等社会环境的不断优化，中国农业经营组织逐渐迈向高质量发展时代，历经五个阶段的演进：改革开放前的农业经营组织变化、农业产业化经营组织兴起、农业经营组织数量快速增加、新型农业经营体系构建、现代农业经营体系构建与完善。与此同时，农业经营组织结构不断优化：①组织类型由单一龙头组织与农户构成型转向能够整合多方资源的多类新型农业经营主体与农户联结型；②组织合作重点由简单的产加销合作转变为精细的产业链分工合作，再转向跨产业融合发展；③组织带动农户方式从注重土地资源获取转向重视将农户嵌入现代农业发展过程中。

（3）立足于经济行为的社会嵌入，构建用于分析中国经营组织“社会嵌入—组织结构—交易行为—合作绩效”的“ESCP”理论框架。利用省际数据从宏观层面实证检验的结果表明，市场导向型农业经营主体结构及其交易行为紧密性总体会促进农业产业化经营绩效。微观层面实证检视发现：联盟类型会显著影响合作社交易行为中的治理机制，合约治理不仅对合作社绩效具有正向的直接影响效应，还能通过促进关系治理发展间接提升合作社绩效；农户在合作交易中的专用性投资行为显著提升自身合作风险，协调型关系治理加剧农户物质专用性投资引致的合作风险。

（4）受经济主体逐利动机、农业高自然风险与市场风险和农业契约特性影响，加上中国法律制度尚不完善，经营主体之间的合作博弈往往出现行为偏差。产品收购价格作为合作各方利益联结机制的核心，对各主体的合作行为偏差具有决定性影响。在随行就市价、保底收购价、固定合同价和“市场价＋附加价”这四种收购价格机制中，龙头组织和农户表现出迥异的行为偏差。经营组织形式并不能改变经济主体逐利天性内生的合作行为偏差动机，但不同经营组织形式内涵不同程度的激励和约束机制，使得龙头组织和农户在既定的收购价格机制中面临不同的履约和违约收益，进而导致龙头组织和农户在各类经营组织和收购价格机制中的合作行为偏差不尽相同。引导经营主体自我纠正行为偏差，强化政府规制和扶持政策是抑制行为偏差和防范合作风险的关键。

（5）中国农业以分散的农户家庭经营为主的特征明显。目前我国约有1亿弱小农户尚未与组织化主体联结，它们可以获得农业产业化经营的溢出效应，但同时可能面临挤出效应问题。促进各类农户与现代农业有机衔接至关重要，政府应当强化所有农户能够受益的普惠制农业政策，优化项目制的农业扶持资金使用，大力发展市场化和公益性农业经营组织，不断完善农业社会化服务体系，以此推动小农户与现代农业实现有效衔接，让小农户，尤其是弱小和贫困农户真正受益。

9.2 经验借鉴：对东亚模式和美国模式的考察

创新发展农业经营组织以实现农业现代化是世界各国共同追求的目标，如此方能有效实现农业高效可持续发展、农民增收致富和国家粮食安全。目前，可以为构建中国特色农业经营体系提供借鉴的农业经营组织发展模式主要有东亚模式和美国模式。

1. 东亚模式：农业合作社＋大社会化服务

东亚模式主要以日本、韩国和中国台湾地区的农业经营模式为代表，这些国家或地区都存在人多地少问题，主要以小农场为经营主体，但通过借助由下而生和基于农村社区的农业合作社整合为数众多小农户进入农业纵向一体化体系，避免了小农沦为社会贫穷底层，成为农业发达的小农经济国家或地区（黄宗智，2018）。以日本为例，日本主要采取三大举措促进农业经营组织和现代农业发展。首先，大力提升农业生产效率。一方面，积极推进土地流转，发展适度规模经营，增进规模和协同效应；另一方面，增强农业生产主体能力，多举措培育和提升农业农村人才队伍，加强农业经营主体职业化、法人化。其次，构建和完善社会化服务体系，促进小农与现代市场有效联结。组建和发展以服务农民为宗旨的农业协同组织，为小农户提供经营指导和生产培训、物资供销、农产品运销和农业保险等服务，带动农民对接市场（周应恒、李强和耿献辉，2013）。最后，推动农业纵向一体化，提升农业价值和竞争力。政府大力推行“六次产业”理念，鼓励农业经营主体纵向延伸产业链条，构建以生产、加工、销售、服务为一体的现代农业产业链，横向拓展现代农业的多种功能，融合发展一二三产业，以此提升产业链价值，增强农业竞争力。

2. 美国模式：企业化经营组织＋现代化生产方式

与东亚国家不同，美国农业资源丰富，农业经营主体是大型企业化家庭农场和大型农业公司（黄宗智，2018）。家庭农场是美国农业生产的基本主体，主要包括大规模家庭农场、合作农场和公司农场三种形式，其中前者数量最多。2017 年，美国共有 2 042 220 个家庭农场，农地平均规模达到 178 公顷，58.07%的农场经营规模在 20 公顷以上，农产品市场销售价值平均达到 190 245 美元[①]。美国地广人稀，劳动力成本高昂，而传统农业生产方式又需较多的劳动力投入，因而该国致力发展现代化农业生产方式，积极开发各类先进生产技术，实现农业生产经营机械化、自动化、信息化、智能化和集约化，以此节省劳动力成本，提升农业生产规模和效率。一般而言，美国家庭农场虽然经营面积非常大，但劳动雇工并不多。以一个典型的家庭农场为例，其经营面积高达 2 266 公顷，但劳动力只有农场主、两名全职职工和众多季节性短工（Freeland，2012）。由于美国农地私有，加上农业生产技术先进且劳动力需求较少，使得农业企业能够克服农业生产环节的劳动力监督、激励与配置的难题，因而该国农业企业大多为集研发、生产、加工、销售和物流等于一身的农业企业综合体（agribusiness），横向和纵向一体化程度均较高。

由上可知，东亚模式和美国模式的农业经营组织发展路径存在明显差异，但其共同点都是发展与多重社会嵌入相契合的农业经营组织结构。日本依据农地资源和制度特性、小农生产习俗和制度文化等社会嵌入性特征，发展以小农为生产经营主体、以农业协同组织为社会化服务载体、以农业企业为产业链龙头的农业经营组织结构。美国则根据地广人稀、技术先进、金融资本市场发达和制度文化等特性，发展以现代化生产方式为支撑的企业化经营组织结构。显然，受农地制度和资源约束，中国农业经营组织发展难以效仿基于大规模农场的美国模式，但也不能照搬同样是小农经营的东亚模式，这是因为中国尚处于发展中国家行列，是典型的农业和人口大国，加上农户素质水平与行为理念、国家制度文化背景与日韩国家有所迥异，需要基于中国独特的乡村多重社会嵌入特征，创新中国特色的农业经营组织发展道路。

---

① 资料来源：美国农业部国家农业数据服务官网公布的 2017 Census of Agriculture，网址为：https://www.nass.usda.gov/AgCensus/index.php。

9.3 创新发展路径：演进方向和支撑举措

基于前述的研究结论和经验借鉴分析，可以展望中国农业经营组织未来演进的可能方向，提出农业经营组织创新发展的对策建议。

9.3.1 中国农业经营组织的演进方向

伴随中国社会经济发展和消费需求升级，中国农业经营组织从注重数量发展转变到重视质量发展阶段，呈现如下演进趋势：

1. 农业经营组织嵌入社会，组织形式日趋多样

理论和实践均表明，农业经营组织作为农业生产、流通、交换和消费等经营活动的行为主体，其经营绩效很大程度取决于其与外在经济、制度、文化、生态等社会环境相嵌的适配度。伴随社会经济和技术发展，农业生产投入由以往相对简单的人地要素扩展到资本、技术和信息等多种融合要素，农业消费需求从注重农产品数量提升为追求农产品品质和农业多功能体验，农业消费方式由线下面对面的现金交易转变为线上线下多渠道消费和多样化支付方式，这无疑会拓展农业经营组织的社会嵌入广度和深度。与此同时，农业经营知识经验和信息管理技术的不断提升，农业经营组织对社会嵌入的适配能力逐渐增强。显然，农业经营组织会选择多重嵌入，根据嵌入环境的动态变化相机进行选择性脱嵌和嵌入。经营组织本质上是一种制度结构，其与社会嵌入的动态适配实质是制度结构优化，在此过程中必然伴生多样化的组织形式。当前农民合作社联合社和农业产业化联合体等新型农业经营组织的兴起彰显了农业经营组织形式多样化趋势。

2. 农业经营主体融合发展，组织结构不断优化

经营主体是经营组织有效运作的行为载体，对经营组织发展具有决定性影响。随着工业化和城镇化的快速推进和农业现代化的深入发展，中国农业主体已由改革开放初期相对同质和弱质性的家庭经营农户占主导的景象转变为承包农户和新型农业经营主体并存的格局。受农地制度、农业特性和主体异质性影响，农户、家庭农场、合作社和农业企业等经营主体在农业产业链上的不同环节各具禀赋优势和功能特性，各主体的有效联结能够创造任何一方单独经营无法获得的合作剩余。伴随农业分工的不断深化和经营主体市场意识增强，加上农业竞争日趋激烈且表现为产业链竞争，各经营主体基于禀赋优势参与产业链分工进行融合发展逐渐成为最优策略。农业经营主体结构由单类型主体转向融合型主体、继而形成融合型平台，这是农业经营主体日趋融合发展的最好印证。在政府的大力引导和支持下，新型农业经营主体从数量增长阶段迈入提质发展时期，农业经营主体结构优化明显，各类经营实力较强的融合型主体和平台型组织发展迅速。

3. 农业组织合作紧密联结，产业链条不断拓展

合作机制是决定合作主体行为和农业经营组织成败的关键因素。早期消费者主要追求农产品数量，农业市场竞争程度相对不剧烈，加上农户弱质性影响，龙头组织与农户合作关系相对松散，主要停留在简单的产供销环节，合作剩余分配的天平往往向强势龙头组织倾斜，合作农户受益程度相对有限。随着农业市场的不断完善、消费者需求的转化升级和国内外农产品市场竞争日趋激烈，农业经营主体和合作组织面临的挑战与日俱增，各主体强化合作以整合资源和提升竞争力的需求愈加强烈。在政策支持和农户不懈努力下，农户综合素质、经营能力和经济实力得以提升，产业化合作资本日趋增加，加上我国日益增强的市场化程度赋予农户更多的“用脚投票”空间，这无疑会逐渐改变小农户与其他经营主体合作的不平等地位，有助于创新构建多种要素联结的紧密型合作机制。中央政府自改革开放以来不断出台强调创新完善农户利益联结机制的政策（姜长云，2019），土地、劳动力和集体资产量化入股等合作方式兴起，农业经营组织合作机制紧密化趋势已经呈现。拓展农业功能链和延伸农业价值链是提升经营组织综合竞争力和盈利空间的重要途径，是现代农业发展的必然要求。目前，已有不少农业经营组织的业务范围由简单的产加销拓展到集生产、加工和休闲旅游于一体的多产业融合业务。显然，未来农业经营组织的合作机制会愈加紧密，产业链条不断拓展，产业价值不断提升。

9.3.2 中国农业经营组织健康发展的对策建议

中国农业经营组织多重嵌入社会环境，其创新发展既需要自身的努力，也需要外部环境的支撑优化，更离不开政府政策的引导与支持。

1. 强化政策支持力度和效度，促进各类经营组织共生共荣

农业具有弱质性、多功能性和公共物品属性，仅凭市场配置资源方式难以实现农业经营组织创新发展，需要政府的大力支持。当前，我国农业经营组织总体实力不强，而且内部分化较为严重，既有快速发展的新型农业经营主体，又有分散经营甚至生计难以维持的弱小农户；同时，中国部分农产品受到日益明显的国际价格“天花板”挤压，国外大型农业企业加速进入我国农业种业、服务业和加工业等关键性领域，并呈现网络化和一体化扩张态势，对我国农业发展的控制效应不容忽视。因此，政府需要不断提高农业政策扶持力度，引导各级政府和相关部门有效整合要素资源并着重向农业部门倾斜。同时，政府应当合理权衡和分配有限的农业扶持资源，一方面要“扶强扶大”培育具有国际竞争力的农业经营组织，另一方面也要“扶弱扶小”，促进弱小农户致富奔小康，让各类经营组织能够共同发展，提升中国农业竞争力。此外，政府还需着重加强扶持资金利用效率，提升政策效度，例如可以清理套取国家扶持资源的“空壳”企业、合作社和家庭农场等经营主体，利用大数据、区块链和人工智能等技术，构建汇集各类农业经营项目申请、执行和考核等信息系统平台，严格审查相关数据和信息的真实性，打击通过数据造假方式套取国家扶持资金的行为，以此充分发挥政策资源的扶持价值。

2. 完善主体嵌入的社会环境，优化农业经营组织结构

社会嵌入环境是农业经营组织获取各类生产要素资源的来源，也是农业经营组织发挥作用的受体，社会嵌入环境的优化必然会促进经营组织的发展。首先，要提升农业社会化服务水平。完善的农业社会化服务体系既使得农业主体不需要购买昂贵的物质装备也能有效提高资源利用率、土地和劳动生产率，又能通过信息和技术等服务增强农业主体应对自然和市场双重风险的能力，还能为农业主体提供金融、储运、包装营销等服务，促进农业产业链延伸和价值链提升。其次，要加快培养打造“懂农业、爱农村和爱农民”的多层次农业人才队伍，积极推动农业研发、疫病防疫、农具器械、产品储存和加工等技术创新与推广运用，增加专项扶持资金和开拓农业融资渠道，以此优化农业投入要素质量、组合方式和利用效率，进而促进农业生产经营效率和价值提升。最后，提高农业保险覆盖范围和保障强度，完善农业农村基础设施，特别要注重增强农村信息网络和道路交通，加快推进农业市场化进程，健全完善农村各种正式和非正式制度，为农业经营组织健康发展营造良好的社会环境。伴随社会嵌入环境的优化，农业经营组织需要顺应环境变化进行选择性脱嵌和嵌入，以促使农业经营组织结构与社会嵌入环境达到最佳适配状态。新时代，实现小农户与现代农业体系有效联结成为亟待解决的重要问题，农业经营组织要不断调适经营行为，合作和聚集形成带动小农户能力较强的融合型主体和平台。

3. 提升经营主体合作素养，强化经营组织盈利能力

各类农业经营主体有效分工合作是影响经营绩效的关键。受传统自给自足经济形成的小农生产方式和长期固化的小农意识影响，中国农业经营主体尤其是农民具有“善分不善合”传统观念。在农业产业链竞争不断加剧的新时代，基于禀赋优势参与产业链分工合作是各类经营主体的共同需要。因此，极有必要提升经营主体的合作素养，优化各经营主体之间的合作方式。一方面，应增强经营主体的合作意识，提升经营主体的合作认知能力，促使各主体充分认知合作的成本、收益和风险等相关问题，进而增强合作意愿；另一方面，需要引导各经营主体树立“互利共赢、长远发展”的合作理念，建立合理的合作期望和良好的合作心态，客观看待自然风险和市场风险对经济收益的波动影响，以此减少各主体的机会主义和违约行为倾向，促使各主体合作关系绵延稳固。农业经营组织要充分利用和发挥各主体成员的禀赋优势，激发各主体投身组织合作积极性，拓展合作对象，促进要素融合配置，推动产业跨界跨区融合发展，进而提高农业经营组织营利能力。

4. 创新多元合作机制，强化经营主体发展激励

经营主体是农业经营组织的重要构成或者合作对象，激发经营主体的自我发展和产业链合作的积极性是促进经营组织健康发展的关键。然而，尽管农户、合作社和公司等农业经营主体具有独特的禀赋优势，但囿于农业双重风险紧约束、主体合作动机有别和实力不对等、信息不对称等原因，使得农业经营主体难以在激烈的市场竞争中独善其身或者难以构建紧密型的合作联盟，致使农业经营主体的自我发展和合作激励性不高，亟须创新构建适宜的多元合作机制以促进经营主体的协同发展。首先，强化资源撬动效应，提升农户发展激励。充分挖掘和盘活农村土地、森林、荒山和矿产等集体“硬”资源和自然风光、乡土文化与技艺等“软”资源，增强农户资源禀赋优势和合作实力，提升农户在农业经营和产业链合作中的获益能力，激发农户发展积极性。其次，搭建合作信息平台，促进主体融合发展。着力搭建要素资源对接和农产品交易合作的交流平台，引导农户、合作社、公司、科研院校、农村供销社、村集体等各类组织开展多元合作，加强主体跨界合作和深度融合，增进多主体融合的叠加和协同效应。最后，创新多元合作方式，强化合作经营效益。鼓励各类主体依据自身资源禀赋相机创新选择合作主体、合作组织形式、合作业务、合作方式等，引导各类主体通过土地、资金、技术与劳动力等多元要素入股合作，形成“利益共享、风险共担”的紧密合作关系，充分发挥各类合作主体的资源禀赋优势，强化资源要素互补和聚合效应，加快推进一二三产业融合发展，致力提高合作经营效益。

5. 增强数字化赋能，促进组织提质增效

数字化技术是经济发展的重要引擎和持续动力。在当前数字化转型浪潮中，数字化技术持续赋能个体与组织发展，对农业与农村发展产生深刻影响。利用数字化技术赋能促进农业经营组织提质增效尤为重要。一方面，要运用数字化技术赋能提升经营组织内生发展能力；另一方面，要利用数字化技术赋能优化组织发展的支撑环境。在组织内生发展能力方面，要强化数字化技术对经营组织生产、经营和合作方面的赋能。一是综合运用物联网、大数据、人工智能等数字化技术，科学制定和实施生产计划，提高组织生产的布局合理性和精准管控能力，增强组织生产的科学性和精准化。二是综合运用大数据、农产品电商平台和社交媒体等数字化技术及其应用，提升组织的市场信息获取与利用能力，拓展组织产品销售的渠道与形式，促进组织销售的精准化和高效性。三是利用互联网信息平台、客户关系管理系统、供应链管理信息系统等数字化技术，打破农业经营组织合作交易的信息和时空壁垒，拓宽组织合作的对象和形式，降低组织合作信息不对称性和合作成本，促进合作主体形成合理的利益分配机制和紧密的合作关系，提高经营组织合作效益。在组织发展环境方面，要强化数字化技术对政府支持政策、农业社会化服务、农业人才队伍建设方面的赋能作用。要注重利用数字化技术及其应用推动农业农村的治理数字化、服务数字化、文化数字化，提高政府支持政策的决策科学性与实施有效性，完善农业生产性服务、信息服务、流通服务、金融服务等社会化服务体系，加强对农户、乡村能人、新型农业经营主体等人员培训，提升农村人力资本，进而提升农业经营组织发展的环境支撑条件。

9.4 研究展望

（1）本研究从历史周期律的经济基础视角切入，考察地权分割中的土地主体权益，审视小农经济韧性的存在空间，探析具体的租税赋役制度在不同地权主体之间所起的利益联结作用。在此基础上，扩展考虑农业多种要素投入，分析新中国成立以来农业经营组织发展特征，理论和实证考察社会嵌入环境、组织结构、交易行为和合作绩效之间的作用机制，进一步审视当前小农户与现代农业衔接问题和其他国家发展农业经营组织的经验，从而得出中国农业经营组织创新发展路径。这只是众多解析视角之一，后续研究可以从其他视角进行多层次探讨与验证。

（2）本研究基于新经济社会学和产业组织理论等构建的“社会嵌入—组织结构—交易行为—合作绩效”（ESCP）理论框架在农业经营组织领域具有较好的适用性，未来研究可从其他视角切入运用，还可以进一步丰富和深化该理论分析框架。另外，本研究试图从宏观和微观层面验证“ESCP”理论框架，但受制于宏观统计数据限制和问卷调查成本和可行性约束，并没有运用同一套数据检验社会嵌入、组织结构、交易行为与合作绩效之间的关系，使得该理论框架的解释力有所弱化。未来研究可以中国本土的社会嵌入量表，在全国范围内合理抽样获取更具代表性和充足的样本数据，进一步验证“ESCP”理论的适用性。

（3）影响农业经营组织发展的因素众多，本研究仅从宏观层面考察社会嵌入对农业经营组织发展的影响，尚未细致考虑具体嵌入环境变量对经营组织发展的影响效应，值得后续研究探讨。例如，当前，具有划时代意义的人工智能和区块链技术逐渐应用于农业领域，这很可能会推动农业资本化和纵向一体化，影响农业经营组织发展路径，其中的具体作用方向和机理有待进一步考察。另外，还有许多与农业经营组织相关的话题值得深入探讨。例如，不同国家的农业经营组织制度功能是否趋同？“ESCP”理论框架是否适用于其他国家文化背景？不同国家农业经营组织的结构变迁和创新路径存在哪些共性和差异？农业经营组织领域仍有许多值得持续关注的已知和未知问题。

参考文献

REFERENCES

白萍，龚新蜀. 2008. 基于SCP范式的新疆农业产业组织实证研究 [J]. 上海经济研究 (6)：38-44.

蔡海龙，炎天尧. 2019. 正确认识农业产业化联合体：本质特征与理论依据 [J]. 中国农民合作社 (7)：8-10.

蔡荣，韩洪云. 2012. 合作社内部交易的价格风险配置及其影响因素分析——基于山东省苹果种植户的问卷调查 [J]. 财贸研究 (1)：53-61.

蔡荣，王学渊. 2013. 农业合作社的集体行动困境：理论分析与实证检验 [J]. 农业经济问题 (4)：69-75.

蔡荣. 2011. "合作社+农户"模式：交易费用节约与农户增收效应——基于山东省苹果种植农户问卷调查的实证分析 [J]. 中国农村经济 (1)：58-65.

曾丽军，万俊毅. 2019. 广东省清远市良好合作社发展现况与对策 [J]. 南方农村 (3)：25-30.

常青，张建华. 2011. 丹麦与中国农业合作社之比较研究 [J]. 农业经济问题 (2)：25-31.

陈灿，罗必良. 2011. 农业龙头企业对合作农户的关系治理 [J]. 中国农村观察 (6)：46-57.

陈灿. 2013. 资产专用性，不确定性与交易的治理模式 [J]. 商业经济与管理 (4)：43-50.

陈大斌. 2011. 从合作化到公社化：中国农村的集体化时代 [M]. 北京：新华出版社.

陈航英. 2018. 中国农业转型及其动力机制再思考——基于皖南河镇的经验研究 [J]. 开放时代 (3)：76-94.

陈纪瑜. 1998. 中国封建社会土地及其赋役制度变迁的探讨 [J]. 扬州大学学报 (3)：49-54.

陈军亚. 2019. 韧性小农：历史延续与现代转换——中国小农户的生命力及自主责任机

制［J］. 中国社会科学（12）：82-99.
陈强. 2015. 气候冲击，政府能力与中国北方农民起义（公元25—1911年）［J］. 经济学（季刊）（4）：1347-1374.
陈锡文. 2013. 构建新型农业经营体系 加快发展现代农业步伐［J］. 经济研究（2）：4-6.
陈锡文. 2013. 构建新型农业经营体系刻不容缓［J］. 求是（22）：38-41.
陈晓华. 2003. 农村专业合作组织的建设［N］. 农民日报，02-14（006）.
陈学云，程长明. 2018. 乡村振兴战略的三产融合路径：逻辑必然与实证判定［J］. 农业经济问题（11）：91-100.
程秋萍，熊万胜. 2016. 治理交易成本与农业经营组织形式演变——基于1949—2015年J市养猪业兴衰史的分析［J］. 社会学研究（6）：143-168.
崔宝玉，程春燕. 2017. 农民专业合作社的关系治理与契约治理［J］. 西北农林科技大学学报（社会科学版）（6）：40-47.
崔宝玉，刘峰，杨模荣. 2012. 内部人控制下的农民专业合作社治理——现实图景、政府规制与制度选择［J］. 经济学家（6）：85-92.
崔宝玉，刘丽珍. 2017. 交易类型与农民专业合作社治理机制［J］. 中国农村观察（4）：17-31.
崔宝玉，张忠根，李晓明. 2008. 资本控制型合作社合作演进中的均衡——基于农户合作程度与退出的研究视角［J］. 中国农村经济（9）：63-71.
崔春华，廖德清. 1985. 从战国秦汉地主经济的发展看封建经济结构的形成［J］. 辽宁大学学报（2）：91-96.
党国英. 2019. 关于乡村振兴的若干重大导向性问题［J］. 社会科学战线（2）：172-180.
党国英. 2016. 中国农业发展的战略失误及其矫正［J］. 中国农村经济（7）：2-14.
道格拉斯C. 诺思. 1994. 经济史中的结构与变迁［M］. 上海：上海人民出版社.
邓军蓉，祁春节. 2011. 公司领办型合作社与社员的订单安排及履约分析——以湖北省宜昌市柑橘合作社为例［J］. 农村经济（1）：123-126.
董志凯，陈廷煊. 2011. 土地改革史话［M］. 北京：社会科学文献出版社.
杜佑. 1988. 通典［M］. 北京：中华书局.
费孝通. 1998. 乡土中国 生育制度［M］. 北京：北京大学出版社.
丰志培，常向阳. 2010. 中药材产业合作模式选择的影响因素分析——基于安徽省中药饮片企业的实证研究［J］. 农业技术经济（5）：55-63.
高静，刘静，陈薇伊. 2018. 农民合作社促进现代农业发展的理论逻辑与现实检验：

2008—2015省际面板数据［J］．农村经济（5）：121－127.

高满良．2016．论过渡性制度安排与农村制度创新［J］．云南行政学院学报（1）：122－126.

高寿仙．2006．明代农业经济与农村社会［M］．合肥：黄山书社.

高艳霞，王丽霞．2014．在WTO环境下农业产业化的研究报告［J］．现代农业（1）：75－76.

郭爱民．2018．多视角透析工业化时期英国的土地流动与经营［M］．北京：中央编译出版社.

郭成望．1983．试论小块土地所有制在中国封建社会占支配地位［J］．贵州社会科学（3）：73－80.

郭庆海．2013．新型农业经营主体功能定位及成长的制度供给［J］．中国农村经济（4）：4－11.

郭松义．1994．小农经济运作中的几个关系问题［J］．中国经济史研究（1）：150－151.

郭涛，赵德起．2018．中国现代农业经营体系发展水平测度及收入效应［J］．山西财经大学学报（10）：46－62.

郭庠林．1981．中国封建社会“自耕农”的土地所有权及其社会身份［J］．学术月刊（12）：29－31.

韩庆龄．2020．村社统筹：小农户与现代农业有机衔接的组织机制［J］．南京农业大学学报（社会科学版）（3）：34－43.

郝小宝，陈合营．2007．农民专业合作社的内部人控制问题研究［J］．调研世界（5）：12－15.

何海狮．2013．卷入、脱嵌与反嵌——粤北瑶山村杉木种植的劳动过程分析［J］．开放时代（4）：188－203.

何军，王恺，陈文婷．2017．中国农业经营方式演变的社区逻辑——基于山西省汾阳市两个农村社区的案例分析［J］．中国农村观察（2）：107－116.

何兹全，葛金芳．2013．中国近世农村经济制度史论［M］．上海：商务印书馆.

贺志亮，刘成玉．2015．我国农业生产效率及效率影响因素研究：基于三阶段DEA模型的实证分析［J］．农村经济（6）：48－51.

胡鞍钢．2012．中国减贫之路：从贫困大国到小康社会（1949—2020年）［A］．国情报告（第十一卷2008年（下））［C］．清华大学国情研究中心.

胡鞍钢．2007．中国政治经济史论（1949—1976）［M］．北京：清华大学出版社.

胡怀国．2015．中国传统社会的“国营农场”及其转轨路径——兼论古代屯田的制度背

景与演进逻辑 [J]. 中国经济史研究 (5): 42-47.
胡健, 乔栋. 2017. "合作社+", 空间比想象的大 [N]. 人民日报, 02-12 (10).
胡平波. 2013. 农民专业合作社中农民合作行为激励分析——基于正式制度与声誉制度的协同治理关系 [J]. 农业经济问题 (10): 73-82.
胡新艳. 2013. "公司+农户": 交易特性, 治理机制与合作绩效 [J]. 农业经济问题 (10): 83-89.
刘昫. 1975. 旧唐书 [M]. 北京: 中华书局.
黄晖. 2013. 中国经济增长区域差异的制度分析 [J]. 经济地理 (1): 35-40.
黄迈, 董志勇. 2014. 复合型现代农业经营体系的内涵变迁及其构建策略 [J]. 改革 (1): 43-50.
黄梦思, 孙剑. 2016. 复合治理"挤出效应"对农产品营销渠道绩效的影响——以"农业龙头企业+农户"模式为例 [J]. 中国农村经济 (4): 17-30.
黄少安, 孙圣民, 宫明波. 2005. 中国土地产权制度对农业经济增长的影响——对1949—1978年中国大陆农业生产效率的实证分析 (英文) [J]. Social Sciences in China (4): 38-47.
黄胜忠, 伏红勇. 2019. 公司领办的农民合作社: 社会交换, 信任困境与混合治理 [J]. 农业经济问题 (2): 53-62.
黄宗智. 2018. 怎样推进中国农产品纵向一体化物流的发展? ——美国, 中国和"东亚模式"的比较 [J]. 开放时代 (1): 151-165.
黄祖辉, 傅琳琳. 2015. 新型农业经营体系的内涵与建构 [J]. 学术月刊 (7): 50-56.
黄祖辉, 吴彬, 徐旭初. 2014. 合作社的"理想类型"及其实践逻辑 [J]. 农业经济问题 (10): 8-16.
黄祖辉, 俞宁. 2010. 新型农业经营主体: 现状, 约束与发展思路 [J]. 中国农村经济 (10): 16-26.
黄祖辉. 2013. 现代农业经营体系建构与制度创新——兼论以农民合作组织为核心的现代农业经营体系与制度建构 [J]. 经济与管理评论 (6): 5-16.
贾后明, 黄程程. 2016. 论农村土地确权中土地权利界定与行使 [J]. 河北经贸大学学报 (2): 85-90.
贾俊民, 等. 2018. 中国"三农"发展规律与战略目标研究——基于中国六千年历史演进逻辑与国际比较视野的宏观考察 [M]. 北京: 中国财政经济出版社.
姜密. 2006. 宋代"系官田产"研究 [M]. 北京: 中国社会科学出版社.
姜松, 王钊. 2013. 农民专业合作社联合经营经济效应及其实现条件 [J]. 广东商学院学报（3）：61－69.

姜长云．2014．关于构建新型农业经营体系的思考——如何实现中国农业产业链，价值链的转型升级［J］．人民论坛·学术前沿（1）：70－78.

姜长云．2019．新时代创新完善农户利益联结机制研究［J］．社会科学战线（7）：44－53.

蒋例利．2017．新型农业经营主体供给型融资约束形成机理及其破解研究［D］．重庆：西南大学.

蒋永穆，高杰．2013．不同农业经营组织结构中的农户行为与农产品质量安全［J］．云南财经大学学报（1）：142－148.

晋文．2020．秦汉经济制度与大一统国家治理［J］．历史研究（3）：11－18.

康鑫，王桂森，孙志茹．2013．粮食主产区农业生产资源投入产出效率评价研究［J］．科技与经济（3）：41－45.

孔径源．1992．中国经济生活中的非正式制度安排［J］．经济研究（7）：32－34.

孔祥智，毛飞．2013．农业现代化的内涵，主体及推进策略分析［J］．农业经济与管理（2）：9－15.

孔祥智，岳振飞，张琛．2018．合作社联合的本质——一个交易成本解释框架及其应用［J］．新疆师范大学学报（哲学社会科学版）（1）：100－106.

孔祥智．2019．对农民合作社的非议从何而起［J］．人民论坛（4）：64－66.

孔祥智．2014．新型农业经营主体的地位和顶层设计［J］．改革（5）：32－34.

旷浩源．2014．农村社会网络与农业技术扩散的关系研究——以G乡养猪技术扩散为例［J］．科学学研究（10）：1518－1524.

李彬，范云峰．2011．我国农业经济组织的演进轨迹与趋势判断［J］．改革（7）：88－95.

李德彬，林顺宝，等．1989．新中国农村经济纪事［M］．北京：北京大学出版社.

李根蟠．1998．中国小农经济的起源及其早期形态［J］．中国经济史研究（1）：69－86.

李惠安．2000．中国农村专业合作经济组织发展的若干问题［A］．农村专业合作经济组织国际研讨会文集［C］．北京：中国农业科技出版社.

李金铮，邹晓昇．2003．二十年来中国近代乡村经济史的新探索［J］．历史研究（4）：169－182.

李金铮．2012．相对分散与较为集中：从冀中定县看近代华北平原乡村土地分配关系的本相［J］．中国经济史研究（3）：16－28.

李金铮．2012．中国近代乡村经济史研究的十大论争［J］．历史研究（1）：171－189.

李林甫．1992．唐六典［M］．北京：中华书局.

李谦．1998．发展农业产业化经营的几个问题［J］．中国农村经济（12）：40－45.

李文治. 2007. 明清时代封建土地关系的松解 [M]. 北京：中国社会科学出版社.
李文治. 1957. 中国近代农业史资料 [M]. 北京：生活·读书·新知三联书店.
李云新，王晓璇. 2015. 资本下乡中利益冲突的类型及发生机理研究 [J]. 中州学刊(10)：43-48.
梁方仲. 2008. 中国历代户口，田地，田赋统计 [M]. 北京：中华书局.
林万龙. 2017. 农地经营规模：国际经验与中国的现实选择 [J]. 农业经济问题 (7)：33-42.
林毅夫. 2003. 诱致性制度变迁与强制性制度变迁 [G] //盛洪. 现代制度经济学 (下卷). 北京：北京大学出版社.
刘滨，陈池波，杜辉. 2009. 农民专业合作社绩效度量的实证分析——来自江西省 22 个样本合作社的数据 [J]. 农业经济问题 (2)：90-95.
刘昶. 1981. 试论中国封建社会长期延续的原因 [J]. 历史研究 (2)：15-28.
刘畅，高杰. 2016. 基于共生理论的中国农业产业化经营组织演进 [J]. 农村经济 (6)：45-50.
刘超，朱满德. 2010. 龙头企业与农户紧密型利益联结机制的探索与创新——以大连市金州区城西村土地股份合作为例 [J]. 南方农村 (3)：65-68.
刘风. 2018. 农民合作社的反脆弱性及其贫困治理能力 [J]. 中国农业大学学报 (社会科学版) (5)：90-98.
刘凤芹. 2003. 不完全合约与履约障碍——以订单农业为例 [J]. 经济研究 (4)：22-30.
刘洁，祁春节，陈新华. 2016. 制度结构对农民专业合作社绩效的影响——基于江西省 72 家农民专业合作社的实证分析 [J]. 经济经纬 (2)：36-41.
刘平方，杨秀玉. 2014. 日本新型农业经营组织的成长与特征 [J]. 世界农业 (7)：169-171.
刘奇. 2012. 从"被上楼"到"被规模" [J]. 中国发展观察 (10)：45-48.
刘同山，孔祥智. 2013. 关系治理与合作社成长——永得利蔬菜合作社案例研究 [J]. 中国经济问题 (3)：3-10.
刘同山，周振，孔祥智. 2014. 实证分析农民合作社联合社成立动因，发展类型及问题 [J]. 农村经济 (4)：7-12.
刘西川，徐建奎. 2017. 再论"中国到底有没有真正的农民合作社"——对《合作社的本质规定与现实检视》一文的评论 [J]. 中国农村经济 (7)：1-13.
刘修明. 1981. 中国封建社会的典型性与长期延续原因 [J]. 历史研究 (6)：59-68.
刘秀玲，朱文涛. 2015. 合作社农户入社偏好，违约风险与治理研究 [J]. 农林经济管理学报（6）：560－566.

刘拥军，薛敬孝．2003．加速农业市场化进程是增加农民收入的根本途径［J］．经济学家（1）：68－73.

刘玉峰．2008．唐代均田农户经济的规划形成及其经济形态特征［J］．中国经济史研究（3）：46－54.

刘正山．2014．大国地权：中国五千年土地制度变革史［M］．武汉：华中科技大学出版社.

刘正山．2007．土地兼并的历史检视［J］．经济学（季刊）（2）：675－706.

龙登高，温方方，邱永志．2016．典田的性质与权益——基于清代与宋代的比较研究［J］．历史研究（5）：54－70.

龙登高．2009．地权交易与生产要素组合：1650—1950［J］．经济研究（2）：146－156.

龙登高．1996．论个体小农与传统市场——以宋代为中心［J］．中国经济史研究（2）：20－31.

龙登高．2020．中国传统地权制度论纲［J］．中国农史（2）：58－64.

龙登高．1997．中国传统市场的整合：11－19世纪的历程［J］．中国经济史研究（2）：13－20.

龙方，杨重玉，彭澧丽．2011．自然灾害对中国粮食产量影响的实证分析——以稻谷为例［J］．中国农村经济（5）：33－44.

龙勇，李世清．2010．规模型竞争性联盟中资源-风险-结构关系研究［J］．软科学（6）：45－50.

卢锋．1989．近代农业的困境及其根源［J］．中国农史（3）：27－33.

卢锋．1989．若干朝代农业生产效率水平蠡测［J］．中国人民大学学报（1）：51－65.

卢文．1992．论建国后我国农业的发展道路和农村改革的成就［J］．中共党史研究（4）：6－13.

陆倩，孙剑，向云．2017．不同模式农民合作社形成的影响因素研究——基于农户生产过程特征视角的分析［J］．中国农业大学学报（2）：169－177.

罗必良，刘成香，吴小立．2008．资产专用性，专业化生产与农户的市场风险［J］．农业经济问题（7）：10－15.

闵锐，李谷成，王慧青．2017．湖南省油菜产业发展及其优化路径的SCP范式分析［J］．理论月刊（5）：110－114.

牛若峰．1997．农业产业一体化经营的理论与实践［J］．经济研究参考（54）：2－21.

潘劲．2011．中国农民专业合作社：数据背后的解读［J］．中国农村观察（6）：2－11.

庞涛．2010.《论韩愈》与陈寅恪的新宋学情怀［J]．广州社会主义学院学报（4)：78－80.
庞卓恒．1983．中国封建社会延续时间较长的根本原因［J]．天津师大学报（3)：41－51.
浦徐进，范旺达．2015．投资激励视角下农产品供应链治理结构优化［J]．中国人口．资源与环境（1)：152－157.
任大鹏，郭海霞．2009．多主体干预下的合作社发展态势［J]．农村经营管理（3)：22－24.
阮文彪．2019．小农户和现代农业发展有机衔接——经验证据，突出矛盾与路径选择［J]．中国农村经济（1)：15－32.
塞缪尔．P．亨廷顿．1989．变化社会中的政治秩序［M]．北京：生活．读书．新知生活·读书·新知三联书店．
邵慧敏，秦德智．2018．内部信任对农民合作社绩效的影响分析［J]．农村经济（3)：124－128.
邵科，于占海．2017．农民合作社在促进产业精准脱贫中的功能机理，面临问题与政策建议［J]．农村经济（7)：120－123.
施海波，李芸，张姝，吕开宇．2019．精准扶贫背景下产业扶贫资产管理与收益分配优化研究［J]．农业经济问题（3)：92－99.
史志宏．2002．20世纪三、四十年代华北平原农村的土地分配及其变化——以河北省清苑县4村为例［J]．中国经济史研究（3)：3－20.
宋连生．2002．总路线、大跃进、人民公社化运动始末［M]．昆明：云南人民出版社．
苏群，李美玲，常雪．2019．财政支持对农民专业合作社绩效的影响——以种植业合作社为例［J]．湖南农业大学学报（社会科学版）(1)：42－48.
隋福民．2018．市场发育，非农就业和农户的选择：20世纪30—40年代保定农村的证据［J]．经济研究（7)：167－181.
孙亚范，余海鹏．2012．立法后农民专业合作社的发展状况和运行机制分析——基于江苏省的调研数据［J]．农业经济问题（2)：89－96.
孙耀吾，刘朝．2004．“公司＋农户”组织运行困境的经济学分析［J]．财经理论与实践（4)：113－118.
孙元欣，于茂荐．2010．关系契约理论研究述评［J]．学术交流（8)：117－123.
孙正东．2015．论现代农业产业化的联合机制［J]．学术界（7)：157－164.
谭浩．2019．对宋以来中国“历史周期律”的分析——基于主成分分析方法［J]．统计与管理（8)：63－72.
谭智心．2019．农民专业合作社联合社的2 018——依法发展的启航之年［J]．中国农民合作社（1）：16-16.

汤新华. 2009. 农业产业化龙头企业绩效评价研究［M］. 北京：中国农业出版社.

唐曼萍，郭祖红. 2006. 农业产业化龙头企业融资问题分析——基于四川150家省级以上龙头企业融资问题的调研［J］. 农村经济与科技（10）：62-63.

唐欣瑜，梁亚荣. 2014. 我国农民集体土地收益权权利演进之回顾与展望［J］. 农业经济问题（5）：61-66.

佟绍伟. 2019. 土地公有制终结了“历史周期律”［N］. 中国自然资源报，09-19.

万俊毅，敖嘉焯. 2013. 企业间交易治理机制研究述评与展望［J］. 外国经济与管理（3）：22-27.

万俊毅，曾丽军，徐静. 2017. 农业经营主体结构，交易行为与产业化经营绩效［J］. 农林经济管理学报（6）：699-706.

万俊毅，曾丽军. 2020. 合作社类型，治理机制与经营绩效［J］. 中国农村经济（2）：30-45.

万俊毅，曾丽军. 2015. 外资并购与中国农产品的安全保障对策［J］. 农村经济（10）：24-29.

万俊毅，李栋. 2021. 互联网使用对农民家庭经营性收入的影响机制研究——基于CFPS的实证检验［J］. 广西财经学院学报（3）：1-12.

万俊毅，欧晓明. 2010. 产业链整合、专用性投资与合作剩余分配：来自温氏模式的例证［J］. 中国农村经济（5）：28-42.

万俊毅，欧晓明. 2011. 社会嵌入、差序治理与合约稳定——基于东进模式的案例研究［J］. 中国农村经济（7）：14-24.

万俊毅，彭斯曼，陈灿. 2009. 农业龙头企业与农户的关系治理：交易成本视角［J］. 农村经济（4）：25-28.

万俊毅. 2009. “公司+农户”的组织制度变迁：诱致抑或强制［J］. 改革（1）：91-96.

万俊毅. 2010. 农牧企业集团的管理突围［J］. 广东商学院学报（2）：37-44.

万俊毅. 2014. 农牧企业转型已在路上［J］. 广东饲料（12）：7-11.

万俊毅. 2008. 准纵向一体化，关系治理与合约履行——以农业产业化经营的温氏模式为例［J］. 管理世界（12）：93-102.

万俊毅，等. 2014. “公司+农户”模式：社会资本、关系治理与联盟绩效［M］. 北京：中国农业出版社.

王爱群，夏英，秦颖. 2008. 吉林省农业产业化龙头企业辐射能力实证分析［J］. 中国农业资源与区划（2）：48-53.

王昉. 2005. 中国古代农村土地所有权与使用权关系：制度思想演进的历史考察［M］. 上海：复旦大学出版社.

王进，赵秋倩. 2017. 合作社嵌入乡村社会治理：实践检视，合法性基础及现实启示［J］. 西北农林科技大学学报（社会科学版）（5）：38-44.

王军. 2011. 中国农民专业合作社社员机会主义行为的约束机制分析［J］. 中国农村观察（5）：25-32.

王铁，寇垠. 2013. 农业经营组织变迁与要素供给条件优化——对推进家庭农场发展的制度环境分析［J］. 学习与实践（8）：14-21.

王文龙. 2017. 中国农业经营主体培育政策反思及其调整建议［J］. 经济学家（1）：55-61.

王亚飞，黄勇，唐爽. 2014. 龙头企业与农户订单履约效率及其动因探寻——来自91家农业企业的调查资料［J］. 农业经济问题（11）：16-25.

王毓铨. 2009. 明代的军屯［M］. 北京：中华书局.

王云五. 1936. 丛书集成初编. 汉书食货志［M］. 上海：商务印书馆.

王志刚，于滨铜. 2019. 农业产业化联合体概念内涵，组织边界与增效机制：安徽案例举证［J］. 中国农村经济（2）：60-80.

魏朗. 2007. 财政支农支出对我国农业经济增长影响的研究——对1999—2003年农业生产贡献率的实证分析［J］. 中央财经大学学报（9）：11-16.

温锐，闵桂林. 2018. 家庭农场：中国农业发展史上的内生优选经营模式［J］. 江西财经大学学报（4）：84-93.

温锐，陈涛. 2016. 地权、租佃、市场：传统农村社会向富动力分析——以清末民初江西寻乌为例［J］. 江西财经大学学报（1）：99-109.

温锐. 2002. 清末民初赣闽边地区土地租佃制度与农村社会经济［J］. 中国经济史研究（4）：64-75.

无为. 1993. “传统农业与小农经济”学术讨论会纪要［J］. 中国经济史研究（3）：144-148.

吴欢，刘西川，扶玉枝. 2018. 农民合作社二次返利的增收效应分析——基于浙江185家合作社的调查数据［J］. 湖南农业大学学报（社会科学版）（4）：23-31.

吴菊安. 2016. 日本、韩国农业经营方式和社会化服务体系发展经验及借鉴［J］. 世界农业（5）：30-34.

夏振坤. 1992. 1949—1978中国农村经济发展的轨迹［J］. 中国社会经济史研究（2）：90-99.

辛文. 2016. 2015年全国农业产业化组织总数达38.6万个［N］. 中华合作时报，08-05（A04）.

参 考 文 献

徐新吾. 1986. 中国封建社会长期延续的基本原因——关于中国小农经济生产结构凝固性问题探讨 [J]. 中国经济史研究 (4): 23-38.

徐旭初, 吴彬. 2017. 异化抑或创新? ——对中国农民合作社特殊性的理论思考 [J]. 中国农村经济 (12): 1-16.

徐勇. 2007. 现代国家建构与土地制度变迁 [J]. 河北学刊 (2): 58-63.

徐勇. 2007. 现代国家建构与土地制度变迁——写在《物权法》讨论通过之际 [J]. 河北学刊 (2): 51-65.

禤燕庆, 寇广增, 蔡海龙. 2017. 农业产业化联合体: 新型经营主体联合经营的新探索——基于安徽调查 [J]. 农村经营管理 (10): 26-27.

晏丕振, 张平. 1998. 实现农业产业化与可持续发展的四个重要因素 [J]. 经济问题探索 (2): 45-46.

杨灿君. 2016. “能人治社”中的关系治理研究——基于35家能人领办型合作社的实证研究 [J]. 南京农业大学学报 (社会科学版) (2): 44-53.

杨际平. 2003. 北朝隋唐“均田制”新探 [M]. 长沙: 岳麓书社.

杨军. 2014. 不同模式农民合作社绩效的差异分析——基于广东, 安徽148家农民合作社的调查 [J]. 西北农林科技大学学报 (社会科学版) (3): 40-44.

杨明洪, 孙继琼. 2008. 农业产业化发展的空间分布与影响因素分析——以农业产业化国家重点龙头企业为例 [J]. 财经科学 (7): 103-110.

姚洋. 2000. 中国农地制度: 一个分析框架 [J]. 中国社会科学 (2): 54-65.

叶敬忠, 豆书龙, 张明皓. 2018. 小农户和现代农业发展: 如何有机衔接? [J]. 中国农村经济 (11): 64-78.

叶茂, 兰鸥, 柯文武. 1993. 传统农业与现代化——传统农业与小农经济研究述评 (上) [J]. 中国经济史研究 (3): 107-122, 143.

叶茂, 兰鸥, 柯文武. 1993. 传统农业与现代化——传统农业与小农经济研究述评 (下) [J]. 中国经济史研究 (3): 123-143.

叶兴庆, 翁凝. 2018. 拖延了半个世纪的农地集中——日本小农生产向规模经营转变的艰难历程及启示 [J]. 中国农村经济 (1): 124-137.

尹成杰. 2002. 关于农业产业化经营的思考 [J]. 管理世界 (4): 1-6.

应瑞瑶, 朱勇. 2015. 农业技术培训方式对农户农业化学品使用行为的影响——源自实验经济学的证据 [J]. 中国农村观察 (1): 50-58.

于干千. 2007. 基于博弈论的“不抑兼并”土地制度分析——以唐宋农地制度的演进为视角 [J]. 中国经济史研究 (1): 159-168.

于干千．2007．唐代国家土地政策变迁与土地制度演进［M］．北京：经济科学出版社．
于金富．2017．我国农业经营主体的历史演变与发展方向［J］．经济纵横（6）：82－87．
于琨奇．2012．战国秦汉小农经济研究［M］．上海：商务印书馆．
于茂荐，孙元欣．2014．专用性投资，关系机制与企业绩效［J］．中南财经政法大学学报（1）：150－156．
苑鹏，张瑞娟．2016．新型农业经营体系建设的进展，模式及建议［J］．江西社会科学（10）：47－53．
苑鹏．2013．“公司＋合作社＋农户”下的四种农业产业化经营模式探析——从农户福利改善的视角［J］．中国农村经济（4）：71－78．
苑鹏．2008．农民专业合作社联合社发展的探析——以北京市密云县奶牛合作联社为例［J］．中国农村经济（8）：44－51．
苑书义，董丛林．2001．近代中国小农经济的变迁［M］．广州：人民出版社．
马端临．1986．文献通考［M］．北京：中华书局．
张安福．2008．唐代农民家庭经济研究［M］．北京：中国社会科学出版社．
张琛，孔祥智．2018．组织合法性、风险规避与联合社合作稳定性［J］．农业经济问题（3）：46－55．
张闯，夏春玉，梁守砚．2009．关系交换、治理机制与交易绩效：基于蔬菜流通渠道的比较案例研究［J］．管理世界（8）：124－140．
张闯，夏春玉．2005．农产品流通渠道：权力结构与组织体系的构建［J］．农业经济问题（7）：28－36．
张峰．2015．中国近代土地问题研究［M］．广州：人民出版社．
张国强，张扬，朱永达，王亚刚．1999．农业产业化经营评价指标体系的建立及实证分析［J］．河南农业大学学报（6）：172－177．
张红宇．2018．中国现代农业经营体系的制度特征与发展取向［J］．中国农村经济（1）：23－33．
张慧鹏．2019．现代农业分工体系与小农户的半无产化——马克思主义小农经济理论再认识［J］．中国农业大学学报（社会科学版）（1）：16－24．
张娟．2012．农民专业合作社联合社的变迁路径［J］．农村经济（11）：121－125．
张龙耀，徐曼曼，刘俊杰．2019．自然灾害冲击与农户信贷获得水平——基于CFPS数据的实证研究［J］．中国农村经济（3）：36－52．
张清津，王新志．2016．中国农村专业化分工与农业经营组织体系的演变［J］．江西社会科学（2）：194－199．

张晓山. 2006. 创新农业基本经营制度发展现代农业 [J]. 农业经济问题 (8): 4-9.
张晓山. 2015. 新常态下农业和农村发展面临的机遇和挑战 [J]. 学习与探索 (3): 1-9.
张延龙, 等. 2021. 中国农业产业化龙头企业发展特点, 问题及发展思路 [J]. 农业经济问题 (8): 135-144.
张益丰, 陈莹钰, 潘晓飞. 2016. 农民合作社功能“嵌入”与村治模式改良 [J]. 西北农林科技大学学报 (社会科学版) (6): 50-58.
张应良, 田丽. 2011. 基于SCP范式的畜牧产业组织优化研究——以重庆市黔江区为例 [J]. 经济体制改革 (4): 180-184.
张永强, 才正, 张璐. 2014. 农业龙头企业对家庭农场知识溢出效应研究——以黑龙江省为例 [J]. 农业经济问题 (11): 10-16.
赵冈, 陈钟毅. 2006. 中国土地制度史 [M]. 北京: 新星出版社.
赵冈. 2006. 中国传统农村的地权分配 [M]. 北京: 新星出版社.
赵冈. 1994. 重新评价中国历史上的小农经济 [J]. 中国经济史研究 (1): 136-139.
赵慧娥, 孙林. 2004. 我国“公司+农户”型产业化组织不稳定的原因及对策 [J]. 经济纵横 (5): 23-25.
赵军洁. 2019. 新中国70年农业经营体系改革回顾和政策展望 [J]. 经济纵横 (8): 32-38.
赵晓峰, 王艺璇. 2013. 阶层分化、派系竞争与村域合作社发展——基于河南省先锋村新型农民合作社发展实践的调查 [J]. 中国农村观察 (3): 72-79.
赵烨. 2014. 当前我国农村土地制度改革的必要性与对策思考 [J]. 台湾农业探索 (6): 62-64.
赵志龙. 2006. 农村工业化进程中农户经济行为变迁——一个案例研究 [J]. 中国经济史研究 (4): 147-153.
郑亮, 杨燕菱. 2015. 农地“三权分离”制度的土地权能构造——基于马克思土地产权权能理论 [J]. 安徽农业科学 (36): 318-320.
郑瑞强, 翁贞林. 2017. 农业龙头企业支持政策分野与企农关系治理研究 [J]. 地方治理研究 (2): 71-80.
郑少红, 王诗俊, 郑小玲. 2013. 基于后SCP分析范式的“公司+合作社+农户”契约关系分析 [J]. 台湾农业探索 (5): 47-51.
郑少红, 张春霞. 2007. 福建农民合作经济组织SCP分析探究 [J]. 福建农林大学学报 (哲学社会科学版) (5): 5-8.
郑有贵. 2016. 农业转型升级对政府强依赖的原因及其对策——兼论农业组织化实现形式的优化和转型 [J]. 农业经济问题 (10): 4-8.

钟甫宁. 2021. 中国农村脱贫历史性成就的经济学解释 [J]. 农业经济问题 (5): 4-11.
钟祥财. 1995. 中国土地思想史稿 [M]. 上海: 上海社会科学院出版社.
钟真, 穆娜娜, 齐介礼. 2016. 内部信任对农民合作社农产品质量安全控制效果的影响——基于三家奶农合作社的案例分析 [J]. 中国农村经济 (1): 40-52.
钟真. 2018. 改革开放以来中国新型农业经营主体: 成长, 演化与走向 [J]. 中国人民大学学报 (4): 43-55.
仲农平. 2021. 大转折、中国命运百年逆袭——中国共产党与中国农民 (上) [N]. 农民日报, 06-21 (1).
仲农平. 2021. 大跨越、中国历史乾坤再造——中国共产党与中国农民 (中) [N]. 农民日报, 06-22 (1).
仲农平. 2021. 大智慧、中国道路开天辟地——中国共产党与中国农民 (下) [N]. 农民日报, 06-23 (1).
周彬彬. 1992. 人民公社时期的贫困问题 [J]. 经济研究参考 (Z1): 39-55.
周继旨. 1983. 中国封建社会经济结构的基本特征 [J]. 中国社会科学 (5): 151-163.
周俊, 薛求知. 2009. 交易专用性投资效应及治理机制研究评介 [J]. 外国经济与管理 (9): 18-28.
周力, 龙子妍. 2019. 市场风险冲击下的契约稳定性分析——基于农业产业化龙头企业隐性违约的视角 [J]. 财经研究 (10): 112-124.
周立, 王彩虹. 2019. 由双重脱嵌到双重回嵌: 乡村振兴中的产业融合分析 [J]. 行政管理改革 (6): 44-53.
周其仁. 1995. 中国农村改革: 国家和所有权关系的变化 (上) ——一个经济制度变迁史的回顾 [J]. 管理世界 (3): 178-189.
周曙东, 戴迎春. 2005. 供应链框架下生猪养殖户垂直协作形式选择分析 [J]. 中国农村经济 (6): 30-36.
周应恒, 李强, 耿献辉. 2013. 日本农协发展的新动向 [J]. 世界农业 (9): 27-32.
朱冬亮. 2020. 农民与土地渐行渐远——土地流转与"三权分置"制度实践 [J]. 中国社会科学 (7): 123-144.
朱乾宇, 龙艳, 钟真. 2021. "三位一体": 从单一合作到综合合作的制度创新——基于三个案例的比较分析 [J]. 农业经济问题 (6): 19-33.
朱铁辉. 2006. 中国农业产业化的"四阶段"论 [D]. 北京: 中国农业科学院.
Abdi M, Aulakh P. 2017. Locus of Uncertainty and the Relationship between Contractual and Relational Governance in Cross-Border Interfirm Relationships [J]. Journal of

Management (3): 771 - 803.

Antia K, Frazier G. 2001. The Severity of Contract Enforcement in Interfirm Channel Relationships [J]. Journal of Marketing (4): 67 - 81.

Baker G, Gibbons R, Murphy K. 2002. Relational Contracts and the Theory of the Firm [J]. Quarterly Journal of Economics (1): 39 - 84.

Benítez - Ávila C, Hartmann A, Dewulf G, Henseler J. 2018. Interplay of Relational and Contractual Governance in Public - Private Partnerships: The Mediating Role of Relational Norms, Trust and Partners' Contribution [J]. International Journal of Project Management (3): 429 - 443.

Bijman J. 2008. Contract Farming in Developing Countries: An Overview. Wageningen University Working Paper, May, https://www. researchgate. net/publication/37791190.

Boger S. 2001. Quality and Contractual Choice: A Transaction Cost Approach to the Polish Hog Market [J]. European Review of Agricultural Economics (3): 241 - 262.

Bradach J. 1997. Using the Plural Form in the Management of Restaurant Chains [J]. Administrative Science Quarterly (2): 276 - 303.

Brown J, Crosno J, Dev C. 2009. The Effects of Transaction - Specific Investments in Marketing Channels: The Moderating Role of Relational Norms [J]. Journal of Marketing Theory and Practice (4): 317 - 334.

Bstieler L, Hemmert M. 2015. The Effectiveness of Relational and Contractual Governance in New Product Development Collaborations: Evidence from Korea [J]. Technovation (7): 29 - 39.

Cao Z, Lumineau F. 2015. Revisiting the Interplay between Contractual and Relational Governance: A Qualitative and Meta - Analytic Investigation [J]. Journal of Operations Management (1): 15 - 42.

Caves R, Petersen B. 1986. Cooperatives' Tax "Advantages": Growth, Retained Earnings, and Equity Rotation [J]. American Journal of Agricultural Economics (2): 207 - 213.

Chagwiza C, Muradian R, Ruben R. 2016. Cooperative Membership and Dairy Performance among Smallholders in Ethiopia [J]. Food Policy (6): 165 - 173.

Cook M, Iliopoulos C. 2016. Generic Solutions to Coordination and Organizational Costs: Informing Cooperative Longevity [J]. Journal on Chain and Network Science (16):

19 - 27.

Delerue H, Simon E. 2009. National Cultural Values and the Perceived Relational Risks in Biotechnology Alliance Relationships [J]. International Business Review (1): 14 - 25.

Dong W, Ma Z, Zhou X. 2017. Relational Governance in Supplier - Buyer Relationships: The Mediating Effects of Boundary Spanners' Interpersonal Guanxi in China's B2B Market [J]. Journal of Business Research (9): 332 - 340.

Ebers M, Semrau T. 2015. What Drives the Allocation of Specific Investments between Buyer and Supplier? [J]. Journal of Business Research (2): 415 - 424.

Freeland, Chrystia. 2012. The Triumph of the Family Farm. Atlantic Monthly, https://www.theatlantic.com/magazine/archive/2012/07/the - triumph - of - the - family - farm/308998/.

Fu S, Lin J, Sun L. 2013. An Empirical Examination of the Stability of the Alliance of "a Company+Farmers" [J]. Chinese Management Studies (3): 382 - 402.

Goo J, Kishore R, Rao H, Nam K. 2009. The Role of Service Level Agreements in Relational Management of Information Technology Outsourcing: An Empirical Study [J]. Mis Quarterly (1): 119 - 145.

Granovetter M, 1985. Economic Action and Social Structure: The Problem of Embeddedness [J]. America Journal of Sociology (3): 481 - 510.

Grashuis J, Su Y. 2019. A Review of the Empirical Literature on Farmer Cooperatives: Performance, Ownership and Governance, Finance, and Member Attitude [J]. Annals of Public and Cooperative Economics (1): 77 - 102.

Grossman S, Hart O. 1986. The Costs and Benefits of Ownership: A Theory of Vertical and Lateral Integration [J]. Journal of Political Economy (4): 691 - 719.

Hart O, Moore J. 1990. Property Rights and the Nature of the Firm [J]. Journal of Political Economy (6): 1119 - 1158.

Hess M. 2004. "Spatial" Relationships? Towards a Reconceptualization of Embeddedness [J]. Progress in Human Geography (2), 165 - 186.

Hödl M, Puck J. 2014. Asset Specificity, IJV Performance and the Moderating Effect of Trust: Evidence from China [J]. Asian Business & Management (1): 65 - 88.

Huang Z, Liang Q. 2018. Agricultural Organizations and the Role of Farmer Cooperatives in China since 1978: Past and Future [J]. China Agricultural Economic Review (1): 48 - 64.

Huang Z, Wu B, Xu X, Liang Q. 2016. Situation Features and Governance Structure of Farmer Cooperatives in China: Does Initial Situation Matter? [J]. The Social Science Journal (1): 100-110.

Huber T, Fischer T, Dibbern J, Hirschheim R. 2013. A Process Model of Complementarity and Substitution of Contractual and Relational Governance in IS Outsourcing [J]. Journal of Management Information Systems (3): 81-114.

Huo B, Fu D, Zhao X, Zhu J. 2016. Curbing Opportunism in Logistics Outsourcing Relationships: The Role of Relational Norms and Contract [J]. International Journal of Production Economics (7): 293-303.

Jia X, Huang J, Xu Z. 2012. Marketing of Farmer Professional Cooperatives in the Wave of Transformed Agrofood Market in China [J]. China Economic Review (3): 665-674.

Johnson N, Suarez R, Lundy M. 2003. The Importance of Social Capital in Colombian Rural Agro - Enterprises. Proceedings of the 25th International Conference of Agricultural Economics (IAAE).

Kang M, Mahoney J, Tan D. 2009. Why Firms Make Unilateral Investments Specific to other Firms: The Case of OEM Suppliers [J]. Strategic Management Journal (2): 117-135.

Kirca A, Fernandez W, Kundu S. 2016. An Empirical Analysis and Extension of Internalization Theory in Emerging Markets: The Role of Firm - Specific Assets and Asset Dispersion in the Multinationality - Performance Relationship [J]. Journal of World Business (4): 628-640.

Kirezieva K, Bijman J, Jacxsens L, Luning P. 2016. The Role of Cooperatives in Food Safety Management of Fresh Produce Chains: Case Studies in Four Strawberry Cooperatives [J]. Food Control (10): 299-308.

Klein B, Crawford R, Alchian A. 1978. Vertical Integration, Appropriable Rents, and the Competitive Contracting Process [J]. The Journal of Law and Economics (2): 297-326.

Lee J, Kim Y. 1999. Effect of Partnership Quality on IS Outsourcing Success: Conceptual Framework and Empirical Validation [J]. Journal of Management Information Systems (4): 29-61.

Lisa L. 2011. Relational Risk Management in Construction Projects: Modeling the Complexity [J]. Leadership and Management in Engineering (2): 141-154.

Lu P, Guo S, Qian L, He P, Xu X. 2015. The Effectiveness of Contractual and Relational Governances in Construction Projects in China [J]. International Journal of Project Management (1): 212 - 222.

Lumineau F, Henderson J. 2012. The Influence of Relational Experience and Contractual Governance on the Negotiation Strategy in Buyer - Supplier Disputes [J]. Journal of Operations Management (5): 382 - 395.

Lusch R, Brown J. 1996. Interdependency, Contracting, and Relational Behavior in Market Channels [J]. Journal of Marketing (10): 19 - 38.

Ma W, Abdulai A. 2016. Does Cooperative Membership Improve Household Welfare? Evidence from Apple Farmers in China [J]. Food Policy (12): 94 - 102.

Ma W, Renwick A, Yuan P, Ratna N. 2018. Agricultural Cooperative Membership and Technical Efficiency of Apple Farmers in China: An Analysis Accounting for Selectivity Bias [J]. Food Policy (10): 122 - 132.

Mac Donald J, Korb P. 2011. Agricultural Contracting Update: Contracts in 2008 [R]. USA: USDA - ERS, Economic Information Bulletin No. 72, Available at SSRN: https://ssrn.com/abstract=2114442 or http://dx.doi.org/10.2139/ssrn.2114442.

Meemken E, Bellemare M, 2020. Smallholder Farmers and Contract Farming in Developing Countries [J]. Proceedings of the National Academy of Sciences (1): 259 - 264.

Meng X, Wu H. 1998. Household Income Determination and Regional Income Differential in Rural China [J]. Asian Economic Journal (1): 65 - 88.

Mojo D, Fischer C, Degefa T. 2017. The Determinants and Economic Impacts of Membership in Coffee Farmer Cooperatives: Recent Evidence from Rural Ethiopia [J]. Journal of Rural Studies (12): 84 - 94.

North D, Thomas R. 1976. The Rise of the Western World—A New Economic History [M]. Cambridge University Press.

Peteraf M. 1993. The Cornerstones of Competitive Advantage: A Resource - based View [J]. Strategic Management Journal (3): 179 - 191.

Polanyi, Karl. 1957. The Great Transformation, Boston: Beacon Press (Originally Published in 1944).

Poppo L, Zenger T. 2002. Do Formal Contracts and Relational Governance Function as Substitutes or Complements? [J]. Strategic Management Journal (8): 707 - 725.

Sambasivan M, Siew L. 2013. Factors Influencing Strategic Alliance Outcomes in a Manufacturing Supply Chain: Role of Alliance Motives, Interdependence, Asset Specificity and Relational Capital [J]. International Journal of Production Economics (1): 339-351.

Ševarlić M, Nikolić M. 2013. Agricultural Cooperatives - Examples of Good Practice in the World and Serbia [R]. Belgrade: University of Belgrade.

Stinchcombe, Arthur L. 1985. "Contracts as Hierarchical Documents" in Organization Theory and Project Management, A. L. Stinchcombe and C. Heimer, eds. Oslo: Norwegian University Press.

Wacker J, Yang C, Sheu C. 2016. A Transaction Cost Economics Model for Estimating Performance Effectiveness of Relational and Contractual Governance: Theory and Statistical Results [J]. International Journal of Operations and Production Management (11): 1552-1572.

Wan J, Zeng L, Ao J. 2019. Specific Investment, Relational Governance and Cooperation Risk: From the Perspective of Farmers in China's "Company+Farmers" Alliance [J]. Applied Economics, (7): 676-686.

Williamson O. 1985. The Economic Institutions of Capitalism: Firms, Markets, Relational Contracting [M]. Macmillan: Free Press.

Williamson O. 1996. The Mechanisms of Governance [M]. New York: Oxford University Press.

Wossen T, Abdoulaye T, Alene A, Haile M, Feleke S, Olanrewaju A, Manyong V. 2017. Impacts of Extension Access and Cooperative Membership on Technology Adoption and Household Welfare [J]. Journal of Rural Studies (6): 223-233.

Zhong Z, Zhang C, Jia F, Bijman J. 2018. Cordination and Cooperative Member Benefits: Case Studies of Four Dairy Farmers' Cooperatives in China [J]. Journal of Cleaner Production (11): 2266-2277.

Zhou K, Poppo L. 2006. Relational Contracts in China: Relational Governance and Contractual Assurance. In Annual Meeting of the Academy of International Business. Academy of International Business.

附录1　对农民合作社理事长的调查问卷

尊敬的先生/女士：

您好！

党的十九大报告指出：要实施乡村振兴战略，实现小农户和现代农业发展有机衔接。而合作社带动是实现有机衔接的重要方式。为了为促进合作社发展、助推乡村振兴提供智力支撑，来自华南农业大学经济管理学院的课题组设计此份问卷进行相关研究。感谢您百忙中抽出时间完成这份问卷，对您填写的内容我们将绝对保密，请您根据自己的真实感受放心并客观地回答每一个题项，您的参与对我们的研究结果很重要！

衷心感谢您的支持，祝家庭幸福，心想事成！

调查地点：______省______市______县______镇______村

调研时间：______年______月______日　　问卷记录员：________

一、基本信息

1. 您所在农民合作社的名称：____________；主要经营产品：____________。

2. 合作社种养规模为：____________（亩/只/千米等，注明单位）。

3. 合作社成立于________年，注册资金________万元，出资成员________个。

4. 现有社员________个，其中入股成员________个，理事长入股比例为________。

5. 成为合作社的社员需要满足的条件有（可多选）：

A. 只要提出申请即可；　　B. 达到规定的种养规模；

C. 缴纳入社股金；

D. 目前不打算吸收新社员；　　　　E. 其他（请注明：________）

6. 合作社的总体运行模式属于以下哪一种：

A. 公司＋合作社＋农户；　　　　B. 合作社＋农户（跳到第 9 题）；

C. 其他：________

7. 合作社与公司的关系：

A. 公司是合作社成员创立的，两者成立时间：□合作社先成立；□公司先成立；

B. 公司是以合作社名义创办的；　C. 合作社是公司牵头组建的；

D. 其他：________

8. 合作社与公司参股情况：

A. 合作社参股公司；　　　　　　B. 公司参股合作社；

C 没有参股

9. 您所在合作社属于：

A. 国家级示范性合作社；　　　　B. 省级示范性合作社；

C. 地市级示范性合作社；　　　　D. 县级（市区）示范性合作社；

E. 都不是

10. 问卷填写人称呼：______，职位：______，联系方式：________。

二、合作社合约治理

1. 合作社与社员订立合约情况：

A. 有合作社章程也签订书面合约；B. 有合作社章程，没签书面合约；

C. 两者均没有；　　　　　　　　D. 其他：________

2. 合作社经营方式：

A. 社员负责自家种养殖；

B. 除社员自家种养外，还租地雇工种养殖；

C. 集中社员土地雇工种养殖；　　D. 租赁农户土地雇社员种养殖

E. 租赁农户土地雇工种养殖；　　F. 其他（请注明：________）

3. 在种养殖环节中，哪些因素容易导致所种养产品的质量安全问题（可多选）：

A. 肥料或饲料质量；　　B. 农药或疫病防治药物质量；

C. 肥料或饲料使用不当；　　D. 农药或疫病防治药物使用不当；

E. 产品储存不当；　　F. 其他：________

4. 合作社控制产品质量安全的措施（可多选）：

A. 制定质量标准和生产规程；　　B. 生产过程监督；

C. 质量抽检；　　D. 违规惩罚；

E. 拒收质量不合格的产品；　　F. 质量奖励；

G. 其他：________

5. 合作社对社员生产资料购买的规定（请打√）：

选项		种苗或种禽	肥料或饲料	农药或疫病药物
A. 自行决定				
B. 简单要求				
C. 指定类型				
D. 统一供应	价格优惠	□免费；□有；□无	□免费；□有；□无	□免费；□有；□无
	结算时间	□派发时； □销售收入扣除	□派发时； □销售收入扣除	□派发时； □销售收入扣除
E. 其他				

6. 合作社对社员肥料或饲料使用规定：

A. 社员自行决定；　B. 简单要求；　C. 遵循质量认证相关的标准；

D. 合作社统一雇工使用　E. 追求高品质而不使用；　F. 其他：______

7. 合作社对社员农药或疫病防治药物使用规定：

A. 社员自行决定；　B. 简单要求；　C. 遵循质量认证相关的标准；

D. 合作社统一雇工使用；　E. 追求高品质而不使用；

F. 其他：________

8. 合作社是否为社员提供技术培训？　A. 是；　B. 否

9. 合作社是否提供生产指导？　A. 是；　B. 否

10. 合作社提供农机服务情况：

A. 没有提供；　B. 提供服务，价格：□无优惠；□有优惠

11. 合作社提供的销售服务情况：

A. 合作社收购；B. 为社员介绍收购商，社员直接与收购商交易结算；

C. 合作社既收购产品又介绍收购商；D. 不提供销售服务（跳到13题）

12. 合作社收购社员产品的定价制度：

A. 随行就市；　　B. 固定价格收购；　　C. 固定价＋浮动价；

D. 市场价＋附加价；　E. 保护价收购；　　F. 其他：________

13. 合作社的盈利方式（可多选）：

A. 没有盈利空间；　　B. 农资采购转售社员的差价；

C. 收购社员产品转售的差价；D. 为社员与收购商牵线交易收取的中介费；

E. 国家补贴；　　F. 其他：________

14. 合作社盈余分配方式：

A. 无盈余分配；　　B. 仅按股份分红；

C. 仅按交易量（额）返还；　D. 以股份分红为主，交易量返还为辅；

E. 以交易量（额）返还为主，股份分红为辅；　F. 其他：________

三、合作社治理绩效

1. 与业务相近的同行相比，合作社的盈利能力：

A. 无盈利空间；　B. 差很多；　C. 差一些；　D. 差不多；

E. 好一些；　F. 好很多

2. 近两年合作社的经营状况：

A. 无盈利空间；　B. 经营困难，亏损较多；　C. 经营较差，基本没什么盈利；

D. 经营一般，略有盈余；　E. 经营状况较好，效益明显

3. 与当地从事同类产品生产的非社员农户相比，社员生产该产品的纯收入：

A. 低很多；　B. 低一些；　C. 差不多；　D. 高一些；　E. 高很多

4. 近三年社员生产该产品的纯收入增长状况？

A. 降低很多；　B. 降低一些；　C. 基本没变化；　D. 增加一些；

E. 增加很多

四、关系治理量表

说明：请根据各题项所描述内容与贵合作社实际情况相符合程度进行打分，分数越高代表题项描述内容与合作社符合程度越高，即 1 -非常不符合、2 -比较不符合、3 -一般符合、4 -比较符合、5 -非常符合。请根据您的看法在对应数字上打“√”即可。

例子：问项：今天月亮很圆。您觉得非常同意，请打 5 分；比较同意，请打 4 分。如此类推，谢谢！

问项内容		完全不同意↔完全同意				
信任						
*TR*1	我们的社员一般都能说话算话	1	2	3	4	5
*TR*2	我们的社员是真诚可靠的	1	2	3	4	5
*TR*3	社员做决策时，会考虑到合作社的利益	1	2	3	4	5
*TR*4	当合作社面临问题时，社员能予以理解，不提出过分要求	1	2	3	4	5
*TR*5	合作社需要协助时，社员会及时给予帮助	1	2	3	4	5
沟通						
*CO*1	农民合作社经常主动与社员分享经营信息	1	2	3	4	5
*CO*2	除正式交流渠道外，合作社和社员私下交流频繁	1	2	3	4	5
*CO*3	农民合作社和社员相互告知任何可能有利于对方的信息	1	2	3	4	5
*CO*4	发生分歧时，合作社及时与社员沟通协商以解决争议	1	2	3	4	5
声誉						
*RE*1	合作社享有诚信可靠的声誉	1	2	3	4	5
*RE*2	合作社享有能够公平、公正地对待社员的声誉	1	2	3	4	5
*RE*3	合作社重视建立保障社员利益的良好声誉	1	2	3	4	5
*RE*4	保持与社员长期合作的关系比一次交易获利更重要	1	2	3	4	5

问卷到此结束，衷心感谢您的支持与配合！

附录2　对“公司+农户”模式中农户的调查问卷

尊敬的先生/女士：

您好！

这是一份来自华南农业大学经济管理学院的问卷，主要用于农户与企业合作方面的学术研究。感谢您百忙中抽出时间完成这份问卷，对您填写的内容我们将绝对保密，请您根据自己的真实感受放心并客观地回答每一个题项，您的参与对我们的研究很重要！

衷心感谢您的支持，祝家庭幸福，心想事成！

一、农户基本特征

1. 居住地：________市________县________镇________村；

2. 您的性别：男（　　）、女（　　）；

3. 您的年龄：20岁以下（　　）、20～30岁（　　）、30～40岁（　　）、40～50岁（　　）、50岁以上（　　）；

4. 您的家庭总人口：________人；从事农事劳动：________人，其中16～60岁有________人；

5. 您的文化程度：小学及以下（　　）、初中（　　）、中专或高中（　　）、大专（　　）、本科及以上（　　）；

6. 您所从事的生产类型为（可多选）：种植业（　　）、家禽业（　　）、生猪业（　　）、水产养殖业（　　）、饲料业（　　）、苗木业（　　）、奶业（　　）、农业生产专业性服务（　　）、其他（　　）；

7. 您的种养规模为：________（亩/只/千米等，注明单位）；

8. 您与企业已经合作了：1年以下（　　）、1～3年（　　）、3～5

年（　　）、5～7 年（　　）、7 年以上（　　）；

9. 您与企业的合作形式是：购销合同（　　）、随行就市（　　）；

10. 您与企业的合作途径是：通过中介组织（　　）、农企直接交易（　　）；

11. 您与企业合同的约定形式：口头（　　）、纸质（　　）、无约定（　　）；

12. 您的家庭月均收入：2 000 元以下（　　）、2 000～4 000 元（　　）、4 000～6 000 元（　　）、6 000～8 000 元（　　）、8 000 元以上（　　）；

13. 您与企业合作后的收入是否有提高？是（　　）、否（　　）。

二、量表

本问卷采用 5 分制，分数越高代表同意的程度就越高，分数越低则代表反对的程度就越高，即 1 -完全不同意、2 -比较不同意、3 -一般同意、4 -比较同意、5 -完全同意。请根据您的看法在对应数字上打“√”即可。

例子：问项：今天天气不错。您觉得非常同意，请打 5 分；比较同意，请打 4 分。如此类推，谢谢！

问项内容		完全不同意↔完全同意				
企业能力						
*CC*1	企业老板有较高的威信及号召力	1	2	3	4	5
*CC*2	企业老板具备良好的社会关系及获取社会资源的能力	1	2	3	4	5
*CC*3	公司的产品有较好的市场销路	1	2	3	4	5
*CC*4	公司的产品品牌有较高的知名度	1	2	3	4	5
*CC*5	公司具备良好的防治病害的技术能力	1	2	3	4	5
企业声誉						
*CR*1	公司十分关注合作农户的利益保障	1	2	3	4	5
*CR*2	公司得到大多数合作农户的认可和肯定	1	2	3	4	5
*CR*3	我对公司充满赞美和尊敬之情	1	2	3	4	5
*CR*4	我乐于向其他农户推荐公司	1	2	3	4	5

（续）

问项内容		完全不同意↔完全同意				
CR5	如果公司倒闭，我会觉得很遗憾	1	2	3	4	5
物质专用性投资						
SP1	与企业合作，我已经投入了大量专门的工具设备和生产场所	1	2	3	4	5
SP2	转换合作公司的成本很高	1	2	3	4	5
SP3	如果终止合作，已投入的生产设备将难以用于其他种养领域	1	2	3	4	5
人力专用性投资						
SH1	为了合作，我付出了大量时间和精力来进行相关的业务培训和适应公司的管理方式	1	2	3	4	5
SH2	为了合作，我已经投入了大量的人力资源来为公司服务	1	2	3	4	5
SH3	如果终止合作，已学到的知识和经验将难以应用于其他合作伙伴	1	2	3	4	5
信任						
TR1	我相信公司是因为它具有良好的信用	1	2	3	4	5
TR2	我相信公司在做出决策时，会考虑到我的利益	1	2	3	4	5
TR3	我相信当我面临问题时，公司能理解我所遇到的困难	1	2	3	4	5
TR4	我相信公司在我需要协助的时候会及时给予帮助	1	2	3	4	5
承诺						
CO1	我和公司对彼此都有强烈的忠诚感	1	2	3	4	5
CO2	稳定持续的合作对我们来说非常重要	1	2	3	4	5
CO3	我和公司希望能够与合作伙伴有更长的合作时间	1	2	3	4	5
CO4	我和公司愿意为改善现在的合作关系而投入更多的资源	1	2	3	4	5
信息交流						
IE1	我经常与公司就合作问题进行沟通	1	2	3	4	5
IE2	除正式交流渠道外，我与公司还进行非正式的交流	1	2	3	4	5
IE3	我重视听取公司的建议	1	2	3	4	5
IE4	我和公司会将任何有可能对对方有帮助的信息提供给对方	1	2	3	4	5
IE5	当可能影响合作伙伴的事件或变化发生时，我和公司都会得到通知	1	2	3	4	5
灵活调整						
FA1	我在签订合约条款时已经考虑了条款的灵活性	1	2	3	4	5

（续）

问项内容		完全不同意↔完全同意				
FA2	我能根据市场行情变化迅速调整交易结算价格	1	2	3	4	5
FA3	环境发生变化时（如不可预期的自然灾害），我能对合约条款和合作事项进行灵活调整	1	2	3	4	5
FA4	环境发生变化时（如不可预期的自然灾害），我能够灵活地采取必要的措施，减少损失	1	2	3	4	5
背叛威胁						
DE1	我并不具有关键性的决策资格	1	2	3	4	5
DE2	公司会制造一些意外事件来逼我做出让步	1	2	3	4	5
DE3	我会遭到公司在市场上的排挤	1	2	3	4	5
DE4	公司有可能会寻找其他合作伙伴替换我的位置	1	2	3	4	5
DE5	公司会利用强大的自身实力在合作中获取更多的利益	1	2	3	4	5
能力损失						
NS1	由于分工不同，我可能会失去掌握其他种养技术的能力	1	2	3	4	5
NS2	公司有相关的程序流程和政策制度限制我共享它的技术信息和专业技能	1	2	3	4	5
NS3	合作过程中，我对公司产生了很强的依赖性	1	2	3	4	5
NS4	与公司的持续合作提升了公司在合作中讨价还价的能力	1	2	3	4	5

问卷到此结束，衷心感谢您的支持与配合！

后 记

POSTSCRIPT

本书是在万俊毅承担的国家社会科学基金重点项目“我国农业经营组织的结构变迁与创新路径研究”结题报告的基础上修改而成。该项目由全国哲学社会科学工作办公室于2014年立项，课题组成员几经努力于2020年2月获得鉴定等级“良好”的结项证书。笔者在此特别感谢5位结项评审专家给出的宝贵建议，这为修改报告和未来进一步深化研究提供了极有价值的方向。

本书主要撰写者有万俊毅、曾丽军、徐静、敖嘉焯。课题组成员的写作分工如下：整体框架和每章的写作思路由万俊毅提供；各章初稿或者修改稿完成后，写作者根据万俊毅提出的修改建议继续完善，部分章节修改有四、五次之多，写作时间跨度达五、六年之久；全书最后由万俊毅统稿，曾丽军校对了全文。各章写作的具体分工情况是：导论、第2章、第4章，万俊毅；第3章、第7章，曾丽军；第5章，万俊毅、徐静、曾丽军；第6章、第9章，万俊毅、曾丽军；第8章，万俊毅、曾丽军、敖嘉焯。

在课题研究和书稿出版过程中，课题组成员得到了许多的有益帮助。感谢帮助落实调研对象的粤赣桂黔四省区有关研究机构的教授、农口管理部门负责人，感谢接受实地考察和问卷访谈的农业企业和合作社负责人，感谢课题组成员的宝贵修改建议，感谢中国农业出版社的支持！由于受到一些主客观因素的约束，尤其是我们的阅历和学识有限，尽管我们非常尽力地投身于这项研究，本书肯定还存在不少不足之处，期望能够得到社会各界人士尤其是学界同仁的关心、呵护与批评。

著者

2021 年 12 月 30 日